应用经济学前沿丛书

Frontier Series of Applied Economics

服务贸易与经济发展

——以四川省为例

黄 毅 刘 彤 张小兰 等著

Service Trade

and Economic Development

-Take Sichuan Province as an Example

中国财经出版传媒集团

经济科学出版社
Economic Science Press

图书在版编目（CIP）数据

服务贸易与经济发展：以四川省为例/黄毅等著.
—北京：经济科学出版社，2017.4
ISBN 978 – 7 –5141 –7986 –6

Ⅰ.①服…　Ⅱ.①黄…　Ⅲ.①服务贸易 – 贸易
发展 – 研究 – 四川　Ⅳ.①F752.68

中国版本图书馆 CIP 数据核字（2017）第 095174 号

责任编辑：王　娟　程辛宁
责任校对：徐领柱
责任印制：邱　天

服务贸易与经济发展
——以四川省为例

黄　毅　刘　彤　张小兰　等著
经济科学出版社出版、发行　新华书店经销
社址：北京市海淀区阜成路甲 28 号　邮编：100142
总编部电话：010 – 88191217　发行部电话：010 – 88191522
网址：www. esp. com. cn
电子邮件：esp@ esp. com. cn
天猫网店：经济科学出版社旗舰店
网址：http://jjkxcbs. tmall. com
北京季蜂印刷有限公司印装
710×1000　16 开　15 印张　300000 字
2017 年 6 月第 1 版　2017 年 6 月第 1 次印刷
ISBN 978 – 7 –5141 –7986 –6　定价：48.00 元
（图书出现印装问题，本社负责调换。电话：010 – 88191510）
（版权所有　侵权必究　举报电话：010 – 88191586
电子邮箱：dbts@ esp. com. cn）

西南民族大学应用经济学前沿丛书编委会

丛书总序

    西南民族大学经济学院组建于2003年，学院成立以来，遵循学校"为少数民族和民族地区服务，为国家发展战略服务"的办学宗旨，坚持"学术立院，科学发展"的理念，以研究中心为平台，高级别科研项目为纽带，在民族区域经济、金融发展、城市经济与空间经济、宏观经济等领域取得了一定的成绩。先后举办了"中国少数民族经济研究会2005年年会"、"中国区域经济学会2007年年会"、"四川地震灾区灾害评估与灾后重建学术研讨会"、"全国区域经济学科建设年会暨变革时代的中国区域经济"、"第四届天府金融论坛"、"第三届全国空间经济学学术年会"、"全球化与新形势下中国西部经济"等国际和全国性学术会议，组织出版了西南民族大学华风经济学丛书，在学术界产生了良好的学术影响。

    为了全面地、系统地反映学院教师瞄准学科前沿和国家特别是民族地区经济社会发展中的重大问题开展科学研究形成的研究成果，展示我校应用经济学科的发展方向，在西南民族大学学位点建设基金的大力支持下，我们组织编写了这套"应用经济学前沿丛书"，作为国家民委重点学科——应用经济学一级学科的建设成果。丛书不仅着眼于应用经济学的前沿研究成果，更注重于利用现代经济学理论对我国改革与发展的现实问题，特别是民族地区经济社会发展问题的解释与应用。

    通过这套丛书，我们将继续致力于推动我校经济学科的国际化、标准化和现代化。我们期待着广大读者对西南民族大学经济学科的支持，也虚心等待着对该套丛书的批评和指正。

丛书主编
郑长德
2014 年 12 月

目　　录

第 1 章

总 论[*]

　　自从 20 世纪后期以来，由于科学技术的进步和管制的放松，全球服务贸易的发展非常迅速，服务贸易在全球贸易中的地位和比重不断上升，全球贸易竞争正从商品贸易逐步转向服务贸易，一个国家服务业发展水平成为衡量一个国家现代化水平的重要标志。我国服务贸易自从 20 世纪 80 年代，从无到有、从小到大，发生了翻天覆地的变化，2015 年我国服务贸易进出口总额首次突破了 7000 亿美元大关，达到 7130 亿美元①，服务贸易的发展成为我国参与国际竞争，融入经济全球化的重要内容。

1.1 引 论

　　服务贸易又称劳务贸易，指国家与国家之间互相提供服务的经济交换活动。既包括有形的活动，也包括没有直接接触下交易的无形活动。服务贸易与货物贸易相比，具有科技含量高，附加值大，环境污染少，解决就业强等优点，对于我国优化产业结构，转变经济增长方式具有重要意义。但是由于服务贸易包含产业的特殊性和复杂性，服务贸易统计数据不全等原因，服务贸易的研究面临很多困难，所以难以深入，也有很多内容存在争议，服务贸易理论体系远远没有建立。目前对服务贸易的定义，比较一致的看法是按照 WTO 的《服务贸易总协定》的规定：服务贸易是指一国的法人或自然人在其境内或进入他国境内提供服务的贸易行为。

　　* 2015 年度中央高校基本科研业务费专项基金项目"经济新常态下西部民族地区优势产业与生态保护协调发展研究"（项目编号：2015SZYQN161）。

　　作者简介：张小兰（1971 - ），女，经济学博士，现为西南民族大学经济学院教授。研究方向：产业经济。

　　① 商务部. 2015 年我国服务贸易进出口总额首次突破了 7000 亿美元大关，达到 7130 亿美元 [EB/OL]. http：//finance. sina. com. cn/roll/2016 - 02 - 03/doc-ifxnzani7230580. shtml.

1.1.1 服务贸易表现形式

根据 WTO 的《服务贸易总协定》的规定，服务贸易主要有以下四种表现方式：

（1）跨境服务（Cross-border Supply）。跨境服务指服务的提供者在一成员方的领土内，向另一成员方领土内的消费者提供服务的方式，如在中国境内通过网络、电信、邮政等手段实现对境外的外国消费者的服务，跨境服务是以两个国家（地区）成员不离开本土为前提条件。

（2）境外消费（Consumption Abroad）。境外消费是指服务提供者在一成员方的领土内，向来自另一成员方的消费者提供服务的方式。如中国公民在其他国短期居留期间，享受国外的医疗服务，或旅游服务。境外消费是以一个国家（地区）成员离开本土到其他国家消费为前提条件。

（3）商业存在（Commercial Presence）。商业存在指一成员方的服务提供者在另一成员方领土内设立商业机构，在后者领土内为消费者提供服务的方式，如外国服务类企业在中国设立公司为中国企业或个人提供服务。商业存在以一个国家（地区）成员到他国设立商业机构为前提条件。

（4）自然人流动（Movement of Natural Persons）。自然人流动是指一成员方的服务提供者以自然人的身份进入另一成员方的领土内提供服务的方式，如某外国律师作为外国律师事务所的驻华代表到中国境内为消费者提供服务。自然人流动以自然人的身份到他国提供服务为前提条件。

从而可见，服务贸易具有如下几个特点：第一，服务商品的不可感知性或贸易标的无形性；第二，不可分离性；第三，贸易主体地位的重要性；第四，服务贸易的差异性；第五，服务贸易市场的高度垄断性；第六，不可贮存性；第七，贸易保护方式具有隐蔽性；第八，国际服务贸易的约束条例相对灵活；第九，服务产品的营销管理具有更大的难度和复杂性。

1.1.2 我国服务贸易发展历程

我国服务贸易发展历程可以分为以下四个阶段：

第一阶段改革开放初期的 1978～1980 年。这一时期服务贸易还处于萌芽阶段，服务贸易增长缓慢，增速低于工业，年均增速为 9.1%，比工业的年均增速低 3.1 个百分点[①]。

第二阶段为 1981～1989 年。这一时期服务贸易处于快速发展阶段，服务贸

---

① 根据 1990～2015 年《中国统计年鉴》整理而得。

易年均增速 13.4%，比工业和 GDP 分别高 3.2 个和 3.5 个百分点。[①]

第三阶段为 1990~1999 年。这一阶段服务贸易处于调整阶段，服务贸易增速趋缓。按不变价计算，服务业比重在整个国民经济中所占比重反而下降，以 1990 年的价格计算，服务业的比重由 1990 年的 31.3% 下降到 1999 年的 28.4%。1990~1999 年，服务业年均增速 8.5%，比工业增速和 GDP 增速分别低 4.4% 和 1.2%[②]。因此，20 世纪 90 年代我国服务业的发展落后于整个国民经济的发展。

第四阶段为 2000 年至今。这一时期服务贸易处于新发展阶段，尤其是加入 WTO 前后几年，我国服务业如沐春风，保持高速增长态势，年均增速在 14.8% 以上，比工业和 GDP 增速分别高 4.4 个和 6.3 个百分点。2003 年，我国服务贸易进出口额首次突破 1000 亿美元大关，达 1020 亿美元，成为全球第九大贸易出口国，其中，服务贸易出口 467 亿美元，同比增长 18%[③]，2015 年服务贸易进出口总额首次突破了 7000 亿美元大关[④]。

1.1.3　我国服务贸易发展成就

随着中国经济结构转型升级，服务业规模不断扩大，带动服务贸易进入快速发展期，以互联网信息技术为代表的新技术、新业态、新商业模式不断涌现，服务智能化、专业化成为产业组织新特征，新型服务业面临难得的历史发展机遇。在服务业发展的带动下，近年来，服务贸易增速远远高于货物贸易增速，服务贸易正逐步成为中国外贸增长的新亮点。

（1）服务贸易不断增强。长期以来，相对于工业、制造业，我国服务业的发展基础较差。发展服务贸易、扩大服务贸易出口，这是我国近年年才提出的战略，服务贸易也是近年来才大规模开展，而美国及欧洲各国早在第二次世界大战后就着手发展了。但需看到，我国服务贸易发展速度很快。从表 1-1 可以看到，2014 年中国服务进出口总额 6043.4 亿美元，比 2013 年增长 12.6%，增速远高于全球服务贸易 4.7% 的平均水平。其中，服务出口 2222.1 亿美元，增长 7.6%；服务进口 3821.3 亿美元，增长 15.8%。服务贸易逆差扩大至 1599.3 亿美元。据世界贸易组织（WTO）最新统计，2014 年中国服务出口额与进口额的全球占比分别为 4.6% 和 8.1%，位居全球第五位和第二位。

---

①③　根据 1990~2015 年《中国统计年鉴》整理而得。
②　根据 1990~2015 年《中国统计年鉴》及 2000~2010 年《中国贸易经济年鉴》整理而得。
④　商务部. 2015 年我国服务贸易进出口总额首次突破了 7000 亿美元大关，达到 7130 亿美元 [EB/OL]. http://finance.sina.com.cn/roll/2016-02-03/doc-ifxnzani7230580.shtml.

表 1 - 1   2014 年中国服务进出口额   单位：亿美元

服务类别	进出口额	出口额	进口额	贸易差额
总额	6043.4	2222.1	3821.3	-1599.3
运输服务	1345.0	383.0	962.0	-579.0
旅游	2217.1	569.1	1648.0	-1078.9
通信服务	41.2	18.1	23.0	-4.9
建筑服务	203.4	154.2	49.3	104.9
保险服务	270.6	45.6	225.0	-179.4
金融服务	101.0	46.0	55.0	-9.0
计算机和信息服务	268.6	183.6	85.0	98.6
专有权利使用费和特许费	232.3	6.3	226.0	-219.7
咨询	692.0	429.0	263.0	166.0
广告宣传	88.0	50.0	38.0	12.0
电影音像	10.8	1.8	9.0	-7.2
其他商业服务	573.4	335.4	238.0	97.4

资料来源：中国商务部服务司。

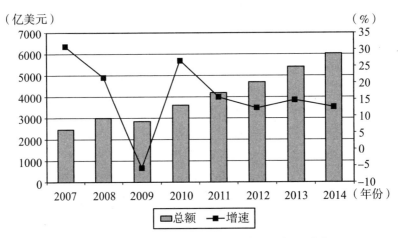

图 1 - 1   2007～2014 年中国服务进出口总额及增速

资料来源：中国商务部服务司。

从图 1 - 1 中可以看到，服务进出口额从 2007 年的 2509 亿美元攀升至 2014

年的6043.4亿美元，7年时间里增长了1.5倍①。

（2）支持服务贸易发展的政策体系逐步完善。长期以来，我国服务贸易立法严重滞后，近年才有较大的改观，国家支持服务贸易发展的政策体系日趋完善，先后颁布了《商业银行法》《保险法》《海商法》和《律师法》等法规，服务贸易促进平台功能增强，为服务贸易发展创造了良好条件。2012年以来，中国政府相继出台了《服务贸易"十二五"发展规划》和《中国国际服务外包产业发展规划纲要（2011～2015）》，初步形成了系统、全面的服务贸易规划体系。最近一段时期，国家支持服务贸易发展的政策力度明显加大。2014年3月，国务院发布《关于加快发展对外文化贸易的意见》；12月，发布《关于促进服务外包产业加快发展的意见》；2015年1月，发布《关于加快发展服务贸易的若干意见》。随着这些政策逐步落实、效果开始显现，未来一段时期服务贸易将迎来快速发展期。

（3）传统服务进出口仍占据服务贸易的半壁江山。从表1-1可见，2014年中国三大传统服务（旅游、运输服务和建筑服务）进出口合计3765.5亿美元，占服务贸易总额的62.6%。三大服务出口合计增长10.7%，占服务出口总额的50.4%。其中，旅游出口增长10.2%，占服务出口总额的比重为25.6%，仍居各类服务之首；运输服务出口同比微增1.7%，占比降至17.7%，位居第二；建筑服务出口实现了44.6%的强劲增长，占比上升至7.1%。受中国居民"出境游"持续升温的影响，旅游服务进口增长28.2%。建筑服务进口增幅也达到26.7%。传统服务贸易地位不容小觑②。

（4）高附加值新兴服务进出口增长迅猛。数据显示，近年来中国服务贸易结构不断优化，金融服务、计算机和信息咨询及其他商业服务贸易顺差不断增长。2014年，中国高附加值服务进出口快速增长，金融服务、通信服务、计算机和信息服务进出口增速分别达到59.5%、24.6%、25.4%。其中金融服务出口大幅增长57.8%，达46亿美元；计算机和信息服务出口增长19%，达183.6亿美元。咨询服务出口增长5.8%，达429亿美元，占服务出口的比重为19.8%，仅次于旅游出口；电影音像出口增长22.3%，金额为1.8亿美元。金融服务、计算机和信息服务、通信服务、广告宣传进口分别增长61%、42%、40.7%和21.2%③。高附加值服务进出口的快速增长，表明了我国服务贸易结构不断升级改善，服务贸易发展推动了中国经济转型升级。

（5）服务外包产业发展成效显著。中国服务外包从20世纪90年代末以来，

①②③　商务部综合司. 中国对外贸易形势报告［EB/OL］. http：//www.lnic.cn/xyjyc/zt/wzwm/2015/05/144069.shtml.

发展速度很快，根据中国商务部统计数据表明，2014 年中国承接服务外包合同金额首次超过 1000 亿美元，达到 1072.1 亿美元，执行金额 813.4 亿美元，同比分别增长 12.2% 和 27.4%。其中承接离岸合同金额 718.3 亿美元，执行金额 559.2 亿美元，同比分别增长 15.1% 和 23.1%[①]。云计算、大数据、移动互联等技术快速普及应用，推动中国服务外包产业向价值链高端延伸。离岸知识流程外包业务达 186.7 亿美元，占离岸执行总额的比重为 33.4%[②]。离岸服务外包市场多元化趋势日益显现，逐渐从美欧日和香港地区等传统市场拓展至东南亚、大洋洲、中东、拉美和非洲等近 200 个国家和地区。2014 年，中国承接美国、欧盟、日本和中国香港的离岸服务外包执行金额合计 346.5 亿美元，占执行总额的 62%，比去年同期下降 2.9 个百分点[③]。与此同时，中国与"一带一路"沿线国家服务外包合作快速发展，承接"一带一路"沿线国家服务外包合同金额和执行金额分别为 125 亿美元和 98.4 亿美元，同比分别增长 25.2% 和 36.3%[④]，均远高于总体增速。整体看来，中国服务外包产业总体规模不断扩大，业务层次不断提高，离岸业务增长迅速，我国服务外包发展前景乐观。

1.2 国内外文献综述

随着服务贸易在各个国家 GDP 中所占比重的提高，服务贸易进入了迅速发展的时期，成为现在国际贸易竞争的重头戏，但相关研究成果并不是很多，从查到的文献可以把相关研究以分为三类。

1.2.1 服务贸易产生原因的研究

如格雷（Gray，1973）认为服务贸易产生是由于产品差异性引起的，服务消费者为了购买与本国差异的服务产品而发生境外消费的；而有的学者认为服务贸易产业内贸易理论是由于不完全竞争与规模经济产生（Helpman，1981；Krugman，1981，1983）；有的学者主张贸易伙伴国的要素禀赋引起的（Falvey，1981；Kierzkowski，1985），兰开斯特（Lancaster，1985）认为是消费者偏好的多样化所产生的，等等。

---

① 商务部综合司. 中国对外贸易形势报告［EB/OL］. http：//www. lnic. cn/xyjyc/zt/wzwm/2015/05/144069. shtml.

②③④ 中国新闻网. 2014 年中国服务外包合同额首次超过 1000 亿美元［EB/OL］. http：//www. chinanews. com/gn/2015/01－29/7018104. shtml.

1.2.2 传统商品贸易理论对服务贸易进行解释

从20世纪70年代以来，服务贸易的快速发展对传统的"比较优势理论"构成了巨大的挑战，于是出现了关于比较优势理论是否适用于服务贸易的各种争论。代表性的有三种观点：

第一种观点认为比较优势理论不适用于服务贸易，代表人物有美国经济学家菲克特克蒂（G. Feketekuty, 1988），他指出，鉴于服务与货物之间天然存在巨大的差异，比较优势理论根本不适用于服务贸易。桑普森（G. SamPsoll, 1985）和斯内普（R. Sllape, 1985）也赞成这一观点，他们根据服务贸易要求提供者与消费者直接接触的事实，H - O 理论不适用于服务贸易。我国学者徐桂英、宋立功、张英（2002）提出服务贸易的理论研究更适用于发达国家，而非发展中国家。对于发展中国家而言，比较优势理论往往是"陷阱"。

第二种观点认为比较优势理论适用于服务贸易，迪尔道夫（Deardorff, 1985）利用 H - O 模型成功地解释了服务贸易是如何遵循比较优势的，对比较优势理论在服务贸易中的适用性研究取得了突破性进展。1981 年萨皮尔（A. Sapir）和卢塔（E. Luta）对 1977 年 35 个国家的服务贸易数据进行定量分析，得出比较优势理论同样适用于服务贸易的结论。1986 年拉尔（Lall）对部分发达国家和发展中国家之间海运和技术服务的实证分析，得出比较优势可以通过长期学习积累起来。1984 年辛德利（Hindly B.）和史密斯（Smith A.）认为没有必要在概念上严格区分商品和服务，比较优势模型完全适用于服务贸易。在中国，研究者王蓉梅、桂韬（2004）经定量研究得出"中国的服务贸易与世界各国相比存在比较优势"的结论，他们主张中国服务产业逐步实现比较优势的动态积累，逐步做大比较优势馅饼。

第三种观点是对比较优势说法进行修正。这个观点介于两种观点之间，它既承认了比较优势理论的基本原理对服务贸易的适用性，同时也承认具体理论在解释服务贸易时存在缺陷，这也是学术界的得到大多数人认可的观点。事实上，国内外许多学者不断地对比较优势理论在服务贸易领域的适用性进行检验，结果发现服务贸易领域同样存在比较优势的合理内核。

1.2.3 新贸易理论关于服务贸易竞争力的研究

代表人物克鲁格曼和波特等，克鲁格曼（Krugman, 1994）通过对企业水平的专业化和消费者对特定类别服务（如酒店的星级、娱乐的形式、建筑设计的风格等）不同的需求状态的分析认为，在存在固定成本的情况下，能够进入更大市场的企业，其生产规模更大，平均成本更低，即便没有比较优势，规模经济也可以成为服务贸易的动因。美国哈佛大学教授波特（Mihcael E. Porter）建立在"钻石模型"上的竞争理论，把对服务贸易的静态的、局部的比较优势研究发展到了动态的、全局的竞争优势的研究上来，使对服务贸易的研究提升到了一个新的层次。中国也有不少学者从竞争力方面对中国服务贸易进行了研究，以中国旅游业国际竞争力的研究为例。黎洁、赵西萍（1999）把旅游竞争力的研究向前推进了一步，他们根据波特的"钻石模型"提出了国际旅游竞争力的六要素系统，初步研究了国际旅游竞争力测度。我国学者成伟光、李志刚、简王华（2005）提出旅游产业是旅游业的重要经济特征，旅游产业的竞争力表现在产业内部的旅游产品、旅游企业、旅游服务等以及产业外部的旅游功能，并运用波特的竞争力理论结合旅游产业的自身特点，提出以旅游资源为内核所形成的旅游吸引物是旅游产业竞争力的核心。

从国内外研究文献可以看出，虽然近年来对服务贸易研究取得了很大的进展，但从研究成果上来看，这方面的研究不够深入，有待于更进一步的研究。

1.3　服务贸易与经济发展的关系

服务贸易与货物贸易相比，具有附加值大、科技含量高、资源消耗低、环境污染少、吸纳就业能力强等优点，大力发展服务贸易，不仅有利于推动我国经济发展，优化产业结构和解决就业问题，而且有利于抓住当前以服务贸易为代表的新一轮国际产业转移的历史机遇。

1.3.1　服务贸易成为国民经济发展的重要力量

我国的服务贸易虽然相比货物贸易起步比较晚，但服务贸易增速较快，对我国经济增长贡献率逐年增高。服务贸易与服务业在我国的经济结构中占据着重要地位，对我国经济发展起到了重要的推动作用。目前，我国正处于经济转型时期，对服务贸易的需求快速上升，并且由于第一、第二产业发展对生产性服务业的需求大大增加，这些都对服务贸易的快速发展起着重要的推动作用。改革开放以来，我国服务业呈现快速发展的态势，服务贸易规模不断扩大、发展速度很快，证明了服务贸易已经成为国民经济发展的重要力量。

从表1-2可以看出，第三产业增加值占GDP的比重从1978年的24.5%增加到了2014年的48.1%，因此可以看出，服务业已经成为我国经济发展的重要力量。但是与发达国家服务业占GDP的80%的平均水平相比，我国服务业仍处于发展中水平，但这也说明我国服务业有巨大的提升空间。

表 1-2	中国第三产业在 GDP 中的比重		
年份	GDP（亿元）	第三产业（亿元）	比重（%）
1978	3650.2	895.8	24.5
2000	99776.3	39734.1	39.8
2013	588018.8	275887.0	46.9
2014	636138.7	306038.2	48.1

资料来源：《中国统计年鉴（2015）》。

服务业是劳动密集型产业，随着我国服务贸易的发展，服务业吸纳劳动力就业的比重逐年呈现上升趋势，从20世纪90年代中期开始，我国服务业的就业人口就超过制造业，从表1-3可见，2014年底，服务业就业人口为31364万人，而农业就业人口是22790万人，制造业就业人口是23099万人，服务业的就业人口远远超过农业和制造业。统计资料显示，截至2014年底，共有3.14亿人在第三产业就业，占总就业人口的40.6%，比1978年提高了28.4%，服务业已经成为我国吸收劳动力就业的主要渠道。

表 1-3	中国第三产业就业状况		
年份	就业人数（万人）	第三产业就业人数（万人）	比重（%）
1978	40152	4890	12.2
1994	67455	15515	23.0
2000	72085	19823	27.4
2005	75825	23771	31.4
2009	77995	26603	34.1
2013	76977	29636	38.5
2014	77253	31364	40.6

资料来源：《中国统计年鉴（2015）》。

此外，服务贸易发展还能提高我国出口商品的附加值，增强我国出口商品的竞争力。我国现在已经成为世界工厂，但是由于我国工业品的技术含量不高，只能在生产环节降低成本，由此造成我国出口商品附加值低，并带来资源能源与环境的破坏，通过发展服务贸易，尤其是生产性服务业，如人员培训、仓储、物流等，能够降低制造业的生产成本，从而增强我国出口商品的竞争力。并且服务业属于集约型产业，资源能源消耗少，对环境的破坏少，如旅游、咨询、金融等，这些产业的发展有利于经济的可持续发展，所以服务贸易与服务业的发展有利于我国经济转变增长模式。

1.3.2 我国经济发展对服务贸易提出更高的要求

随着我国经济的迅速增长，居民收入水平的不断提高，将会对服务业提出更多的要求，一些新型的服务业将会成为新的需求热点，如旅游、保险、电影音像、技术咨询、其他商业服务等都有相当大的需求。另外，随着我国城市化水平的加快，城市人口规模不断扩大，商业、金融业、文化娱乐、交通、休闲娱乐等现代服务业的需求也在不断增加。全球经济竞争的重点正从货物贸易转向服务贸易，服务业与服务贸易的发展水平已成为衡量一个国家现代化水平的重要标志。从行业看，我国广播影视、文化、教育、中医药服务等有中国特色的新兴服务业出口稳步增长，出口潜力得到进一步挖掘，对我国服务贸易结构优化起到了重要推动作用。我国影视产品的海外市场份额不断扩大，文化产业虽然起步较晚，但发展速度喜人，海外市场不断扩大，我国围绕动漫、游戏、文艺演出等文化产业出口绩效日益提升；电信、金融保险、出版传媒、咨询等现代服务贸易发展迅速；另外，我国生产性服务业国际竞争力的提升对我国制造业发展起到了很大的推动作用。

目前我国转变经济增长方式、调整产业结构、完善社会保障体系，为服务贸易发展创造了良好条件，未来养老保健、教育培训等生活性服务业的需求将会越来越大，金融、保险、物流等生产性服务发展前景广阔，因此大力发展服务业与服务贸易，是推动我国经济结构战略性调整的必然要求，是优化出口结构的必然要求，也是人民生活水平提高的必然要求，也是我国进一步参与国际经济合作的必然要求。

第2章

服务贸易发展概述[*]

当今世界经济主导产业正逐步由制造业向服务业转变，以制造业为主的货物贸易出口遭受挫折，经济增长放缓，对外开放模式亟待转型升级。服务贸易以其科技含量高、附加值大、资源消耗低，环境污染小，吸纳就业能力强，引领经济增长等优势，成为中国摆脱当前外贸困境的突破口。

党的十八大报告中把"发展服务贸易，推动对外贸易平衡发展"作为今后中国经济社会发展的主要任务，明确指出要加快转变对外经济发展方式，形成以技术、品牌、质量、服务为核心的出口竞争优势，促进加工贸易转型升级，发展服务贸易，推动对外贸易平衡发展。习近平总书记在中央经济工作会议上强调要"增强服务业出口能力，加快形成出口竞争新优势"。李克强总理在2013年第二届京交会暨全球服务论坛北京峰会主旨演讲中指出，"中国已经确立了服务贸易战略地位，以此作为经济发展的战略重点"，并明确提出"将着力扩大服务贸易的规模""大力促进服务领域相互投资""构建公平竞争的服务贸易市场环境""推动国际服务贸易自由化和便利化"。发展服务贸易必将在扩大开放，转变经济发展方式，平衡中国对外贸易中发挥巨大作用。

2.1 世界服务贸易发展概况

目前，全球服务业产值占世界经济总量的70%，服务贸易占全球贸易总额的20%，服务贸易已经成为全球经济增长的新动力和价值提升的新引擎，服务业与服务贸易的发展水平已成为衡量一个国家现代化水平的重要标志之一。全球经济竞争的重点正从货物贸易转向服务贸易。

---

* 国家社会科学基金2013项目"沿边开放背景下西部边境民族地区小城镇集群建设问题研究"阶段性成果（项目编号：13BMZ013）。

作者简介：黄毅（1965 - ），女，西南民族大学经济学院教授。研究方向：服务贸易。

本部分数据，除特殊标准外，均来自于中国服务贸易指南网，商务部《中国服务贸易统计（2010）》。

2.1.1 服务贸易额不断增长

1980～2014 年,全球服务贸易总额从 7674 亿美元扩大到 96020 亿美元,增长了 11.5 倍,年均增长 7.78%。服务贸易出口额从 3671 亿美元扩大到 48615 亿美元,增长了 12.2 倍;服务贸易进口额从 4003 亿美元增长到 47485 亿美元,增长了 10.9 倍,如表 2 - 1 所示。

表 2 - 1 　　　　　　　　2005～2014 年世界服务贸易进出口额　　　　　单位:亿美元

项目	2005 年	2006 年	2007 年	2008 年	2009 年	2010 年	2011 年	2012 年	2013 年	2014 年
出口额	25127	28418	34203	38464	34814	38197	42583	43499	46250	48615
进口额	23837	26596	31738	36331	32923	36133	40422	41523	43400	47485
总额	48964	55014	65941	74795	67737	74330	83006	85022	89650	96020

资料来源:中国服务贸易指南网,商务部《中国服务贸易统计 2015》整理,本章表、图未说明的均相同。

特别是 2003～2008 年,全球服务贸易加速增长,服务出口与进口均保持两位数年均增长率。受金融危机影响,2009 年服务贸易额大幅缩减,2010 年后迅速恢复,2012 年有所下降后继续增长,见图 2 - 1。2014 年世界服务贸易进出口额增长率为 7.12%,远高于同年世界货物贸易进出口额 2.8% 的增长率。2012～2014 年世界货物贸易三年平均增速仅为 2.4%,连续三年持续低于 3% 的增速,同期世界服务贸易平均年增速为 4.99%,是货物贸易增速的 2 倍。

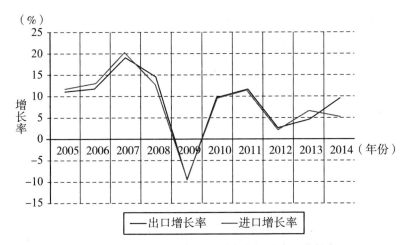

图 2 - 1　2005～2014 年世界服务贸易进出口增长率

发达国家已经将"服务立国"作为其经济发展的重要特征之一。当前,世界近 200 个国家和地区中,居服务贸易前 20 位的国家和地区主要是发达国家,美国、德国、英国、法国、意大利、比利时、日本等国的服务贸易出口额已占其 GDP 总量的 10% 以上。美、德、英三国占全球服务贸易总额的近 30%。2014 年世界服务贸易第一大国美国服务贸易进出口总额达 11400 亿美元,服务贸易总额占全球总额的 11.87%,同年美国实现服务贸易顺差 2320 亿美元,同比增长 2.61%。

2.1.2　服务贸易结构持续优化升级

服务贸易包含有运输、旅游、通信、建筑、保险、金融服务、计算机和信息服务、专有权使用费和特许费、各种商业服务、个人文化娱乐服务以及政府服务等。伴随着世界贸易的发展,国际服务贸易种类进一步增多,服务贸易结构也持续优化。服务贸易中运输、旅游等传统劳动密集型服务贸易占比逐步下降,知识与技术密集型等新兴服务贸易份额逐年上升。

1980 年世界运输和旅游服务占全球服务贸易出口总额分别为 36.48% 和 28.19%,到 2010 年已经分别下降至 21.12% 和 24.86%,其他服务贸易出口占比则从 35.33% 上升到 2010 年的 54.02%,到 2014 年运输占比更下降到 19.36%,其他服务贸易上升至 55.25%,如表 2-2、图 2-2 所示。

表 2-2　　　　　　1980~2014 年世界服务贸易出口结构变化情况

年份	世界服务贸易出口额				占世界服务出口总额(%)		
	总额(亿美元)	运输(亿美元)	旅游(亿美元)	其他(亿美元)	运输(亿美元)	旅游(亿美元)	其他(亿美元)
1980	3671	1339	1035	1297	36.48	28.19	35.33
1985	3835	1245	1160	1430	32.46	30.25	37.29
1990	7887	2227	2632	3028	28.24	33.37	38.39
1995	11781	3020	4005	4756	25.63	34.00	40.37
2000	14910	3464	4762	6684	23.23	31.94	44.83
2005	25127	5691	7003	12433	22.65	27.87	49.48
2010	38197	8067	9495	20635	21.12	24.86	54.02
2011	42583	8793	10669	23121	20.65	25.05	54.30
2012	43499	8919	11107	23473	20.50	25.53	53.96
2013	46250	9000	11750	25500	19.46	25.41	55.14
2014	48615	9411	12343	26861	19.36	25.39	55.25

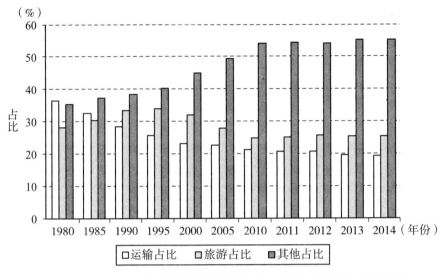

图 2 - 2 1980～2014 年世界服务贸易单项出口占服务贸易出口总额比例

2.1.3 发达国家主导全球服务贸易市场，区域间发展不均衡

世界经济非均衡发展也表现在全球服务贸易发展中。全球服务贸易格局表现为发达经济体居世界服务贸易优势地位，服务贸易顺差优势明显。进入 21 世纪，世界各国尤其是主要发达国家凭借较发达的服务业和宽松的服务贸易政策，国际服务贸易发展快，总量高，服务贸易已经成为各发达经济体经济增长和社会新增就业的主要动力，也是对外贸易中增长最快的部分。发展中国家与发达国家之间存在较大差距。近年来世界服务贸易地区间不均衡出现了一些新的变化，部分新兴经济体发展良好，与发达国家间的差距有缩小的趋势。

服务贸易出口总量，发达国家占绝对优势。2014 年美国、英国、德国、法国仍稳居服务贸易出口前四名，其服务贸易出口额总额占全球的 31.8%。美国服务贸易进出口总额居全球首位，当年共实现进出口总额 11400 亿美元，占全球总额的 11.87%。德国、英国服务贸易进出口总额分别为 5940 亿美元、5180 亿美元，分别列全球第三、第四位，占比分别是 6.19% 和 5.39%。新兴经济体中的中国和印度服务贸易迅速提升。中国服务贸易进出口总额 6043 亿美元，列全球第二位，占世界 6.29%。2015 年我国服务进出口总额继续保持世界第二位，其中服务出口居第五位，服务进口居第二位。我国服务进出口额 7130 亿美元，占世界服务进出口额比重为 7.71%，较上一年提升 1.42 个百分点。2014 年印度服务贸易总额 2780 亿美元，居世界第八位。总体来看，发达经济体在国际服务贸易竞争方面优势明显。

表 2-3　　　　2014 年世界服务贸易出口额及进出口额位居前位的国家

排序	国家	出口		进出口		
		金额（亿美元）	占比（%）	金额（亿美元）	占比（%）	排序
1	美国	6860	14.1	11400	11.87	1
2	英国	3290	6.8	5180	5.39	4
3	德国	2970	5.5	5940	6.19	3
4	法国	2630	5.4	5070	5.28	5
5	中国	2222	4.6	6042	6.29	2
6	日本	1580	3.3	3480	3.62	6
7	荷兰	1560	3.2	3210	3.34	7
8	印度	1540	3.2	2780	2.90	8
9	西班牙	1530	2.8	2070	2.16	13
10	爱尔兰	1330	2.7	2750	2.86	9
11	新加坡	1330	2.7	2630	2.74	10

2.1.3.1　美国服务贸易发展概况

（1）美国在世界服务贸易中的地位仍不可撼动。第一，服务贸易总额大、顺差多。美国因拥有发达的科技和服务业，其在世界服务贸易市场中长期具有领先优势。20 世纪 80 年代起，美国服务贸易进出口额一直居世界第一位，占比保持在 15% 左右。2014 年美国服务贸易出口额 6860 亿美元，占全球总额的 14.11%，出口额比第二位的英国高出 109%，比位居第五位的中国高出 209%。美国是服务贸易顺差最大的国家，2014 年顺差达 2320 亿美元，比同年我国服务贸易出口总额 2222 亿美元高出 98 亿美元。第二，服务贸易结构合理。美国众多服务贸易行业均居于世界领先地位，包括：保险、计算机和信息、金融、其他商业服务、个人文化和休闲、通信、建筑、交通运输、旅游和版税和许可证等。目前美国以新兴服务贸易占优势的发展阶段引领世界服务贸易向前推进。

美国服务贸易从第二次世界大战到目前经历了三个主要发展阶段。第一阶段以交通运输和旅游等传统服务贸易发展作为主要引领项目，第二次世界大战到 20 世纪 70 年代，美国服务贸易以逆差为主，随着服务贸易出口的增长，服务贸易逆差额逐渐收窄，到 20 世纪八九十年代其服务贸易进入第二发展阶段，以服务业崛起为特征的产业发展为美国服务贸易称霸世界打下了坚实的基础。这段时期，美国服务贸易的结构进一步优化，金融、专利等资本与技术密集型行业发展起来了，在服务贸易中的比重不断提升，传统服务贸易份额下降。第三阶段是20世纪90年代以后，美国服务贸易凭借其产业和科技优势在世界独占鳌头，贸易顺差迅速增长。服务贸易中传统服务业如运输、仓储、零售、批发、个人家庭服务等比重逐渐下降，现代服务业如知识、技术和人力资本密集型的金融保险、专业科技服务、卫生、行政管理、教育、信息、房地产和租赁、艺术娱乐等得到了迅速发展，占比大幅提升。

（2）强大的服务业和有利的政策扶持促成服务贸易发展。1990年美国服务业占GDP总量达72%，美国的十大服务行业在世界居领先地位，包括旅游、运输、金融、教育培训、商务服务、通信、设备安装、娱乐业、信息和保健等。2012年美国服务业占GDP总量提高到75.4%，强大的服务业，成就了美国发达的服务贸易。

美国服务贸易领先全球，还得益于政府对服务业及服务贸易的鼓励扶持政策。美国政府建立了较为完善的服务贸易法律法规体系和管理机制，为其本国服务业和服务贸易健康发展营造了良好的外部环境。1994年时任美国总统的克林顿向国会递交了《国会出口战略实施报告》，明确政府要重点支持国内服务业的发展。为保证国内经济和就业的增长，提出应优先发展环保、信息、能源、交通运输、卫生保健以及金融等服务业，提升这些部门的核心竞争力。对于金融服务、专利技术等新兴服务贸易行业，政府在税收上给予优惠，鼓励投资，支持发展；政府同时制定相关政策，鼓励服务贸易出口，对不具有竞争力优势的服务行业实施保护措施。

在国内立法方面，美国将服务贸易、货物贸易和知识产权结合在一起，实行单边报复。在国际服务贸易规则框架制定时，美国凭借强大的政治经济实力，对他国施压，充分维护本国利益，积极推进"竞争中立"、劳工标准、环境保护等"21世纪新议题"谈判，以占领未来国际竞争制高点。历时8年谈判，于1994年4月15日在摩洛哥签署的第一个服务贸易国际规范框架《服务贸易总协定》，充分体现了发达国家的意志，有利于美国服务贸易的发展。

（3）主导全球新贸易规则的构建，提升新贸易优势。随着世界经济的变化，美国正在制定全球贸易的新规则。在全球化产业转移过程中，美国在一些涉及由制造业提供就业和拉动经济增长的领域已不占优势，甚至处于竞争劣势，为此美国积极推动并打造一些新贸易规则，重新构建其优势。目前WTO多哈回合谈判受阻，这对于极力推行新的高标准自贸协定的美国是个良好契机。

美国制定新贸易规则的背后是其大力提升服务贸易的战略导向。美国正积极打造新的经济"实体"，即促成高端服务业的可贸易化，这将在未来不远的时期全方位改变世界，也包括现行国际贸易规则。

哈佛商学院教授迈克尔·波特（Michael E. Porter）认为，尽管目前美国的许多服务只能在其国内提供，但随着技术的发展，未来将有更多的服务变成国际贸易的一部分。美国在金融、教育、医疗、传媒等产业方面具有绝对优势，他们力推这些高端服务业的可贸易化。美国如果能够提升这些优势产业的可贸易化程度，那在未来新的一轮全球化中，将由此形成巨大的出口能力，更加提升其在世界贸易中的优势地位。

2.1.3.2 日本服务贸易发展概况

（1）服务贸易总量大，近年服务贸易额增长迅速。日本是全球最重要的贸易大国之一，近年来服务贸易快速发展，服务贸易进出口额均居世界前列，贸易竞争力不断增强。2014 年日本服务贸易进出口总额 3480 亿美元，居世界第 6 位，占全球服务贸易总额的 3.62%，其中出口额 1580 亿美元，列世界第 6 位，进口额 1900 亿美元，居世界第 5 位。

日本服务贸易进出口近 20 年来在世界服务贸易中占比有缓慢下降的趋势。出口额从 1995 年的 5.4%，下降到 2014 年的 3.3%；进口占比下降更趋严重，1995 年在全球占比 10.2%，2014 年下降到 3.9%（见表 2-4）。2014 年日本服务贸易进出口增长较快，在世界服务贸易进出口列前 30 位的国家和地区中，日本其服务贸易进出口增长均居前列。2014 年日本服务贸易出口同比增长 19%，同期中国增长率为 8%，美国为 3%。同年日本服务贸易进口同比增长 12%，在世界服务贸易出口前 30 位国家和地区中增长率列第 5 位。增长率列日本前面的是沙特阿拉伯 17%、中国、爱尔兰均为 16%，卢森堡 13%。沙特阿拉伯的服务贸易出口额 600 亿美元，只有日本的 37.97%。

表 2-4   1995～2014 年日本服务贸易占世界的比重

项目	1995年	1997年	1999年	2001年	2003年	2005年	2007年	2009年	2011年	2013年	2014年
出口	5.4	5.1	4.3	4.3	4.0	4.4	4.2	3.9	3.4	3.1	3.3
进口	10.2	9.4	8.3	7.3	6.3	5.8	5.1	4.6	4.3	3.7	3.9

资料来源：根据历年国际统计年鉴和《中国服务贸易统计（2015）》整理。

日本服务贸易长期处于贸易逆差状态。2008 年日本服务贸易逆差占服务贸易总额的 7.10%。2013 年逆差 170 亿美元，逆差占服务贸易总额的比重有所下降，为 5.57%，2014 年逆差进一步拉大为 320 亿美元，逆差额达服务贸易总额的 9.20%。日本的服务贸易逆差主要来源于旅游服务贸易，2011 年旅游服务贸易逆差 273 亿美元，2012 年减少到 248 亿美元。

（2）发达的服务业及政策推动增强了服务贸易竞争力。服务贸易的国际竞争力依赖于国内服务业的发展。日本服务贸易在世界具有较强的竞争力也得益于服务业的发展。日本服务业在 GDP 中的比重近年来一直保持在 70% 的份额，2013年占 72.6%，高度发达的服务业为日本服务贸易的发展打下了坚实的基础。为扶持高附加值服务业的发展，日本政府在贸易政策上给予了大力的支持。1997 年日本以振兴服务贸易为目标，对传统贸易政策进行了重大改革。不断加大对技术研发等基础性领域的投入力度，从而使日本的服务业结构不断优化，并保持对外贸易的竞争力。为了提升国内服务业的竞争力，日本政府采取管理性对外贸易政策来规避风险，保护本国较弱的行业。这种渐进式的开放，避免了薄弱产业遭受国外强势产业的冲击，并加强对产业的更新升级，不断提高本国服务行业的出口竞争力。

2.1.3.3 印度服务贸易发展概况

（1）服务贸易增长迅速、总量据世界前列。印度是新兴经济体中服务贸易快速发展的代表，具有较强的服务贸易竞争力。2000～2008 年印度服务贸易年出口增长达 27%，比亚洲平均水平 13% 高出 1 倍多。2009 年后受全球金融危机影响，服务贸易出口增长有所放缓，据《WTO 国际贸易统计数据库》2005～2013 年印度服务贸易出口增长为 14%，列发展中国家第一位。

印度 2014 年服务贸易进出口总额达到 2780 亿美元，占全球服务贸易的 2.90%。其中，服务贸易出口额 1540 亿美元，列全球第 8 位，进口额 1240 亿美元，居世界第 10 位，服务贸易顺差值 300 亿美元。

（2）政策推动提升服务贸易比较优势。有利的政策支持对印度服务贸易的发展发挥了重要的作用。20 世纪 80 年代后期，发达国家信息技术对外开拓市场、进行服务产业转移，时任印度总理的甘地因势利导积极提倡发展计算机产业，国家在税收、融资、人才等机制方面实施针对性倾斜措施，为服务业发展创造了有利环境。印度在发展过程中充分发挥其优势，即经营成本低，英语人才较多，与英、美等发达国家有密切商业联系。这些优势为其软件行业的发展赢得先机，也使印度在计算机和信息服务方面迅速崛起。2000～2008 年印度计算机和信息服务出口占服务贸易出口的比例由 28.3% 提高到 47.96%。金融危机后比例有所下降，2012 年仍占 33.5%。目前印度是仅次于美国的世界第二大软件大国。

2.2　中国服务贸易发展概况

随着经济发展，我国服务贸易也取得了巨大成就。1982 年我国服务贸易总额为 44 亿美元，仅占世界总额的 0.6%；2014 年我国服务贸易进出口总额达 6043 亿美元，位居世界第二位，占世界 6.29%，服务贸易出口 2222 亿美元，居世界第五位，服务贸易进口 3821 亿美元，居世界第二位。2015 年中国服务贸易进出口总额 7130 亿美元，比上年增长 14.6%[①]。其中服务出口 2881.9 亿美元，同比增长 9.2%；进口 4248.1 亿美元，增长 18.6%[②]，增幅均比上年提升。2015 年中国服务贸易逆差为 1366.2 亿美元，与 2014 年的 1599 亿美元相比收窄了 14.6%。我国服务贸易连续十几年呈现逆差，这既与我国加入 WTO 后扩大开放、进口增加有关，也反映出我国服务贸易国际竞争力偏弱，与主要发达经济体间存在明显差距。

2.2.1　我国发展服务贸易的意义

党中央国务院高度重视服务贸易的发展。党的十七大就倡导大力发展服务贸易，把服务贸易发展确立为国民经济发展的重要战略内容；《国民经济和社会发展第十一个五年规划纲要》中首次纳入了服务贸易的发展内容。党的十八大报告明确了"发展服务贸易，推动对外贸易平衡发展"是我国今后经济社会发展重要任务之一。2015 年 1 月 14 日李克强总理主持召开国务院常务会议，部署加快发展服务贸易，以结构优化拓展发展空间。2015 年 2 月国务院印发了《关于加快发展服务贸易的若干意见》，这是国务院首次全面系统地提出服务贸易发展的战略目标和主要任务，并对加快发展服务贸易做出全面部署。

2.2.1.1　有利于促进经济增长，转变经济方式，使我国从贸易大国向贸易强国迈进

传统的国际贸易强调货物贸易，忽略了国与国之间的服务进出口。一方面，伴随着货物进出口，服务业进出口也同时发生，诸如国际运输、国际金融、保险、商贸流通服务等；另一方面，国际旅游、教育服务、文化服务、医疗服务、体育服务等非货物形式的进出口业务，也十分频繁。服务贸易涉及十二大领域，在我国涉及三十九个职能管理部门，内容宽泛，体系庞大，具有巨大发展空间。大力发展服务贸易必将对我国经济起到显著推动作用。

改革开放三十多年，我国对外贸易取得了举世瞩目的成绩，已经成为世界货物贸易大国。但我们也付出了昂贵的代价，原材料能源消耗过多，生态和环境代

---

① 新华网，http：//news. xinhuanet. com/fortune/2016 – 02/03/c_128699233. htm. 本部分 14.6% 的增长率是根据商务部例行新闻发布会上公布的数据。笔者计算的 2015 年我国服务贸易进出口增长率是 18.0%。

② 新华网，http：//news. xinhuanet. com/fortune/2016 – 02/03/c_128699233. htm，商务部例行新闻发布会公布数据。笔者计算的 2015 年出口增长率为 29.7%，进口增长率为 11.2%。

价显著，劳动者福利受到影响，也常伴随国际贸易摩擦的发生。粗放型对外贸易的增长方式，无法使我国对外贸易可持续发展。发展服务贸易，可以减轻对能源和资源的消耗，改善经济结构，获取产业高端附加值产品，在全球产业链、价值链分工中获得更多的利益。

我国服务贸易发展前景远大。2014年世界服务贸易进出口额与货物贸易进出口额比重1:4，同期我国只有1:7。服务贸易的发展水平不及全球平均水平的60%。在全球经济向服务经济转变的过程中，服务贸易发达程度，标志着一个国家或地区对外贸易增长的协调性和持续性，反映其贸易增长方式的科学性和合理性。发展服务贸易是应对日益激烈的综合国力竞争，适应世界发展趋势，掌握发展主动权的必然要求，是我国从经济大国迈向经济强国，从贸易大国走向贸易强国，从制造经济转向服务经济的战略抉择。

2.2.1.2　有利于产业结构的优化，产业竞争力的提升

世界经济发展的进程也是产业结构不断改变优化的过程。在人类发展的历史长河中第一产业农业的产值在经济中所占份额不断下降，第二、第三产业占比不断上升，直至第三产业份额占绝对优势；从劳动者就业占比来看，劳动力人群逐渐从第一产业转移到第二产业，再转移到第三产业。服务业发展水平成为衡量一个国家现代化程度和社会经济发达程度的重要标志。

服务业的发展是服务贸易发展的基础。长期以来我国服务业发展的滞后性影响了服务贸易发展。2013年我国第三产业在三个产业中比重第一次超过了第二产业，达到46.9%；2015年达50.5%，超过第二产业10个百分点，增长速度快于第二产业2.3个百分点。不过世界主要发达国家第三产业占比都高达60%以上，一些国家占比高于70%。2014年我国第三产业就业人口占总就业人口比重仅为36.1%，与其他发达经济体之间差距还很大，2010年日本占比为70%，韩国76.4%，美国81.2%，俄罗斯2009年为62.3%[1]。我国服务业水平还比较落后，同时期发展空间比较宽广。发展服务贸易，可以使我国积极参与国际竞争与合作，学习、借鉴和吸收国外先进的服务业管理、市场运作经验，扩大服务业市场准入范围，放宽准入限制，适度吸引外商投资，加快提升我国服务业的竞争力。

2.2.1.3　有利于对外贸易结构的改善

货物贸易和服务贸易发展的不均衡，以及服务贸易发展滞后是我国对外贸易面临的问题。2015年我国服务贸易额占对外贸易总额的15.3%，不仅远低于全球20.6%的平均水平，也低于其他"金砖国家"，2014年印度26.3%、巴西21.5%、俄罗斯18.7%。20世纪90年代后，伴随我国对外开放力度增强，进口

---

[1]　中华人民共和国统计局网站。

不断增长，服务贸易逆差逐渐增多。1992 年我国服务贸易首次出现 1 亿美元的逆差。1995 年逆差上升至 62 亿美元，之后我国服务贸易一直处于逆差状态，2014 年服务贸易逆差扩大至 1598 亿美元，19 年来逆差年均增长 18.6%，2014 年服务贸易逆差同比增长 34.9%。我国服务贸易逆差额居世界第一，是逆差第二大国德国的 2.7 倍。2014 年美国服务贸易顺差 2320 亿美元，高出同年我国服务贸易出口额 98 亿美元。2015 年我国服务贸易逆差有所收窄，逆差额 1366.2 亿美元。我国服务贸易国际竞争力较弱，与世界最发达经济体间存在较大差距。发展服务贸易有利于优化对外贸易结构，提升货物贸易和服务贸易的竞争力。

2.2.1.4 发展服务贸易将促进经济效率的提高，满足社会需求

一方面，由于服务的进口，国内企业能够有更多的机会选择质优价廉的服务，或国内无法提供的生产性服务，从而提高企业经济效益；另一方面，国内企业在服务贸易出口中，不断吸收国外先进技术与经验，努力降低成本，提高服务质量和竞争能力，将有助于企业自身水平的提升。出口优势的服务项目，进口不具优势的服务项目，引入新的服务种类，促进经济资源的有效配置，将更好地满足国内经济发展和提升人民生活水平的需要。

2.2.2 我国服务贸易发展现状

经过三十多年的改革开放，我国服务贸易稳步发展，服务贸易总额增长较快，国际地位有明显提升，长期以来以传统服务贸易行业为主的贸易结构，近年来逐步优化。随着我国货物贸易在世界市场份额的加大，必然带动服务贸易需求的增长，也会促进我国服务贸易的发展。

2.2.2.1 服务贸易稳步发展，进口快于出口，贸易逆差较大

我国服务贸易自 20 世纪 90 年代起步后稳步增长。1994~2015 年二十年服务贸易进出口额从 322 亿美元增长到 6043 亿美元，增长了近 17 倍，年均增长 15.8%，这期间世界服务贸易总额增长 3.59 倍，年均增长率为 7.8%。特别是进入 21 世纪后，我国的服务贸易进出口总额稳步增长，除 2009 年外，其增长率基本都在 10% 以上（见图 2-3）。二十年间服务贸易出口额从 164 亿美元，增长到 2222 亿美元，年均增长 13.92%，进口额从 158 亿美元增加到 3821 亿美元，年均增长 17.3%。2015 年服务贸易进出口再创新高，达到 7130 亿美元，其中出口 2881.9 亿美元，进口 4248.1 亿美元。

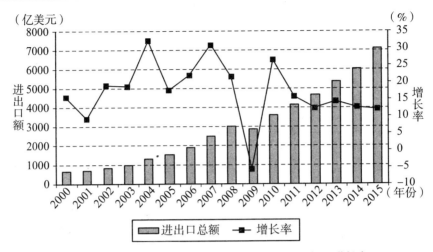

图 2 - 3　2000 ~ 2015 年中国服务贸易进出口总额及增长率

加入 WTO 后我国加快了对外开放力度，实施降低关税、下放外贸经营权、增加贸易便利化、提高透明度等一系列措施，服务贸易进口增长加快，近年来贸易逆差增长较快。自 1995 年之后，我国服务贸易一直处于逆差状态，且差值逐年增长。2000 年贸易逆差 58 亿美元，2010 上升到 220 亿美元，2013 年 1185 亿美元，2014 年高达 1599 亿美元，同比增长 62.3%，2015 年贸易逆差有所下降，但仍然高达 1366 亿美元（见图 2 - 4）。

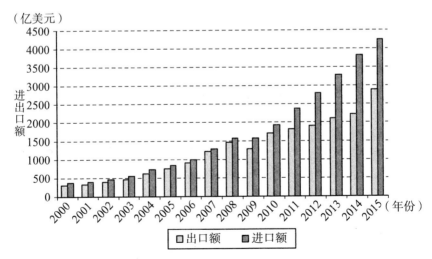

图 2 - 4　2000 ~ 2015 年中国服务贸易进出口额

2.2.2.2　进出口增长迅速，受全球危机影响大，近年来进口增长较快

最近十来年，我国服务贸易进出口额增长迅速，但受国际金融危机的影响，年增长波动较大，出口增速放缓。2004～2014 年我国服务贸易进出口总额年均增长率 16.3%。十年中 2004 年、2006 年、2007 年、2008 年、2010 年的增长率均超过 20%，其中 2004 年、2007 年速度超过 30%，但 2009 年的增速是 −5.8%，受全球金融危机的影响，服务贸易进出口波动较大。2010 年后，我国服务贸易出口增长放缓，仅 2013 年增速超过 10%，为 10.6%，2015 年增长率接近 10%，为 9.2%；进口增速加快均超过 15%，2015 年达 18.6%（见图 2 − 5）。

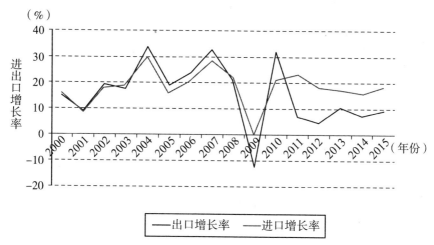

图 2 − 5　2000～2015 年我国服务贸易进出口增长率

2.2.2.3　国际地位不断提升

1994～2015 年二十一年我国服务贸易进出口总额占世界的比例也从 1.6%，提升到 7.7%。我国服务贸易进出口额 2001 年列第 13 位，2002 年跃居前 10，列第 9 位，2008 年更上升至第 5 位，2014 年居全球第 2 位，排美国之后。2015 年我国出口居世界第 5 位，位于美国、英国、德国、法国之后；进口居世界第 2 位，居美国之后（见表 2 − 5）。

表 2 − 5　　　　　　　2000～2014 年我国服务贸易进出口额世界排名

年份	进出口额排名	出口额排名	进口额排名
2000	12	12	10
2001	13	12	10

续表

年份	进出口额排名	出口额排名	进口额排名
2002	9	11	9
2003	9	9	8
2004	9	9	8
2005	9	9	7
2006	8	8	7
2007	6	7	5
2008	5	5	5
2009	4	5	4
2010	4	4	3
2011	4	4	3
2012	3	5	3
2013	3	5	2
2014	2	5	2
2015	2	5	2

资料来源：商务部网站，http：//coi. mofcom. gov. cn/article/y/gnxw/201604/20160401299188. shtml.

2.2.2.4 以传统行业为主，旅游服务贸易增长快占比大，贸易结构逐步优化

从行业结构看，我国服务贸易仍以传统服务行业为主。2014 年我国旅游和运输服务占服务贸易总额达 59.2%，其中旅游进出口总额首破 2000 亿美元，达 2217 亿美元，居各类服务之首。我国服务贸易的顺差主要来源于建筑服务、计算机和信息服务、咨询和其他商业服务。逆差主要来源于旅游服务、运输服务、专有权利使用和特许费和保险服务（见表 2 - 6）。

表 2 - 6　　　　　2014 年我国服务贸易进出口额　　　　单位：亿美元

序号	项目	出口额	进口额	总额	贸易差额
1	运输服务	383.0	962.0	1345.0	- 579.0
2	旅游	569.1	1648.0	2217.1	- 1078.9
3	通信服务	18.1	23.0	41.2	- 4.9
4	建筑服务	154.2	49.3	203.4	104.9

续表

序号	项目	出口额	进口额	总额	贸易差额
5	保险服务	45.6	225.0	270.6	-179.4
6	金融服务	46.0	55.0	101.0	-9.0
7	计算机和信息服务	183.6	85.0	268.6	98.6
8	专有权利使用费和特许费	6.3	226.0	232.3	-219.7
9	咨询	429.0	263.0	692.0	166.0
10	广告、宣传	50.0	38.0	88.0	12.0
11	电影、音像	1.8	9.0	10.8	-7.2
12	其他商业服务	335.4	238.0	573.4	97.4
	总计	2222.1	3821.3	6043.4.	-1599.2

我国服务贸易结构日趋优化，高附加值服务出口规模进一步扩大，服务出口结构继续优化。2015 年我国电信、计算机和信息服务出口 270 亿美元，同比增长 25%，占服务出口总额比重提升 1.5 个百分点；专业管理和咨询服务出口 291 亿美元，同比增长 13.6%，占比提升 0.7 个百分点；广告服务、知识产权使用费出口增幅分别达 37.1%、64.9%，占比均比上年有所提高。

近年来我国旅游服务贸易发展迅速。2014 年我国旅游服务贸易增长 23%，占比超过全部服务贸易总额的 1/3；旅游服务贸易进口增长 28.2%，占全部服务贸易进口近一半；旅游服务贸易出口增长率也超过 10%，占出口总额的 1/4。

运输服务在服务贸易中占比超过 20%，2014 年近 2% 的增幅与国际经济发展减缓有密切联系。我国在资本密集型和知识密集型服务上实力较弱，导致我国服务贸易整体竞争力不强，仍处于比较劣势。令人欣慰的是近年来我国高附加值的服务贸易新兴领域迅速成长，金融服务贸易、计算机服务等方面发展势头较好，均保持两位数增长，特别是金融服务年增长率近 60%（见表 2-7）。

表 2-7　　　　2014 年我国服务贸易分类进出口增长率及占比　　　　单位：%

序号	项目	出口		进口		总额	
		增长率	占比	增长率	占比	增长率	占比
1	运输服务	1.7	17.7	2.0	25.2	1.9	22.5
2	旅游服务	10.2	25.6	28.2	43.1	23.0	36.7
3	通信服务	8.9	0.8	40.7	0.6	24.6	0.7

续表

序号	项目	出口		进口		总额	
		增长率	占比	增长率	占比	增长率	占比
4	建筑服务	44.6	7.1	26.7	1.3	39.8	3.4
5	保险服务	14.1	2.1	1.8	5.9	3.7	4.5
6	金融服务	57.8	2.1	61.0	1.4	59.5	1.7
7	计算机和信息服务	19.0	8.5	42.0	2.2	25.4	4.5
8	专有权利使用费和特许费	−29.4	0.3	7.4	5.9	6.0	3.9
9	咨询	5.8	19.8	11.5	6.9	7.9	11.6
10	广告、宣传	1.9	2.3	21.2	1.0	9.4	1.5
11	电影、音像	22.3	0.1	15.0	0.2	16.1	0.2
12	其他商业服务	−7.1	15.5	10.0	6.2	−0.7	9.6
	总计	7.6	100.0	15.8	100.0	12.6	100.0

2.2.2.5 区域协调不断加强

我国主要贸易伙伴是：中国香港、欧盟（27国）、美国、东盟和日本。我国与上述国家（地区）的服务贸易额占总额的近2/3。中国香港为我国最大服务出口目的地、进口来源地和顺差来源地。对美服务贸易逆差规模进一步扩大。

从国内服务贸易区域分布来看，我国服务贸易主要集中在东部省份。其中，京、沪、粤三地服务贸易总额占全国总额的六成以上。中西部基数相对较小，但增长迅速，绝大部分中西部省（自治区）超过全国平均增速十个百分点以上。

第3章

四川省服务贸易发展研究[*]

四川省地处我国西南地区，面积 48 多万平方千米，人口 8430 万人，全省有 21 个地级行政区划单位（其中 18 个地级市、3 个自治州），183 个县级行政区划单位。四川省具有丰富的自然资源和诱人的旅游资源，是我国重要的科研和教育基地之一。四川省历来都是农业大省，还是我国西部的工业大省，是西部最大的市场和物资集散地。四川省人口众多，市场容量巨大，全省消费品零售总额居西部地区第 1 位，是中国西部的商贸、科技、金融中心和交通、通信枢纽。

改革开放以来，四川省经济迅速发展。2015 年实现地区生产总值 30103.1 亿元，比上年增长 7.9%；人均地区生产总值 36836 元，达到 5914 美元。服务业增加值占 GDP 的比重从 1979 年的 19.9%，提高到 2015 年的 40.3%。根据四川省商务厅统计显示，2014 年全省服务进出口总额 116.5 亿美元，同比增长 12.7%，规模居全国第 10 位、中西部第 1 位，服务贸易领域的对外开放格局逐步形成。①

3.1 四川省服务贸易发展概况

3.1.1 四川省服务贸易发展现状

随着对外开放有序推进，四川省服务贸易近年来发展良好，贸易规模不断扩大，在全国的地位逐步上升，贸易结构日趋优化，竞争优势初步显现，健康增长态势基本形成。

3.1.1.1 服务贸易规模不断扩大，增速高于全国平均水平

2006 年四川省将服务贸易纳入商务工作范围，当年服务贸易总额为 7.67 亿

---

* 2015 年度中央高校基本科研业务费专项基金项目"增强我国西部民族地区服务贸易竞争力研究"（项目编号：2015SYB16）。

作者简介：黄毅，西南民族大学经济学院教授，主要研究专业和方向是国际服务贸易等。

本部分的数据除特殊标注外，均来自于中国服务贸易指南网、商务部《中国服务贸易统计（2015）》、四川省商务厅。

① 中国服务贸易指南网、商务部《中国服务贸易统计（2015）》

美元。2008 年受国际金融危机及汶川地震影响，服务贸易发展受挫。2009 年开始，随着四川经济外向度逐步提高，企业国际化进程提速，服务贸易进入持续增长期。2008~2014 年服务贸易进出口总额从 25.2 亿美元，增加到 120.1 亿美元，6 年间年均增长达到 29.7%，比同期全国服务贸易总额平均增速 12.1% 高出一倍多，其中服务贸易出口从 8.47 亿美元增加到 55.17 亿美元，年均增长 36.6%，是同期全国平均增速 14.4% 的 2.5 倍。从 2006~2014 年 8 年服务贸易出口每年的增长率只有 2014 年低于全国平均水平，其他年份都高出很多；服务贸易进口增长率 2007 年后，仅 2010 年低于全国平均水平。从 2009~2012 年，服务贸易总额每年跨越 10 亿美元的新台阶，2013 年增速接近 50%（见表 3-1、图 3-1、图 3-2、图 3-3）。

表 3-1　　　　　2006~2014 年四川省服务贸易进口额及与全国同比增长率比较

项目			2006 年	2007 年	2008 年	2009 年	2010 年	2011 年	2012 年	2013 年	2014 年
出口	出口额（亿美元）		3.50	5.85	8.47	13.37	26.80	31.90	35.70	51.60	55.17
	增长率（%）	全国	23.7	33.1	20.4	-12.2	32.4	7.0	4.6	10.6	7.6
		四川省	33.1	67.1	44.8	57.9	100.5	19.0	11.9	44.5	6.9
进口	进口额（亿美元）		4.20	8.17	16.73	16.82	18.80	24.70	30.70	44.40	65.00
	增长率（%）	全国	20.6	28.8	22.2	0.1	21.5	23.3	18.2	17.5	15.8
		四川省	5.8	94.5	104.8	0.5	11.8	31.4	24.3	44.6	46.40
总额	进出口额（亿美元）		7.67	14.02	25.20	30.19	45.60	56.60	66.40	96.00	120.17
	增长率（%）	全国	22.2	30.9	21.4	-5.8	26.4	15.6	12.3	14.7	12.6
		四川省	16.7	82.8	79.8	19.8	51.0	24.1	17.3	44.6	25.2

资料来源：商务部。与四川省公布的数据由于统计口径差异有所不同。

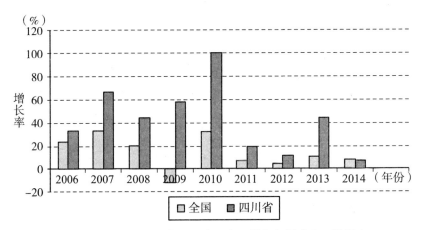

图 3-1　2006~2014 年四川省、全国服务贸易进出口增长率

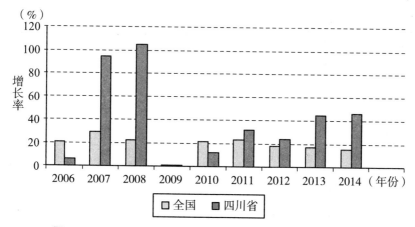

图3－2 2006～2014年四川省、全国服务贸易进口额增长率

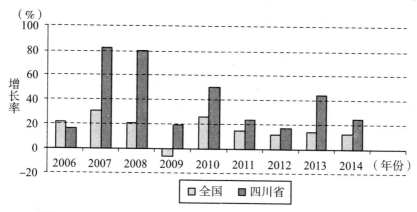

图3－3 2006～2014年四川省、全国服务贸易进出口总额增长率

3.1.1.2 国内地位有所提升

2008～2014年，四川省服务贸易进出口总额在全国排名从第13位上升到第10位，在全国占比从2008年的0.83%增长到2014年的1.99%。服务贸易出口由全国第17位上升到第10位，在全国的占比由0.58%上升到1.78%。服务贸易进口在全国的占比由2008年的1.06%，上升到2014年的2.12%，占比翻倍（见表3－2）。

表 3-2　　　　　　2008～2014 年四川省服务贸易在全国排位及占比

项目	2008 年	2009 年	2010 年	2011 年	2012 年	2013 年	2014 年
出口额占比（%）	0.58	1.04	1.57	1.75	1.87	1.76	1.78
进口额占比（%）	1.06	1.06	0.98	1.04	1.10	1.18	2.12
总额占比（%）	0.83	1.05	1.26	1.35	1.41	1.44	1.99
出口额排位	17	10	10	10	10	10	10
进口额排位	11	11	12	11	11	13	10
总额排位	13	11	10	10	10	10	10

3.1.1.3　贸易结构逐步调整优化，行业优势明显

旅游服务，电信、计算机和信息服务，建设服务（新统计口径）、其他商业服务等是四川省服务贸易四大主要行业，2014 年上述四项进出口总额 66.30 亿美元，占全省服务贸易进出口贸易 70.39 亿美元的 94.19%（见表 3-3 和表 3-4）。计算机服务、咨询、保险、广告、技术转让等高附加值的现代新兴服务贸易行业快速崛起，竞争优势不断提升。2014 年电信、计算机和信息服务总额达 15.38 亿美元，占服务贸易总额的 21.8%，其规模仅次于北京、上海、广东三地。2013 年电信、计算机和信息服务贸易总额是 12.23 亿美元，2014 年同比增长率 25.76%，同年四川省服务贸易年增长率 7.5%，高出 18.26 个百分点。四川省其他商务服务占全省服务贸易总额 15.9%。

表 3-3　　　　　　　　2014 年四川省服务贸易进出口额　　　　　　　单位：万美元

序号	项目	出口额	进口额	总额	贸易差额
1	加工服务	1.4037	0.0308	1.4345	1.3729
2	运输服务	1.1235	0.8355	1.9590	0.2880
3	旅游服务	0.8151	24.8819	25.6970	-24.0668
4	建设服务	9.0673	4.9996	14.0669	4.0677
5	保险服务	0.0392	0.3682	0.4074	-0.3290
6	金融服务	0.0025	0.1311	0.1336	-0.1286
7	电信、计算机和信息服务	13.4665	1.9103	15.3768	11.5562
8	其他商业服务	4.0831	7.0799	11.1630	-2.9968
9	文化和娱乐服务	0.0283	0.1228	0.1511	-0.0945
	合计	30.0292	40.3601	70.3893	-10.3309

注：由于外管局采用新口径，表 3-3 数据和公布数据有差异。
资料来源：四川省外管局 BOP 统计。

表 3 - 4　　　　　　　2014 年四川省服务贸易进出口增长率及占比　　　　单位：%

序号	项目	出口		进口		总额	
		占比	同比	占比	同比	占比	同比
1	加工服务	4.5	11.2	0.1	-23.8	2.0	10.1
2	运输服务	3.6	33.8	1.9	-2.2	2.18	15.6
3	旅游服务	2.6	24.0	57.8	32.1	36.5	31.8
4	建设服务	28.9	-44.4	11.6	9.1	20.0	-32.7
5	保险服务	0.1	-94.9	0.9	132.6	0.6	-56.3
6	金融服务	0.0	16.7	0.3	-20.6	0.2	-20.1
7	电信、计算机和信息服务	43.0	13.2	4.4	472.2	21.8	25.8
8	其他商业服务	13.0	4.0	16.4	8.8	15.9	7.0
9	文化和娱乐服务	0.1	90.6	0.3	852.2	0.2	444.6
	总计	100.0	-12.5	100.0	29.0	100.0	7.5

2014 年上半年四川省服务贸易进出口额中新兴服务贸易进出口占比达 68.3%，比重高于上年同期 11.6 个百分点。同期，四川省管理咨询服务、金融服务、保险服务进出口额分别增长 24.1%、47.2%、387.4%。由于居民消费结构升级，四川省对高质量的旅游、留学、养生医疗等需求不断增长，使四川省旅行服务进出口额全年达 25.7 亿美元，同比增长 31.8%。其中，出口同比增长 24.0%、进口同比增长 132.1%。此外，对外文化贸易加快发展，全省文化和娱乐服务进出口增长非常迅猛。

3.1.1.4　全球服务贸易伙伴不断增多，省内发展区域高度聚集

四川省服务贸易进出口国家和地区不断增加，2012 年达到 115 个。美国与中国香港是四川省最主要的服务贸易伙伴，2012 年与四川省服务进出口额分别占全省总额的 34.1% 和 22.6%。

四川省初步形成错位发展、优势互补的区域服务贸易发展体系。成都市以技术密集、人力资本密集为特色，重点发展信息技术外包、业务流程外包、动漫、软件、医药研发和金融服务，呈集聚发展态势，并逐渐向绵阳、遂宁等周边城市辐射。自贡、乐山、阿坝等地则在文化贸易等传统领域取得较大进展。全省 21 个市、州均有服务贸易实绩，成都市是全省服务贸易核心区域，贸易额和企业八成以上集中在成都。2014 年以来一批二线城市依靠服务进口和特色行业出口，带动了当地服务贸易发展。

3.1.1.5 龙头企业带动明显，中小企业引领新兴领域

随着四川省服务经济的发展和对外开放力度的加大，服务贸易进出口企业不断增加。2014年，全省有服务贸易进出口实绩的企业3000多家，较2011年增加近90家。全省服务贸易额在1亿美元以上的企业12家，累计进出口额占全省服务贸易总额的61.8%，龙头企业带动明显（见表3-5）。全省出口额前30位的企业合计占全省出口总额的82.2%，进口前30位的企业合计占全省进口总额的50%以上。软件与信息技术、文化创意、金融、医药研发等行业的中小企业抓住机遇，成为新兴服务贸易领域发展的重要力量。例如，成都数字天空、尼毕鲁科技公司居2012年全球APP开发商收入榜前茅，自贡灯展公司等19家企业荣获2011~2012年国家文化重点出口企业。

表3-5　　　　　　2012年、2014年四川省服务贸易企业结构

企业规模	企业家数（家）		占比（%）		进出口额（万美元）		占比（%）	
	2012年	2014年	2012年	2014年	2012年	2014年	2012年	2014年
10万元以下	1925	2240	62.5	61.3	4349	5059	0.7	0.8
10万~100万元	792	991	25.7	27.1	27132	33626	4.4	5.4
100万~1000万元	299	344	9.7	9.4	93513	113335	15.1	18.1
1000万~1亿元	47	68	1.5	1.9	111789	157793	18.0	25.1
1亿元以上	15	12	0.5	0.3	383540	317744	61.8	50.6
总计	3078	3655	100.0	100.0	620323	627556	100.0	100.0

3.1.1.6 离岸服务外包高速增长，示范城市品牌基本形成

2009年成都市荣获国家服务外包示范城市称号，全省服务外包形成以成都市为核心的聚集发展态势，至2012年，成都市离岸服务外包均保持50%以上的增速。2012年成都市离岸服务外包合同额和执行额分别为9亿美元和7亿美元，在21个示范市中处于中游水平，在中西部名列前茅。在2012年度中国服务外包城市投资吸引力评估中，成都获投资满意度排名和投资吸引力综合排名第一位和第二位。21家全球服务外包100强企业入驻成都，颠峰软件等9家本土企业进入"2012年度中国服务外包100强"。以工程设计等为主的知识流程外包（KPO）成为四川省离岸服务外包新增长点。

专栏 3-1

2015 年一季度四川省服务贸易稳定增长

据四川省外汇管理局国际收支统计（新口径），2015 年一季度，四川全省服务贸易总额达到 18.7 亿美元，同比增长 28.4%。其中，出口 7.3 亿美元，同比增长 19.8%；进口 11.4 亿美元，同比增长 34.7%。旅游、建设、计算机信息服务进出口共占近八成。

主要行业增势良好，出口保持两位数增长。一是旅游服务加速增长。2015 年 1~3 月，旅游服务进出口 7.3 亿美元，同比增长 35.4%，占服务贸易总额比重近四成。其中，出口 1943 万美元，同比增长 43.7%。二是建设服务高速增长。1~3 月累计服务进出口 3.6 亿美元，同比增长 73.5%。其中，出口 2.2 亿美元，同比增长 68.3%。三是计算机信息服务持续增长。受新投资、新技术、新业务的拉动，与生产性服务业相关的检测、维修、保税区企业由制造转向"制造+"服务，转型初见端倪。全省计算机和信息服务累计进出口 3.4 亿美元，同比增长 23%，其中出口 3.1 亿美元，同比增长 16.2%。

服务进口大于出口，逆差或成新常态。随着对外开放进一步深化，服务进口增势强劲。其中，文化和娱乐服务进口增长超过三倍，计算机和信息服务进口增长超过两倍，建设、旅行服务进口分别同比增长 82.3%、35.2%，预计服务贸易逆差将成为"新常态"。

资料来源：四川省商务厅服贸处。

3.1.2　四川省服务贸易发展面临的挑战

近年来四川省服务贸易稳步发展，但由于起点低、底子薄，仍处于发展的初级阶段，总体水平与发达地区相比差距较大，国际竞争力弱，发展中存在"不平衡"状态。

3.1.2.1　服务贸易总额小，在全国服务贸易总额中比重低

近几年来四川省服务贸易总额占全国服务贸易总额的比重虽然持续提升，位次从 2008 年第 13 位提升到最近 5 年一直居全国第 10 位，但总量小，2014 年仅占全国的 1.99%，远低于全省 GDP 占全国 4.48% 的比例。与北京、广东、上海等发达地区服务贸易进出口总量相比相差甚远（见图 3-4）。

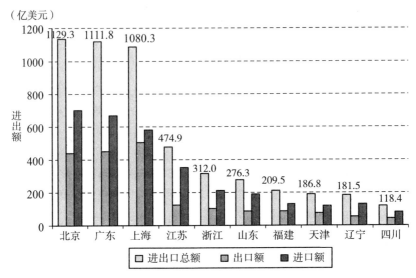

图 3 - 4   2014 年中国主要省市服务贸易进出口额比较

2006 ~ 2014 年，四川省服务贸易额占对外贸易总额的比重从 6. 53% 上升到 2014 年最高值 14. 42% 。九年间，服务贸易占全部贸易比重呈现波浪式变化的趋势。2006 年占比上升，到 2010 年占比达到 12. 21% ，之后回落，2012 年降至 10. 10% ，之后拉升。与全国占比相比，2010 年、2013 年、2014 年高于全国同期水平（见表 3 - 6）。

表 3 - 6   2006 ~ 2014 年四川省服务贸易总额及占比

年份	服务贸易额（亿美元）	货物贸易额（亿美元）	总贸易额（亿美元）	服务贸易占贸易总额（%）	
				四川	全国
2006	7. 7	110. 2	117. 9	6. 53	10. 89
2007	14. 0	143. 8	157. 8	8. 87	11. 54
2008	25. 2	220. 4	245. 6	10. 26	11. 89
2009	30. 2	242. 3	272. 5	11. 08	12. 99
2010	45. 6	327. 8	373. 4	12. 21	12. 19
2011	56. 6	477. 8	534. 4	10. 59	11. 51
2012	66. 4	591. 3	657. 7	10. 10	12. 17
2013	96. 0	645. 9	741. 9	12. 94	11. 48
2014	118. 4	702. 5	820. 9	14. 42	12. 31

3.1.2.2　服务贸易增长波动性大稳定性不够

四川省服务贸易近年来无论出口还是进口增长率常常高于全国平均水平，但增长波动性较大。2006～2014 年，出口增长率最高达 100.5%，最低 6.9%；进口增长率最高达 104.5%，最低仅 0.5%（见图 3－5）。说明四川省服务贸易发展受外界因素影响较大，服务贸易企业发展的内在稳定性不够，抵御外在风险能力较弱。

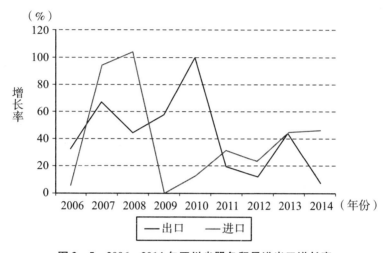

图 3－5　2006～2014 年四川省服务贸易进出口增长率

3.1.2.3　服务贸易行业结构不平衡

四川省服务贸易行业结构不平衡在进口上表现突出。旅游、其他商业服务、建设服务是四川省服务进口主要领域，占全省进口额近九成。由于受人民币升值、城镇居民人均可支配收入增长以及消费理念的变化，全省旅游服务进口（出境游）从 2009 年起一直位居服务进口之首，2014 年旅游服务进口占比达 57.8%，超过了半壁江山，其他商业服务占进口总额 16.4%（见图 3－6）。加工、运输、保险、金融、文化、娱乐服务等发展较弱，2014 年上述五项服务贸易进口占全省进口总额比重不到 4%。

四川省旅游服务进口连续三年保持 20% 以上增速，2012 年旅游服务进口 11.2 亿美元，同比增长 23.3%，旅游服务出口（入境游）增长乏力，当年出现负增长（－3.4%）；2013 年旅游进口增长 33.3%，出口增长 2.0%；2014 年旅游进口增长 32.1%，旅游出口增长 2.6%。反映四川省旅游海外知名度仍有待提升，入境旅游目的地打造需继续加大力度。

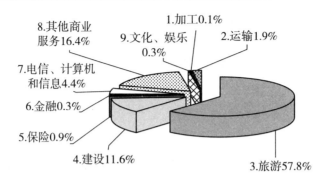

图 3 - 6 2014 年四川省服务贸易进口占比

四川省服务贸易出口也比较集中，计算机信息服务、其他商业服务和建筑服务是四川省服务出口的主导领域。2014 年上述三项服务出口占全省服务贸易出口总额的 84.9%，其中计算机信息服务占四成以上，占 43%，建筑服务贸易占 28.9%，其他商业服务占 13.0%。而金融、保险及文化娱乐等出口额占比均低于 1%。

3.1.2.4 区域发展不平衡，成都市占绝对优势

四川省 21 个市、州虽然均有服务贸易进出口实绩，但区域发展极不平衡。成都市是全省服务贸易的绝对核心区域，集中了全省八成以上的服务贸易企业。2014 年成都服务贸易额占全省服务贸易总额的 87.4%，德阳占 2.7%，绵阳占 2.5%，其余 18 个市、州累计占比不到 8%（见表 3 - 7）。

表 3 -7   2014 年四川省分市、州服务贸易情况表（前 8 位）

市、州	出口		进口		进出口	
	金额（万美元）	占比（%）	金额（万美元）	占比（%）	金额（万美元）	占比（%）
成都	370406	93.2	480427	83.4	850833	87.4
德阳	4168	1.1	22254	3.9	26423	2.7
绵阳	5099	1.3	19008	3.3	24107	2.5
自贡	1522	0.4	7459	1.3	8981	0.9
乐山	1813	0.5	6932	1.2	8745	0.9
宜宾	1147	0.3	6188	1.1	7335	0.8
达州	6386	1.6	89	0.0	6475	0.7
南充	2257	0.6	4181	0.7	6438	0.7

3.1.2.5 产业基础总体薄弱，服务贸易企业规模小，各地差距大

服务业是服务贸易发展的基础。四川省服务业发展总体水平不高，企业规模小，整体实力不强，制约服务贸易发展。

从四川省全省来看，服务业增加值在地区生产总值中的比重偏低。根据世界银行数据，2012年全球服务业产出在整个经济中的比重已经达到63.6%，其中，美国79.7%，欧盟71.8%，日本71.4%，印度65%，俄罗斯58%，我国2014年为48.2%，不到50%。2006年我国是39.8%，四川省只有38.2%，四川省和全国差1.6个百分点。到2014年，四川省服务业占比降至35.3%，和全国差距增至12.9个百分点，只及全国平均水平73.2%。从人均服务业增加值来看，2006年四川省为4054元，相当于全国6462元的62.7%；2014年四川省为12881元，只及全国平均水平的57.4%，差距进一步拉大（见表3-8）①。

表3-8　　　　　　　2006~2014年四川省、全国服务业发展情况对比

项目		2006年	2007年	2008年	2009年	2010年	2011年	2012年	2013年	2014年
服务业产出比重占GDP（%）	全国	39.8	41.6	41.5	43.0	43.0	43.1	44.6	46.1	48.2
	四川	38.2	36.7	36.2	36.7	35.1	33.4	30.4	33.3	35.3
	四川占全国	96.0	88.2	87.2	85.3	81.6	77.5	68.2	72.2	73.2
人均服务业增加值	全国（元）	6462	8449	9918	11083	12784	15122	17106	19270	22425
	四川（元）	4054	4764	5609	6370	7433	8719	9862	11439	12881
	四川占全国（%）	62.7	56.4	56.6	57.5	58.1	57.6	57.7	59.4	57.4

3.1.2.6 主体队伍实力较弱，缺乏行业领军企业

服务贸易企业普遍规模偏小，存在企业"小而多、小而杂、小而弱"的情况，贸易额较低。2014年企业规模10万以下的服务贸易企业占六成，达61.29%，其进出口额占全省服务贸易进出口总额不到1%；规模过亿的企业数全

---

① 中华人民共和国统计局网站。

省仅有 12 家，占 0.33%（见表 3 - 9）。四川省服务贸易缺乏一批拥有自主知识产权、具有较强国际竞争力的领军企业。

表 3 - 9   2014 年四川省服务贸易进出口额企业构成

企业规模	企业家数（家）	占比（%）	进出口额（万美元）	占比（%）
10 万元以下	2240	61.29	5059	0.81
10 万 ~ 100 万元	991	27.11	33626	5.36
100 万 ~ 1000 万元	344	9.41	113335	18.06
1000 万 ~ 1 亿元	68	1.86	157793	25.14
1 亿元以上	12	0.33	317744	50.63

3.1.2.7 从业人员素质有待提高，高端人才匮乏

四川省大专院校数量较多，在全国较有影响，且人力资源成本有一定的优势。但全省众多高校中尚未形成服务贸易的专业教育体系，服务外包培训机构良莠不齐，从业人员素质有待提高。全省缺乏行之有效的高端人才引进模式和中高端人才培育平台，尤其缺乏技术水平高、外语能力强、有项目管理经验的复合型人才，而熟悉国际商业模式、掌握重要市场和人脉资源，并具有较深厚的纵深行业经验的高端人才更是匮乏。

3.1.2.8 促进体系有待健全，政策支持有待完善

服务贸易起步较晚，社会认知程度较低，各级政府对其重视程度有限，很少纳入重点工作范畴。四川省全省涉及服务贸易的部门之间尚未形成有力的协调机制和政策合力。全省与商务主管部门配合密切的服务贸易相关行业商协会仅有成都市服务外包行业协会一家，缺乏多层次的行业服务和政企沟通桥梁。

3.1.3 四川省服务贸易发展思路

根据党的十八大、中共十八届六中全会的精神，按照国家《服务贸易发展"十三五"规划》要求，完善发展体制、优化行业结构、壮大市场主体、培植创新动力、扩大开放合作、健全监管体系这六项主要任务，结合四川省委、省政府《关于进一步扩大和深化对外开放合作的意见》《四川省"十三五"规划》，遵循服务贸易发展规律，以服务业为依托，从战略上、体制上、政策上分层推进，形成省市区联动的发展态势。

3.1.3.1 更新观念，积极推动服务贸易发展

发展服务贸易可充分利用国内外两个市场、两种资源，有效带动现代服务

业，规范提升传统服务业，并有效促进制造业效率的提高和转型升级。我国服务贸易发展进入黄金期，全省各地、各部门需要提高对发展服务贸易的重要性和紧迫性的认识，形成全社会共同关注服务贸易、支持服务贸易发展的良好氛围，抢占新时期区域开放型经济发展的制高点。省政府可出台关于促进服务贸易发展的相关意见，指导全省服务贸易的发展。

3.1.3.2　夯实服务业基础，提升服务贸易国际竞争力

服务贸易的发展水平在很大程度上是由服务业的发展水平决定的。四川省处于西部地区，发展服务贸易更需要坚实的服务业作支撑。四川服务业发展水平较低，缺乏竞争力是制约服务贸易进一步发展的因素之一。加快服务业发展，提高服务业在国民经济中的地位，优化服务业内部结构，加快服务业对外开放进程，是促进四川省服务贸易进一步发展的基础。

（1）优化服务业发展结构。调整优化服务业结构，适应新型工业化和居民消费结构升级的新形势，重点发展面向生产的服务业，积极发展面向民生的服务业，大力培育服务业市场主体。高度重视和着力推动生产性服务业发展，加大生产性服务要素的投入，完善产业链，提高制造业的附加值。优先发展运输业，提升物流的专业化、社会化服务水平，推广现代物流管理技术，促进企业内部物流社会化，大力发展第三方物流。服务业政策要支持服务业关键领域、薄弱环节发展，支持有条件的城市如成都逐步形成服务经济为主的产业结构。增强企业自主创新能力，积极培育服务领域国际知名品牌，力争在其他商业服务、建筑服务、服务外包、科技服务等方面有显著突破。

（2）突出重点行业，提升服务贸易在优势领域和新型领域的竞争力。

第一，保持并提升服务贸易在优势领域的竞争力。紧扣生产性服务业相关领域，进一步提升计算机服务、建筑服务、其他商业服务三大重点核心行业的贸易竞争力，积极培育具有较大发展潜力的运输、技术贸易等行业成为新增长点。在计算机服务方面，加强成都市国家软件出口创新基地和服务外包示范城市建设。继续发挥建筑安装及劳务承包服务优势，鼓励企业积极开展工程总包、交钥匙工程类承包项目比例。立足于四川省建筑企业的特点和水平，根据对境外能源、交通、电力、通信等领域调研，掌握国际建筑市场动态，鼓励企业进入国外大型基础设施和能源领域，实现建筑安装及劳务承包服务成倍增长。另外，紧扣西部开放型文化产业高地和入境游最终目的地建设，积极打造入境旅游目的地，推动旅游和文化贸易两大资源优势服务业拓展新空间。

第二，进一步增强旅游和文化两大资源优势服务领域竞争力。紧扣西部开放型文化产业发展高地和西部最重要的入境旅游目的地建设，发挥资源优势，大力发展对外文化贸易和入境旅游。积极打造入境旅游目的地，进一步提升旅游服务

供给水平，优化旅游产品结构，大力开发旅游新产品，探索智慧旅游建设，强化对外宣传力度和宣传形式，构建多层次、多功能、结构优化、具有市场竞争力的旅游产品体系，加快完善立体旅游交通网络，优化旅游线路，提升服务质量，强化旅游资源和环境的可持续发展。鼓励实施旅游精品战略，整合力量集中培育大型旅游节事活动，增强入境旅游吸引力。建立完善配套服务，进一步推动公路、铁路、航空、航运、口岸等服务设施建设，推动完善适应入境旅游需求的信用卡支付、外币兑换等金融服务体系，推动建立健全旅游紧急救援体系，提升入境旅游便利化水平；鼓励四川省旅游企业积极开拓海外市场，充分发挥成都口岸72小时过境免签政策对短期商务旅游的拉动促进作用。依托成都作为首批中国最佳旅游城市的资源优势，扶持和培育一批旅游骨干企业，增强旅游企业综合实力，重点培育10家年经营收入超过5亿元大型旅游企业集团，50家年经营收入超过1亿元的旅游企业。

积极拓展对外文化贸易。鼓励和支持文化企业参与国际竞争，推动四川省文化产品和服务更多地进入国际市场。扶持具有地域民族特色的文化艺术、演出展览、影视作品、出版物、音乐舞蹈和杂技等出口，支持文化创意、动漫游戏、电子出版物等新兴文化产品进入国际市场；鼓励投资主体多元化，形成一批具有竞争优势的品牌文化企业和企业集团；培育从事演出展览、广播影视、新闻出版等业务的对外文化中介机构；支持省内文化企业与国际知名演艺、展览、影视、出版中介机构或经纪人开展合作，向规模化、品牌化、国际化方向发展。

第三，积极推进新兴服务贸易竞争力提高。紧扣现代信息技术发展动向，重点培育专利转让、金融、保险等新兴服务贸易，支持移动互联、云计算、物联网、数字新媒体、授权服务、医药研发六类新兴领域成为新增长点。提高智力密集、技术密集和高附加值的现代服务贸易占全省服务出口的比重，推进服务贸易领域自主创新。

3.1.3.3 优化服务贸易结构，实现区域和行业均衡发展

在服务贸易发展中，除强化基础工作外，突出重点城市（1＋X）、重点行业（4＋X）、的发展建设，做大做强做优四川省全省服务贸易，力争2017年底，全省服务贸易总额突破150亿美元。

（1）突出重点城市，以成都市为核心，多市州协同发展。根据各地的优势禀赋，发挥所长，逐步形成区域分工协作、优势互补、均衡协调的服务贸易发展格局，打造以成都为核心区域，绵阳、德阳、遂宁、乐山等多市州协同发展的服务贸易整体空间布局。

首先，加强成都市服务贸易首位城市建设。充分发挥成都市人才、物流、信息、资金等方面的集中优势和交通、研发、设计服务等行业的集群优势，大力发

展资本—知识密集型现代服务贸易，大力支持成都建设国家服务外包示范城市和软件出口创新基地，打造省级服务贸易特色基地，争取至2017年，成都服务贸易总额超过150亿美元。

其次，促进德阳、绵阳生产性服务贸易发展。依托两市制造业转型升级对服务业的巨大需求，加快提升检测、维修、物流、设计研发、计算机服务等生产性服务贸易发展水平，实现制造业和服务业、货物贸易和服务贸易协调发展。

最后，鼓励其他市州立足本地资源禀赋发展特色服务贸易。遂宁、资阳、眉山等成都周边城市可以利用天府新区建设契机，积极承接成都服务外包产业梯度转移，打造特色服务外包产业园区。自贡、乐山、甘孜、阿坝等市州可积极探索特色文化与旅游相结合的模式，突出民族特色和地域差异，大力发展文化贸易和旅游服务。

（2）突出重点行业，推进服务贸易协调发展。立足当前，着眼长远，结合国际服务贸易发展趋势，突出发展重点，统筹兼顾，以四大优势行业为核心，积极培育新增长点，促进服务贸易各行业协调发展。

巩固和发展计算机服务、建筑服务、其他商业服务和旅游四大重点行业。积极培育和引导运输、技术贸易、文化贸易等具有一定基础和较大发展潜力行业成为新增长点。积极推动符合国际服务贸易发展趋势的金融、保险、教育、医疗等其他新兴领域发展。

3.1.3.4　加大政策支持力度，完善服务贸易管理机制

服务贸易的商业模式和交付方式与货物贸易有较大差别，对政策的需求不尽相同，应逐步建立基于服务经济和服务开放、易于操作的政策体系。完善服务贸易产业发展政策，形成有利于服务贸易发展的产业政策支撑体系。

（1）加大扶持力度，出台专项扶持政策。认真贯彻落实国家和省政府发展服务贸易的相关政策，进一步细化完善相关财税优惠政策。各级政府可根据当地实际情况，安排一定规模的服务贸易发展引导资金，重点支持服务贸易集聚区和中小服务贸易企业的发展。建议设立省级服务贸易专项资金，年资金规模不低于3000万元，对企业培育、技术创新、特色基地建设、市场开拓、人才培养、资质认证、调研规划、商协会促进等方面予以支持，并根据产业发展情况逐年扩大资金规模。

（2）落实税收优惠和便利化政策。争取更多服务贸易企业享受增值税减免政策，扩大技术先进性服务企业范围，积极推进服务贸易企业的外汇管理、人员出入境等便利化措施实施。

（3）开辟多元化融资渠道。引导和鼓励金融机构扩大对服务贸易企业的信贷支持，加快开发适应服务贸易企业需要的金融产品；鼓励各类创业投资机构、信

用担保机构对发展前景好，吸纳就业多以及运用新技术、新业态的中小服务贸易企业提供金融支持；积极支持符合条件的服务贸易企业进入境内外资本市场融资，通过股票上市、发行企业债和公司债等多渠道筹措资金；积极引导外资向国家鼓励的服务贸易领域投资，扩大服务贸易企业利用外资规模。

（4）培育发展载体。首先，培育重点产业载体。按照服务贸易"626"重点领域（六大优势领域、两大资源优势服务业、六类新兴领域），支持成都做强国家服务外包示范城市，培育省级服务贸易特色基地，重点培育和发展服务外包、旅游、文化贸易、会展、物流、移动互联等领域的公共服务平台和行业商协会建设和运营，推行公共服务市场化，形成"政府支持中介，中介服务企业"的良性模式。其次，支持重点品牌展会。鼓励企业参加京交会、上交会以及境内外服务贸易知名展会，切实帮助四川省企业开拓国际市场。支持和鼓励成都等有条件的市举办服务贸易展会活动，努力争取形成服务贸易领域影响较大、内容新颖、成效显著的品牌展会。最后，培育优势领域企业。建立重点企业认定和联系机制，协调解决实际困难，给予重点企业政策倾斜。市州和有关部门将引进境内外服务贸易龙头企业作为招商引资的重要内容。

3.1.3.5　强化人才保障和载体建设

服务贸易作为现代服务业中的高端产业，需要具有创新思维、懂得管理经营、善于策划包装的专业人才。积极引进服务贸易相关行业培训机构和研究中心，加强人才培育和产业评估。促进省内高校和国内外相关专业培训结合，优化"行业协会—高校—培训机构—企业"紧密合作的服务贸易人才培养模式，通过政策扶持，引入服务贸易高端人才和行业领军人物。

3.2　四川省服务贸易重点发展行业研究[*]

服务贸易具有高附加值、高就业、低能耗、低污染等特点。随着服务业在经济发展中的作用日益凸显，各国对服务贸易的重视前所未有，服务贸易逐渐成为各国转变经济发展方式、谋求竞争新优势的重要途径。

四川省委、省政府高度重视服务业发展，先后出台了《四川省人民政府关于加快发展服务外包产业的意见》《四川省人民政府关于加快发展民生性服务业的实施意见》《四川省人民政府关于加快发展生产性服务业的实施意见》和《四川

---

　　* 基金项目：西南民族大学 2014 年度校级科研项目"碳排放权交易试点现状、对企业的影响及其应对策略"（项目编号：2014SYB13）。

　　作者：付强（1969 - ），男，经济学博士，现在西南民族大学经济学院工作。

省服务业发展总体规划（2009～2012 年)》等文件，为四川省服务贸易的发展提供了坚实的政策保障。

经过多年的发展，四川省服务贸易结构已渐趋优化，服务贸易在规模和质量上有了大幅度提高。"十一五"期间，四川省服务进出口总额五年增长 7 倍，其中出口年均增速 56.3%，是同期全国服务贸易增速的 3.7 倍，是全球平均增速的 8 倍。[①] 但四川省服务贸易还存在着总体规模小、产业基础薄弱、服务贸易各行业间发展不均衡、地区差异大、人才缺乏和促进体系不健全等诸多问题。服务贸易总体滞后的状况还没有得到根本改变，仍然是四川省经济发展中的薄弱环节，需采取有针对性的措施，促进服务贸易继续加快发展、结构不断优化、水平持续提高，最终实现跨越式发展。

3.2.1　服务贸易发展趋势分析

据商务部发布的数据显示，2014 年，我国服务进出口总额（按国际收支口径统计，不含政府服务，下同）达 6043.4 亿美元，比上年增长 12.6%，增幅下降了约两个百分点。2014 年，我国服务进出口仍集中于东部省份。其中，北京市、上海市和广东省三地服务进出口总额远超其他省份。

2014 年，四川省服务贸易进出口总额为 118.43 亿美元，同比增长 23.36%，比全国平均增速高出 10.76 个百分点，占我国服务贸易总额的 1.99%，四川省服务贸易总额居全国第 11 位、西部地区首位。2014 年，北京市、广东省和上海市实现的服务贸易总额分别为 1129.33 亿美元、1111.84 亿美元和 1080.31 亿美元，同比变动率为 10.36%、22.68% 和 -37.14%，在我国服务贸易总额中的占比分别为 18.99%、18.69% 和 18.16%。因此，与上海市、北京市和广东省相比，四川省服务贸易虽增长幅度位居首位，但规模偏小。

表 3-10 为我国服务出口发展趋势分析，由表 3-10 可知，2010～2014 年，全国服务出口呈持续上升态势的部门有旅游、保险服务、计算机和信息服务、咨询、广告和宣传，其复合增长率分别为 5.57%、27.42%、18.66%、17.16% 和 14.69%。其中，保险服务增速最快，计算机和信息服务、咨询、广告和宣传出口增速也较快，运输服务和建筑服务出口增长较为缓慢，专有权利使用费和特许费出口出现了负增长，这表明我国企业的自主创新能力有待加强。

---

① 李维民. 四川省服务贸易领跑中西部 [N]. 国际商报，2012-05-28.

表 3 – 10 　　　　　全国服务出口趋势分析（基期为 2010 年）

项目	全国服务出口定基指数				服务出口复合增长率（%）
	2011 年	2012 年	2013 年	2014 年	
总计	106.95	111.86	123.69	130.52	6.89
运输服务	103.98	113.74	110.06	111.96	2.86
旅游	105.78	109.21	112.77	124.23	5.57
通信服务	141.80	146.72	136.89	148.36	10.36
建筑服务	101.59	84.54	73.57	106.42	1.57
保险服务	174.57	192.49	231.21	263.58	27.42
金融服务	63.91	142.11	219.55	345.86	36.37
计算机和信息服务	131.53	156.05	166.63	198.27	18.66
专有权利使用费和特许费	89.16	125.30	107.23	75.90	– 6.66
咨询	124.68	146.90	178.04	188.41	17.16
广告和宣传	139.10	164.36	169.90	173.01	14.69

资料来源：根据《中国商务年鉴》中的数据计算得到。

由表 3 – 11 可知，四川省服务出口增长较快的行业为运输、通信服务和旅游业。其中，运输服务出口增势强劲，增幅位居全省首位，2010～2014 年，四川省运输服务贸易额急剧上升，其复合增长率为 37.59%，比全国运输服务贸易平均增速高出 34.73 个百分点。近年来四川省充分发挥自身优势，逐步完善基础设施建设，为承接产业转移创造了良好的环境，英特尔、富士康、戴尔等电子信息产品制造业龙头企业陆续落户四川省。以笔记本电脑和集成电路为代表的电子信息产品进出口规模的迅速攀升带动了四川省运输服务贸易的快速增长。但从结构来看，2014 年，四川省运输服务出口在四川省服务贸易总出口中的占比仅为 2.9%，而全国运输服务出口在全国服务贸易出口总额中的占比高达 17.7%，可见，四川省运输服务贸易规模偏小，在四川省服务贸易总额中的占比较低也是其增长幅度较大的原因之一。

表 3 – 11 　　　　四川省服务贸易出口趋势分析（基期为 2010 年）

项目	出口定基指数				服务出口复合增长率（%）
	2011 年	2012 年	2013 年	2014 年	
运输	108.87	184.98	266.66	358.38	37.59
旅游	93.88	107.37	245.02	276.02	28.89

续表

项目	出口定基指数				服务出口复合增长率（%）
	2011 年	2012 年	2013 年	2014 年	
通信服务	87.97	47.28	67.26	302.66	31.90
建筑安装及劳务承包服务	82.91	73.55	191.00	108.95	2.17
保险服务	0.81	160.33	141.34	7.14	-48.30
金融服务	175.00	316.25	10.54	12.23	-40.86
计算机和信息服务	138.40	125.98	106.05	120.03	4.67
专有权利使用费和特许费	129.84	88.30	158.57	249.49	25.68
其他商业服务	156.06	241.25	590.82	171.67	14.47

资料来源：根据《中国商务年鉴》中的数据计算得到。

2010～2014 年，四川省建筑安装及劳务承包服务出口增长不够稳定，复合增长率为 2.17%。2010～2012 年，四川省建筑安装及劳务承包服务出口呈急剧下降趋势，主要是因为在 2010 年前，建筑安装及劳务承包服务出口呈爆发式增长态势，2010 年，四川省建筑安装及劳务承包服务出口 8.54 亿美元，而在 2007 年，四川省建筑安装和劳务承包服务出口仅为 1.36 亿美元。2013 年，在外经项目的带动下，建筑安装及劳务承包服务服务出口又实现了快速增长势头，但好景不长，2014 年，建筑安装及劳务承包服务服务出口再次出现了负增长。

通信服务业属于知识技术含量高、附加价值大的新兴服务业，2010～2012 年，该行业出口呈大幅度下降趋势，但该行业具有较大的发展潜力。2014 年，四川省通信服务出口大幅增长，较 2013 年增长 350%，致使复合增长率高达 31.9%。未来几年，四川省将处于推进新型工业化进程的加速期，而加快通信服务业的发展有助于为工业化与信息化的深度融合提供支撑作用。

由表 3-11 可以看出，2010～2014 年，旅游、计算机和信息服务、专有权利使用费和特许费服务及其他商业服务出口增幅的波动性比较大。旅游服务贸易具有脆弱性，任何突发事件的发生都会在一定时期内对其产生不同程度的影响。2008 年汶川大地震发生后，给四川省旅游业带来了重创。灾后几年，政府加大了对四川省旅游业的投资力度，推动了一大批旅游建设项目的实施，使旅游产业很快得到了恢复。

2010～2014 年，四川省保险服务与金融服务出口复合增长率分别为 -48.3% 和 -40.86%，且规模偏小。四川省应加快发展保险与金融服务业，以更好地为外贸企业提供优质服务。

3.2.2　服务贸易出口结构分析

一般来说，运输服务业特别是航空运输与远洋运输业属于资本密集型行业，旅游业属于自然资源型密集型行业或人文历史资源密集型行业或两者兼而有之，通信、金融业属于资本密集型行业，而教育则是人力资本密集型行业，保险、计算机和信息服务属于知识密集型行业。对服务贸易结构进行分析在一定程度上可以反映出该地区的经济资源禀赋情况和经济发展水平的高低。

计算机和信息服务、专有技术使用、咨询、广告、保险、金融等行业属于附加值较高的新兴服务业。这些行业具有科技含量高、人力资本投入大、经济辐射效应好、资源消耗低、环境污染小等特征。新兴服务业是现代经济发展的先导，其发达程度被视为衡量一个国家或地区经济结构是否合理、产业结构是否协调的重要标志之一。据商务部发布的数据显示，从全国范围来看，2014 年，全国新兴服务贸易领域出口在全国服务贸易进出口总额中的占比为 35.1%；而四川省新兴服务贸易领域出口在四川省服务贸易进出口总额中的占比为 42.79%，因而，四川省服务贸易出口结构优于全国。

表 3 - 12 为我国各部门服务贸易出口额在我国服务贸易出口总额中的比重。表 3 - 13 为四川省服务贸易各行业出口额在四川省服务贸易出口总额中的比重。由表 3 - 12 可知，我国服务贸易出口主要集中在旅游、运输和咨询等行业，旅游服务出口比重一直居于首位。2010～2014 年，旅游出口在服务贸易出口额中的比重比较稳定，分别为 26.91%、26.62%、26.27%、24.5% 和 25.6%。2010～2014 年，四川省旅游出口在四川省服务贸易出口总额中的比重分别为 2.27%、1.79%、1.87%、14.81% 和 22.25%。2012 年前，四川省旅游出口比重远低于全国平均水平。2012 年后，四川省旅游出口比重迅速提升，致使四川省旅游出口比重与全国的差距日益缩小。但需要注意的是，旅游业属于附加值较低的产业，若过度开发旅游资源，易造成生态环境恶化。此外，若旅游业对服务贸易出口的贡献过大，还会导致经济运行的风险增大。一旦旅游业出现问题，将使服务贸易发展速度受到极大牵连。从这个角度来看，四川省旅游出口比重增长过快可能会减弱四川省抵御经济风险的能力。

表 3 - 12	全国服务贸易出口结构分析					单位：%
项目	出口结构					结构变化
	2010 年	2011 年	2012 年	2013 年	2014 年	
运输服务	20.09	19.53	20.43	17.9	17.7	-2.39
旅游	26.91	26.62	26.27	24.5	25.6	-1.31
通信服务	0.72	0.95	0.94	0.8	0.8	0.08
建筑服务	8.51	8.09	6.43	5.1	7.1	-1.41
保险服务	1.01	1.66	1.75	1.9	2.1	1.09
金融服务	0.78	0.47	0.99	1.4	2.1	1.32
计算机和信息服务	5.44	6.69	7.59	7.3	8.5	3.06
专有权利使用费和特许费	0.49	0.41	0.55	0.4	0.3	-0.19
咨询	13.37	15.59	17.56	19.3	19.8	6.43
广告和宣传	1.69	2.21	2.49	2.3	2.3	0.61

资料来源：根据《中国商务年鉴》中的数据计算得到。

由表 3 - 13 可知，2010 ~ 2014 年，建筑安装及劳务承包、计算机和信息服务出口比重之和分别为 75.98%、73.14%、60.25%、54.63% 和 58.79%。可见，四川省服务贸易的行业集中度较高。建筑安装及劳务承包出口比重和计算机和信息服务出口比重波动性较大，但仍遥遥领先于其他行业。2014 年，四川省计算机和信息服务出口在四川省服务出口总额中的占比达到了 34.73%，占据了四川省服务出口的 1/3，但与 2011 年相比，该比重下降了 15.5 个百分点，四川省计算机和信息服务出口比重的下降有利于减轻四川省对计算机和信息服务出口的依赖程度。

表 3 - 13	四川省服务贸易出口结构分析					单位：%
项目	出口比重					结构变化
	2010 年	2011 年	2012 年	2013 年	2014 年	
运输	1.18	1.08	1.67	1.62	2.91	1.73
旅游	2.27	1.79	1.87	14.81	22.25	19.98
通信服务	0.06	0.04	0.02	0.02	0.12	0.06

续表

项目	出口比重					结构变化
	2010 年	2011 年	2012 年	2013 年	2014 年	
建筑安装及劳务承包服务	32.84	22.91	18.54	31.62	24.05	−8.79
保险服务	2.18	0.01	2.69	1.50	0.10	−2.08
金融服务	0.00	0.00	0.01	0.004	0.01	0.01
计算机和信息服务	43.14	50.23	41.71	23.01	34.73	−8.41
专有权利使用费和特许费	0.26	0.29	0.18	0.20	0.43	0.17
其他商业服务	17.98	23.60	33.28	20.25	7.85	−10.13

资料来源：根据《中国商务年鉴》中的数据计算得到。

3.2.3 服务贸易竞争力分析

贸易竞争力指数（TC）是指一国（或地区）某产品或产业的贸易差额与该类产品的贸易总额之比，用以反映该国（或地区）某产品或产业的出口竞争力。其计算公式为：

$$TC = \frac{E_j - I_j}{E_j + I_j}$$

其中，E_j 表示 j 商品的出口额，I_j 表示 j 商品的进口额。TC 指标数值介于 −1~1 之间，TC 越接近于 1，表示该商品的竞争力水平越强；TC 越接近于 −1，表示该商品的竞争力水平越差。这里借助该指标对四川省服务贸易竞争力进行分析，则 E_j 表示某行业服务贸易出口额，I_j 表示某行业服务贸易进口额。该指标数值与竞争力水平之间的关系如表 3–14 所示。

表 3–14　　　　　　　　　　TC 指标所反映的竞争力水平

指标值	竞争力水平
0.6~1	极强竞争优势
0.3~0.6	较强竞争优势
0~0.3	微弱竞争优势
−0.3~0	微弱竞争劣势

续表

指标值	竞争力水平
-0.6~-0.3	较大竞争劣势
-1~0.6	极大竞争劣势

资料来源：智库百科。

表 3-15 显示，2010~2014 年，我国服务贸易 TC 指数分别为 -0.06、-0.13、-0.19、-0.22 和 -0.26，TC 指数值均为负数，指标值逐年下降，说明就全国范围而言，我国服务贸易总体竞争力处于微弱竞争劣势状态，且在持续恶化。其中，计算机和信息服务和建筑安装及劳务承包服务的 TC 指数值处于 0.3~0.6，表明我国计算机和信息服务和建筑安装及劳务承包服务处于较弱竞争优势地位。我国的专有权利使用费和特许费的 TC 指数值与 -1 最为接近，显示出我国企业对国外先进技术的依赖性较强。

表 3-15   全国服务贸易 TC 指数

项目	2010 年	2011 年	2012 年	2013 年	2014 年
运输服务	-0.30	-0.39	-0.38	-0.43	-0.43
旅游	-0.09	-0.20	-0.34	-0.43	-0.49
通信服务	0.04	0.18	0.04	0.01	-0.12
建筑服务	0.48	0.60	0.54	0.47	0.52
保险服务	-0.80	-0.73	-0.72	-0.69	-0.66
金融服务	-0.02	0.06	-0.01	-0.08	-0.09
计算机和信息服务	0.51	0.52	0.58	0.44	0.37
专有权利使用费和特许费	-0.88	-0.90	-0.89	-0.92	-0.95
咨询	0.20	0.21	0.25	0.26	0.24
广告、宣传	0.17	0.18	0.26	0.22	0.14
电影、音像	-0.50	-0.53	-0.62	-0.68	-0.67
其他商业服务	0.35	0.28	0.18	0.32	0.17
总计	-0.06	-0.13	-0.19	-0.22	-0.26

资料来源：根据《中国商务年鉴》中的数据计算得到。

表 3-16 显示，2010~2013 年，四川省服务贸易 TC 指数均为正数，TC 指数

分别为 0.2、0.1、0.03 和 0.08，说明四川省服务贸易总体竞争力高于全国平均水平，但仍不容乐观，因为指标值较小且呈现出下降趋势。2014 年四川省服务贸易 TC 指数值为 - 0.35，低于全国同期 TC 指数值，这表明四川省服务贸易的整体竞争力水平下滑较为厉害。

表 3 - 16　　　　　　　　　四川省服务贸易 TC 指数及其变动情况

项目	2010 年	2011 年	2012 年	2013 年	2014 年	增减变化情况
运输服务	0.05	- 0.13	- 0.11	- 0.84	- 0.83	- 0.88
旅游	- 0.87	- 0.91	- 0.91	- 0.44	- 0.69	0.18
通信服务	0.15	0.12	- 0.11	- 0.2	0.44	0.29
建筑安装及劳务承包服务	0.57	0.45	0.33	0.56	0.30	- 0.27
保险服务	0.91	- 0.72	0.86	- 0.29	- 0.97	- 1.88
金融服务	- 0.92	- 0.95	- 0.94	- 0.97	- 0.99	- 0.07
计算机和信息服务	0.97	0.93	0.94	0.95	0.75	- 0.22
专有权利使用费和特许费	- 0.82	- 0.79	- 0.86	- 0.88	- 0.86	- 0.04
其他商业服务	- 0.09	- 0.14	- 0.06	0.53	- 0.15	- 0.06
总计	0.2	0.1	0.03	0.08	- 0.35	- 0.55

资料来源：根据《中国商务年鉴》中的数据计算得到。

从各项目 TC 值的变化来看，变化较大的三个项目是运输服务、保险服务和其他商业服务。与 2010 年相比，2014 年这三个项目的 TC 值均出现了较大的不利变化。金融服务一直未摆脱竞争劣势地位，专有权利使用费和特许费存在持续逆差，这些领域主要是一些资本密集、技术密集和知识密集的领域，表明四川省在资本密集、技术密集和知识密集的服务贸易领域出口竞争力有待提高。

由表 3 - 16 可以看出，四川省竞争力较强的行业是计算机和信息服务业，2010～2013 年，四川省计算机和信息服务 TC 指数值接近 1，处于极强竞争优势状态，2014 年，四川省计算机和信息服务 TC 指数下降至 0.75，但其竞争力仍然较强。四川省计算机和信息服务虽处于竞争优势地位，但其规模并不大。2014 年，四川省计算机和信息服务出口金额为 134493.3 万美元，而上海市、北京市、广东省和深圳市的计算机和信息服务出口金额分别为 563769.9 万美元、535587.9 万美元、350634.6 万美元和 249536.4 万美元，与上海市、北京市、广东省和深圳市的计算机和信息服务出口额相比，相差较为悬殊。

计算机和信息服务业是为满足使用计算机或信息处理的有关需要而提供软件和服务的行业。下面主要从四川省实现的软件出口收入角度分析四川省软件业的竞争力状况。2014年，四川省实现的软件出口收入在西部12省市中排名第一，但与东部地区部分省市相比，差距较大。表3-17为2014年东部10省市与四川省软件出口收入在我国软件出口总收入中的比重，由表3-17可知，四川省软件业务出口收入比重和软件外包服务出口收入比重相差无几，而嵌入式系统软件出口收入比重较小。广东省嵌入式系统软件出口收入比重高达66.18%，广东省软件业务出口收入比重为46.39%。可见，与广东省相比，四川省软件业竞争力有待提高。

表3-17　　　　　2014年东部10省市与四川省软件出口收入比重　　　单位：%

地区	软件业务出口收入	软件外包服务出口收入	嵌入式系统软件出口收入
北京	4.20	21.00	0.02
天津	1.03	0.52	0.00
河北	0.14	0.11	0.00
上海	6.28	10.87	0.84
江苏	16.23	8.46	24.68
浙江	5.17	5.34	1.82
福建	0.31	0.63	0.03
山东	2.51	2.49	3.95
广东	46.39	6.34	66.18
海南	0.00	0.02	0.00
四川	2.74	2.61	0.04
总计	100.00	100.00	100.00

资料来源：根据国研网统计数据库中的数据计算得到。

综上所述，四川省服务贸易各行业发展极不均衡。近年来，虽然四川省服务贸易发展比较迅速，但国际竞争力水平仍然较弱，处于优势地位的行业主要集中在建筑服务和计算机服务等行业，而在金融、其他商业服务等资本密集、技术密集和知识密集的服务领域，则处于劣势地位。

3.2.4 促进四川省服务贸易发展的对策建议

综上，服务贸易仍是四川省经济发展的薄弱环节，存在着规模偏小、发展不均衡、市场竞争力不强等问题，需采取有效措施，促进服务贸易发展。

3.2.4.1 加快发展技术密集型和知识密集型服务业

南宋诗人朱熹在《观书有感》中写道，"问渠那得清如许，为有源头活水来"。服务业是服务贸易的源头活水。要使服务贸易得到进一步发展，必须加快服务业的发展，尤其是加快技术密集型和知识密集型服务业的发展。技术密集型和知识密集型服务业的发展对于扩大内需、吸纳就业、培育壮大战略性新兴产业、促进产业结构优化升级具有重要意义。四川省要把发展技术密集型和知识密集型服务业放在突出位置，加强组织领导，创新工作思路，完善体制机制，营造良好环境，促进技术密集型和知识密集型服务业快速健康发展。

3.2.4.2 大力培养服务贸易所需的各类复合人才

四川省虽然拥有丰富的劳动力资源，但高素质的复合型服务贸易人才紧缺。今后在充分发挥劳动力密集型服务业竞争优势的同时，应多渠道、多层次培养和引进发展服务贸易所需的各类复合型中高端人才。

3.2.4.3 加大政府扶持力度

从财税、信贷、土地、水电气价格、准入等方面进一步完善促进服务业和服务贸易发展的政策体系。像重视工业一样重视服务业，像重视货物贸易一样重视服务贸易，将现有针对货物贸易企业的扶持政策扩展到服务贸易企业，并积极制定符合服务贸易企业发展需求特点的新政策和新举措。

3.3 四川省服务贸易重点发展城市研究[*]

根据四川省提升开放型经济水平的战略构想，围绕建设具有世界影响力的国际商务中心、开放型文化产业发展高地、西部最重要的入境旅游目的地和西部金融中心的总体目标，四川服务贸易以重点城市为龙头，在产业集聚、结构优化、质量提高方面深挖潜力、探索创新，取得了显著进步。

四川省全省 21 个市州结合自身资源优势和禀赋特点，大力发展各具特色的

* 2015 年教育部人文社会科学研究项目西部和边疆地区项目"工作搜寻框架下的心理账户、大学生就业匹配与西部地区服务业发展"（项目编号：15XJAZH001），2014 年西南民族大学教育教学研究与改革项目一般项目"慕课时代与国际商务类课程信息化教学探索"（项目编号：2014YB05）阶段性成果。

作者简介：刘彤（1970 - ），女，经济学博士，现为西南民族大学经济学院副教授，研究方向：国际服务贸易等。

服务贸易领域，逐步形成了错位发展、优势互补的区域服务贸易体系，争取至2017 年，构建以成都市为核心，德阳市、绵阳市为重点，其他市州为重要支撑的 "1 + X" 多点多极支撑发展格局，形成重点城市分工协作与五大经济区域协调发展的服务贸易整体空间布局，培育服务贸易新增长极。

2012 ~ 2015 年，四川省服务贸易总量居全国第十、保持中西部第一，同比增速分别为 17.3% 、49.6% 、12.7% 和 23.5% ，均高于全国平均增速，2015 年全省服务贸易达到 131 亿元，与对外贸易的比重达到 20.3% ，高于全国 4.9% ，但省内各市州服务贸易发展水平并不均衡。[①] 2011 ~ 2012 年四川省五大经济区服务贸易总额、增速、占比情况参见表 3 – 18。

表 3 – 18　　　　　　　　2012 年四川省五大经济区服务贸易总额

区域	所含市州	贸易总额（万美元）		同比（%）	占比（%）
		2012 年	2011 年		
成都经济区	成都、德阳、绵阳、资阳、眉山、乐山	605690	544337	11.3	97.6
攀西经济区	攀枝花、凉山、雅安	2210	2446	- 9.6	0.4
川南经济区	泸州、自贡、内江、宜宾	9199	5517	66.7	1.5
川东北经济区	南充、遂宁、广安、达州、广元、巴中	2520	2218	13.6	0.4
川西北经济区	甘孜、阿坝	702	146	380.8	0.1

注：2006 年 1 月，成都经济区初期规划包括成都、德阳、绵阳、眉山、资阳 5 市。2010年 1 月，成都经济区扩大为成都、德阳、绵阳、遂宁、乐山、雅安、眉山、资阳 8 市。五大经济区数据的统计范围因具体问题有所差异。

资料来源：四川省商务厅。

显然，成都经济区作为四川省服务贸易核心区域的地位与作用极为突出，2012 年仅成都市与德阳市的服务贸易进出口占比高达 96.4% ，其余 19 个市州服务贸易进出口累计占比不到 5% ，2014 年后者占比仍不足 10% 。2012 年，成都市集中了全省 80% 以上的服务贸易企业，进出口占全省服务贸易总额的 85.2% ，2013 年占比有所下降，为 81.4% ，2014 年又上升为 87.4% 。2012 ~ 2014 年德阳市服务贸易进出口一直位居全省第二，占比分别为 11.2% 、10.3% 和 2.7% ，2012 ~2014 年四川省主要城市的服务贸易进出口额占比及排位，可参见表 3 – 19。

---

① 四川省服务贸易相关数据主要来自四川省商务厅，有特别说明的除外。

表3－19　　　　　2012～2014年四川省分市、州服务贸易进出口额占比及排位

市、州	2014 年		2013 年		2012 年	
	占比（%）	排位	占比（%）	排位	占比（%）	排位
成都（大成都）	87.4	1	81.4	1	85.2	1
德阳	2.7	2	10.3	2	11.2	2
绵阳	2.5	3	0.9	6	0.7	3
自贡	0.9	4	1.0	5	0.4	4
乐山	0.9	4	1.3	4	0.1	7
宜宾	0.8	5	2.7	3	0.1	7
达州	0.7	6	—	—	—	—
南充	0.7	6	0.2	10	—	—
眉山	—	—	0.6	7	—	—
资阳	—	—	0.4	8	0.3	5
内江	—	—	0.3	9	0.7	3
泸州	—	—	—	—	0.2	6
凉山	—	—	—	—	0.2	6

注：2013年以上不含个人旅游服务进出口数据。
资料来源：四川省商务厅。

可见，2012～2014年四川省各主要城市服务贸易发展的相对优势基本没有变化，仍然以成都市、德阳市、绵阳市为核心区域，自贡市、乐山市等城市因发展文化贸易在排位上有所提升，宜宾市、达州市、南充市表现出后发优势。

因此，形成区域分工协调的服务贸易均衡发展格局将是四川省服务贸易发展战略规划的长期目标，根据不同城市的服务贸易禀赋基础、资源优势和潜力特色，制定实施重点城市服务贸易差异化发展战略，将有利于促进四川省服务贸易取得长足发展。

根据四川省服务贸易区域发展"1＋X"的战略思路，重点发展城市包括成都市、德阳市、绵阳市、自贡市、乐山市、遂宁市等，本章将简述各重点城市发展服务贸易的潜在优势、增长机遇和制约因素，指出服务贸易发展的重点方向和战略目标。第5章四川省服务贸易城市发展专题报告，将对重点发展城市的服务贸易现状、问题及对策措施进行详细说明。关于重点发展城市的选择依据如下：

成都市与德阳市一直为四川省服务贸易的核心区域，集中了四川省服务贸易

重点发展领域的龙头企业，产业集聚效应突出。

绵阳市 2012 年、2014 年名列四川省服务贸易出口额第三位，且拥有发展服务贸易的核心要素——人才资源优势，在发展技术贸易方面优势突出。

自贡市在文化贸易方面特色突出，彩灯、恐龙、杂技等文化产品的市场影响力较大，文化服务出口增长迅猛，2012 年、2014 年位列全省服务贸易出口额第四，也是四川第二大经济区——川南经济区的城市样本。

乐山市的旅游服务在品牌建设方面具有示范效应，其丰富的文旅资源和创新探索将有利于挖掘四川省旅游服务潜力，2013 年、2014 年服务贸易出口额名列全省第四位（2014 年与自贡市并列第四位）。

遂宁市作为二线城市样本，曾是川东北经济区的城市代表，属于成都经济区范围，在服务贸易发展格局中主要承担核心区域产业梯级转移角色，可以为发展服务贸易促进经济增长提供创新思路。

简言之，本章选取的重点发展城市主要基于服务贸易发展格局中的相对重要地位及样本分析的典型代表性。虽然 2014 年宜宾、达州、南充等城市的服务贸易进出口均实现了较快增长，宜宾服务贸易出口额居全省第五位，达州、南充的服务贸易进口额并列全省第六位，基于前述理由，在此不进行专门分析，攀西经济区和川西北经济区的服务贸易发展相对滞后，因此也没有选取代表城市进行个别研究。

以下分别对成都市、德阳市、绵阳市、自贡市、乐山市、遂宁市作为服务贸易重点发展城市的基础条件、潜在优势、增长机遇、制约因素以及发展定位进行简要说明。

3.3.1 成都市：发挥首位城市的核心层效应

作为我国重点发展服务贸易的 14 个示范基地之一和国家服务贸易创新发展试点城市，成都市位处四川服务贸易的核心区域，显示出首位城市在产业聚集方面的绝对优势和发展潜力，也在不断强化核心层的辐射作用和带动示范效应。

3.3.1.1 成都市发展服务贸易具有突出优势

在成都市建设成为开放型的区域中心、以经济功能为主的综合型国际化城市进程中，在成都市打造具有全球比较优势、全国速度优势、西部高端优势的西部经济核心增长极的过程中，发展服务贸易是其经济发展的必然选择。成都市发展服务贸易具有以下明显优势：

（1）重点产业发展基础坚实。成都市服务贸易主要集中在计算机服务、其他商业服务、建筑服务三大领域，其中软件出口、服务外包的产业基础坚实，发展态势良好，技术贸易、航空保税维修以及文化贸易逐渐成为新的发展重点。

软件产业方面，成都市拥有国家软件产业基地、国家信息安全产业基地、国家软件出口创新基地等 11 个国家级产业基地，全市软件服务业从业人员总数超过 25 万人，软件企业 1585 家，在全球软件 20 强企业中，有 15 家在成都设有研发机构或产业基地，是软件人才高度集聚的中心城市。成都市软件服务业规模体量约占全国的 4.8%、西部地区的 47%，居 15 个副省级城市第五位。① 作为软件和信息技术服务业企业的主流聚集区和产品提供地，成都市软件产业结构优化升级效果较为显著，"服务化"趋势日趋明显，企业出现规模化、高端化发展特征。其中，天府软件园已成为成都软件与信息服务产业的核心聚集区，形成软件服务外包、软件产品研发、通信技术、数字娱乐、移动互联网、共享服务中心等几大产业集群，成为国内外知名软件和信息服务企业在中国战略布局的首选地，以及国内外软件产业资源汇聚的焦点。

服务外包方面，成都市是西部地区服务外包领军城市，全国 21 个"服务外包示范城市"之一，服务外包产值增长迅猛，知名跨国企业、国内领军企业及本土企业聚集发展效应凸显，拥有"2012 年中国服务外包城市投资满意度排名"第一名及"2012 年中国服务外包城市投资吸引力综合排名"第二名的良好声誉，已经成为国际服务外包业务的重要承接地和国内服务外包产业由东向西转移的主要目的地。天府软件园获得了"2015 年度全球最佳服务外包园区——中国十强"（自 2012 年起已连续 4 年入选）。

技术贸易、航空保税维修及文化贸易是成都市服务贸易创新发展试点实施方案中新增的 3 个重点发展领域，即依托成都双流综保区保税航空维修产业园开展的保税航空发动机维护和维修服务，依托成都轨道交通园以轨道交通技术为核心的高铁出口技术贸易，依托国家网络动漫游戏产业振兴发展基地以手游、动漫、影视、出版为主要内容的文化贸易，也都具有良好的发展基础。②

（2）服务贸易企业成长迅速。成都市集中了四川省 80% 以上具有服务贸易实绩的企业，其中服务外包企业数量、规模和增长速度尤为突出，离岸服务外包合同金额和执行金额均居西部第一。2008 ~ 2014 年，四川服务外包合同额年均增长 72.5%，2014 年达 20 亿美元。服务外包从业人员超过 17 万人，其中大学以上学历占 74%。截至 2014 年底，全球服务外包前 100 强已有 21 家落户成都，IBM、埃森哲、维普罗 3 家在成都设立研发中心。中国服务外包十大领军企业有 6 家在成都市设立分支机构，近 50 家跨国集团企业在成都市设立了全球交付中

---

① 吴丽琳. 成都软件业：新起点再出发，2016 - 03 - 18.
② 傅勇林副市长出席在北京召开的全国服务贸易创新发展试点工作推进会，指出成都市力争到 2017 年服务贸易规模达到 150 亿美元，成都市商务文员会。

心、共享服务中心或研发中心，以成都市为中心向外辐射的服务外包产业集群初步形成。①

成都市近年来围绕保税航空维修出口、技术贸易出口、文化贸易（动漫手游）出口 3 个特色基地，依托四川国际航空发动机维修有限公司、中铁二局等服务贸易重点企业的核心竞争力扩大产业增量，服务贸易企业规模结构进一步优化。

（3）服务业基础较好，服务贸易规模增长强劲。2015 年成都市服务业实现增加值 5704.52 亿元，同比增长 9%，总量在副省级城市中居第四位，金融业实现较快增长，增加值同比增速达 15.5%，高于服务业平均增速 6.5 个百分点，服务业发展优势为服务贸易的发展奠定了基础，金融服务外包发展前景广阔。2015 年成都服务贸易总额首次超过 100 亿美元，同比增长 17.6% 以上，服务外包离岸执行金额 14 亿美元，同比增长 16.8%，其中技术贸易占比达 90%，在计算机和信息服务、文化和娱乐服务等新兴领域具有较强竞争优势和较大发展潜力。②

（4）服务贸易发展环境良好。成都市在西部地区具有经济及空间区位优势，作为国家区域中心城市、国家首批历史文化名城、中国最佳旅游城市，以及西南地区的经济文化和国际交往中心，交通、通信枢纽及最大航空港，经济发展形势良好，为服务贸易发展提供了资源条件和经济基础。

随着丝绸之路经济带和长江经济带成为国家战略，成都市地处两大经济带的交汇点，具有依托区位优势发挥联动作用成为两大经济带核心极的良好发展机遇。特别是学习借鉴上海自贸区建设样本，加强资本、技术、人力资源跨区域流动融合，将有利于成都市加快构建高端化服务产业格局，承接国际服务业转移，促进服务贸易提速升级。

作为商务部第一批授牌的服务外包示范城市，成都市不断完善服务贸易管理体制、健全政策体系，充分重视并大力支持服务贸易发展，先后出台了《成都市人民政府关于促进成都服务外包发展的若干意见》《成都高新技术产业开发区加快软件产业发展的优惠政策（试行）》《成都市服务业发展 2025 规划》等优惠政策和配套措施，在财政、税收、投融资、政府采购、人才培养、产业集聚发展、扶优扶强等方面为推进服务外包、技术贸易、文化贸易快速发展营造了良好政策环境。2016 年 2 月 14 日，国务院常务会议将成都列为西部唯一入选城市，进入国家服务贸易创新发展试点，全面实施创新驱动发展战略（该会议中，成都与天津、上海、海南、深圳、杭州、武汉、广州、苏州、威海等 10 个省市以及哈尔滨、江北、两江、贵安、西咸 5 个国家级新区被列为服务贸易创新发展试点），

---

①② 成都市政府.2015 年成都市服务贸易首破百亿美元，2016 - 02 - 24.

有利于打造服务贸易行业优势企业和知名服务品牌，不断扩大"成都服务"的国际影响力。

3.3.1.2 成都市发展服务贸易的制约因素

成都市除旅游服务、计算机服务、建筑服务等少数行业已具备一定规模外，其他服务贸易行业领域的基础还比较薄弱，参与国际市场竞争并不充分。同时，成都市地处西部内陆，与东部沿海地区相比，存在区位空间导致要素流动成本偏高问题。此外，服务贸易高端人才资源稀缺、企业实力不强等因素也限制了成都市服务贸易规模持续增长和结构优化。

3.3.1.3 成都市发展服务贸易的目标定位

基于成都市在四川省服务贸易中的核心地位，继续加强成都市服务贸易首位城市建设，发挥其技术密集、人力资本密集的资源优势，重点发展服务外包、动漫游戏、软件出口、医药研发、移动互联、检测维修服务、咨询、设计和金融服务，形成重点产业集聚发展态势。力争到2017年服务贸易规模达到150亿美元，高附加值新兴服务贸易占比超过50%，结构优于全国平均水平。2020年服务贸易规模超过200亿美元，占成都市对外贸易总额的比重超过16%，占比高于全国平均水平。①

3.3.1.4 成都市发展服务贸易的主要思路

成都市应依托国家服务贸易创新发展试点建设，全面实施创新驱动发展战略，以改革创新为根本动力、以创业发展为核心路径、以业态创新为重要模式、以国际化发展为主要方式，探索服务贸易发展的重点领域，充分运用成都市在大数据、物联网、移动互联网和云计算等领域的发展成果，提升资本技术密集型高附加值服务贸易占比，挖掘存量潜能。具体如下：

（1）重点发展计算机服务，发挥成都IT产业第四极优势，推进企业、市场、人才和环境的国际化进程，拓展高端业务，促进计算机服务与其他产业融合互动发展。

（2）巩固扩大建筑服务，继续扩大成都在对外建筑工程承包领域的优势，挖掘在四川省央企境外工程项目服务潜力，突出龙头带动作用，鼓励企业开展工程总包、交钥匙工程类承包项目等，提升对外劳务合作层次。

（3）健全技术贸易促进体系，加大技术进口和自主研发创新技术出口的扶持力度。

（4）扶持扩大文化贸易，挖掘文化潜力，突出特色，打造动漫游戏、文化创意、演艺、展览等领域的文化出口产品品牌，推动更多企业和项目入选国家文化

---

① 成都市商务委员会. 突出"四个创新"全力抓好服务贸易创新发展试点城市建设，2016 - 06 - 19.

出口重点企业和项目，扩大文化品牌的国际影响力。

（5）大力发展其他商业服务，积极扩大以分销、检测维修、广告、咨询、会展服务等为主的其他商业服务出口。

（6）拓展其他新兴领域，推动金融、保险、教育、医疗等服务贸易领域的发展。

（7）推进发展特色旅游服务，发挥成都西部国际旅客集散地、航空第四城、72 小时入境免签城市和大熊猫、金沙等丰富的旅游资源优势，积极打造入境旅游目的地，加快旅游国际化进程。

（8）完善加强运输服务，全面加强基础设施建设和软环境建设，完善大通关体系建设，推进国际运输服务发展。

3.3.2 德阳市：剥离发展生产性服务贸易

作为四川省服务贸易发展的第二大城市，借力于成德绵经济区协同发展，德阳市服务贸易虽然处于起步阶段，但以油气钻探服务和技术服务为代表的其他商业服务发展独具特色，在全省具有相对发展优势。2012 年德阳市服务贸易进出口总额 69614 万美元，占全省的 11.2%，其中，出口 25310 万美元，占比 7.6%；进口 44304 万美元，占比 15.5%。2013 年德阳市拓展服务贸易领域，扩大了油气工程技术服务、航空服务和分销服务的国际市场，全年培育有服务贸易实绩企业 139 家，完成服务贸易进出口总额 6 亿美元，同比增长 66.2%，其中，完成出口 3.4 亿美元，同比增长 213.8%，服务贸易总值居全省地级市之首。[①] 2014 年完成服务贸易进出口总额 2.64 亿美元，其中，完成进口 2.23 亿美元，同比增长 72.0%。

3.3.2.1 德阳市发展服务贸易的有利条件

一方面，德阳市作为国家科技兴贸创新基地（装备制造），在重大装备制造领域优势突出，拥有多家全国乃至全球知名的龙头企业，为剥离相关服务，发展生产性服务贸易提供了有利条件。二重、东电、东汽、宏华等企业出口的发电机组、石油钻机、成套轧机等设备，出口金额大、附加值高、科技含量高，在出口产品中包含了软件、专有技术等服务贸易内容，但通常在报关中没有单独进行软件和技术的核算，而统一体现为货物贸易。同时，利用企业技术优势、人才优势、国际市场渠道优势和品牌优势，对外开展油气钻探、设备维修、人员培训以及相关专业技术服务，具有较大的发展空间。

---

① 德阳市商务局. 用精品名牌扩市场份额，2014 - 02 - 16.

3.3.2.2 德阳市发展服务贸易的现实障碍

德阳市经济结构以工业为主，服务业发展相对滞后，对经济贡献率偏低，2012年服务业占经济总量的比例仅为24%，2015年比重达到28.4%。制造业的强势与主导地位，在为生产性服务贸易带来机遇的同时，从另一个角度也带来制约，对服务业和服务贸易认识不足、关注不够的局面有所改善，但政策支持和政府工作重心仍倾向于制造业，服务贸易发展的扶持力度还有待加强。

3.3.2.3 德阳市发展服务贸易的主要方向

一是剥离制造业中的生产性服务业，鼓励制造业企业成立子公司或专门部门，对外开展生产性服务；二是加强政策扶持，将已开展的技术服务、软件等业务，在合同签订、海关报关、银行结汇等环节作为服务贸易予以单独列明，从而享受服务贸易相关免税、免关税以及相关政策支持；三是大力发展文化旅游服务。依托三星堆的全球知名度推动入境游发展；依托德阳市杂技团等国家文化出口企业以及德阳市歌舞团等潜力企业，大力发展文化贸易。

3.3.2.4 德阳发展服务贸易的对策建议

"深度挖掘"重大装备制造行业中的技术服务、专有技术许可、软件等业务，是德阳市服务贸易出口的潜力所在；支持宏华石油、龙蟒集团、中机一建等通过对外承包工程、境外投资等方式，建设一批境外生产基地和产业合作基地，向境外延伸产业链条；"特别关注"特色文化、旅游等，积极推动德阳杂剧、广汉三星堆、绵竹年画、什邡书法等文化旅游产品全方位拓宽国际市场。

3.3.3 绵阳市：大力发展服务外包产业

绵阳市位于成德绵区域合作带、成都经济区第三圈层以及成渝经济区内，服务贸易起步较晚，但具有发展离岸服务外包产业的特殊优势。

3.3.3.1 绵阳市发展服务贸易的特色优势

一是基础设施条件较好。绵阳市作为川西北地区重要的人流物流集散地，拥有便利的对外开放通道，"铁、陆、空"三位一体的西部区域性综合交通枢纽初具雏形，拥有四川省第二大机场、二类铁路口岸、公共保税仓库、集装箱货栈等。二是人才科技资源丰富。作为全国唯一的国家科技城，绵阳市科技和人才资源丰富，绵阳市拥有中国工程物理研究院、中国空气动力研究与发展中心等国家重点国防科研院所18家，国家重点实验室8个、国家级工程技术研究中心4个、国家级企业技术中心6家；拥有西南科技大学、绵阳师范学院等高等院校12所，各类专业技术人才18.2万人。三是高新技术产业基础坚实。作为中国西部重要的工业城市，绵阳具有良好的高科技产业集群基础，已经成为国家重要的电子信息科研生产基地，西部重要的汽车及零部件产业集聚区，军工及民用光电子产业、节能环保产业、新材料新能源产业、生物医药产业、激光及核技术应用"五大战略性新兴产业"也在不断培育壮大。四是拥有发展服务外包产业的载体基础。依托绵阳高新区、绵阳科创园，拥有发展以服务于本土龙头企业的在岸服务外包和发展立足于 ITO 和 BPO 的离岸服务外包的基础。现已有通过 CMMI5 认证的软件企业和承接离岸业务的服务外包企业，具有一定产业基础。五是绵阳对外贸易稳定增长和进出口企业成长壮大，为服务贸易的发展提供了条件。2014 年绵阳市实现进出口总额 29.18 亿美元，同比增长 3.8%。其中，实现出口总额 20.72 亿美元，同比增长 14.9%，高出四川省平均增幅 8 个百分点。2014 年绵阳市新增进出口经营备案企业 79 户，新增进出口实绩企业 42 户，绵阳市进出口实绩企业达 212 户，绵阳市有进出口经营资格企业共 760 户。其中，出口上亿美元的有长虹、九州两户企业，出口上千万美元的包括利尔化学、普思电子、艾默生网络能源等 10 户企业。①

3.3.3.2　绵阳市发展服务贸易的主要困难

一是产业及企业规模较小，现有服务贸易进出口总额和企业数落后于与其经济发展水平和基础条件相当的城市，全球知名度和影响力很弱。二是人才结构性矛盾突出，高端人才以技术人才为主，缺少在服务贸易领域的管理人员和营销人员，在中端人才方面，缺乏一批熟悉外语、具有一定计算机基础的人员。三是缺少必要的优惠政策支持，绵阳市不属于国务院确定的"中国服务外包示范城市"，无法享受相应的示范城市公共服务平台资金和税收优惠政策。

3.3.3.3　绵阳市发展服务贸易的战略目标

以绵阳市科教创业园区为依托，设立服务外包产业集中发展区，以数据库开发、集成电路设计、网络增值服务、数字媒体内容服务、创意设计服务、电子商务、呼叫中心、物联网、金融中心后台等服务外包领域为重点，大力发展服务贸易，积极出台相关扶持政策，承接成都服务外包产业梯度转移，力争成为四川服务外包第一城。

3.3.3.4　绵阳市发展服务贸易的重点举措

一是优化和完善绵阳市服务外包产业发展规划，找准定位，突出重点，明确目标。设立服务外包产业集中发展区，加强与全国服务外包示范城市、园区及服务外包行业协会的联系，大力引进和培育服务外包企业。二是健全服务外包政策支撑体系，市财政预算内安排"绵阳市服务外包产业发展专项资金"，支持服务外包人才培训与引进、国际市场拓展、重点企业引进、培育扶持龙头企业、国际资质认证等。三是构筑服务外包公共服务平台，提供涵盖公共信息交流、人力资源服务、知识产权保护、品牌建设与市场推广在内的各项公共服务。四是加大服务外包产业和人才培育招引力度。以电子信息产业为基础，引进国内外服务外包企业。加强人才培训引进，依托绵阳众多高校设立服务外包相关专业，采用多种方式培训、培养服务外包各类应用型人才。

3.3.4 自贡市：做强"自贡彩灯"品牌文化贸易

自贡市以彩灯制作、恐龙景观以及境外灯展等为主的文化贸易稳步发展，特色突出，已成为独具特色的产业品牌，对外文化出口额居全省前列。2012 年，自贡市服务贸易进出口 2558 万美元，同比增长 50.3%，位列全省第 5。其中，出口 378 万美元，同比增长 23.9%；进口 2179 万美元，同比增长 56.0%。2013年，自贡市实现服务贸易进出口 9122 万美元，位列全省第 5，同比增长311.8%。其中，服务贸易出口 4017 万美元，同比增长 1109.7%；服务贸易进口5106 万美元，同比增长 171.1%。2014 年，自贡市实现服务贸易进出口 8981 万美元，位列全省第 4，同比增长 81.4%。其中，服务贸易出口 1522 万美元，同比降低 7.7%；服务贸易进口 7459 万美元，同比增长 125.9%。

3.3.4.1 自贡发展服务贸易的特色资源

一是文化资源比较优势突出。2012 年自贡市 8 家企业被评为 2011～2012 年度国家文化出口重点企业、2 个项目评为国家文化出口重点项目，占四川省全省重点企业、项目总额近一半。二是服务贸易主体成长迅速。截至 2013 年 6 月，自贡市有服贸企业 300 余家，其中彩灯企业 257 家，从业及配套服务人员达 5 万多人；彩灯、恐龙景观类企业 30 余家取得外贸进出口资质，均形成了核心产品和服务研发、设计、制作和对外展出等价值链条，龙头企业的带动示范作用加快了进军国际市场的步伐。三是注重技术与创意的融合。将新技术、新材料与新理念与灯贸产业进行高度融合，例如，亘古龙腾公司设计生产的电动仿真恐龙、仿真生物、恐龙化石、仿真远古植物等产品，融合了现代工业机械设计、电子感应技术、计算机软件和人工智能等先进技术，提升了产业效益。[①] 四是境外营销网络逐渐成形。四川天煜景观等服务贸易企业在境外设立分公司、办事处，立足当地拓展市场，取得了较好经济效益。五是以"灯贸"为主线拓展服务贸易市场。自贡市彩灯文化出口基地以四川传统的彩灯展览为平台，搭载非物质文化遗产表演、游乐、料理、嘉年华等互动体验的文化项目，已走向澳大利亚、新西兰、加拿大、美国、爱尔兰、波兰、俄罗斯、捷克、克罗地亚等 40 多个国家和地区，2015 年自贡市灯贸企业在境外举办了 23 场国际灯会，2016 年将在境外举办国际

---

① 祖明远．2014 年绵阳对外贸易稳增长出口总额达 20 多亿美元，2015 - 02 - 12.

性灯展30场次以上，实现文化推广和企业效益双丰收。①

3.3.4.2　自贡发展服务贸易的主要问题

虽然自贡市服务贸易近年来取得一定成绩，但服务贸易占对外贸易比重仍然偏低，贸易规模仍然偏小，结构较为单一，以文化服务出口为主，服务贸易企业规模普遍较小，企业融资困难，发展后劲有限。

3.3.4.3　自贡发展服务贸易的目标定位

依托传统优势资源，重点发展以"自贡彩灯"品牌为核心的文化贸易，并以之带动演艺、杂技、川剧、艺术品、美食等相关文化贸易发展。瞄准国际市场，整合与提升"天下第一灯"的品牌影响力和竞争力，继续扩大自贡灯会外展规模。打造以现代彩灯工艺、仿真恐龙制作为主的彩灯文化出口特色基地，集灯展、研发、交流、销售和综合休闲游乐于一体，带动旅游服务发展。积极探索拓展技术贸易、咨询、国际运输、分销等其他服务贸易领域。

3.3.4.4　自贡发展服务贸易的战略思路

一是立足特色资源，打造对外文化品牌。充分发挥自贡市作为世界地质公园、全国历史文化名城、中国民间艺术之乡、千年盐都、恐龙之乡、南国灯城等特色文化资源优势，积极策划和推介宣传"盐、龙、灯"等特色文化品牌，提升国际社会对自贡文化品牌的认同感。二是实施重点企业带动战略。规范彩灯文化出口企业行业有序竞争，推动行业整体协同发展。发挥自贡灯贸有限公司、自贡灯会展出有限公司、天域景观艺术有限公司、亘古龙腾科技有限公司等文化出口重点企业的主体和示范带动作用，形成文化"走出去"的产业支柱。三是文化出口与招商引资良性互动。在对外文化贸易和交流中，积极向外商推介自贡市投资环境，吸收外资项目落户自贡。在境内外招商引资活动中，积极推介自贡特色文化产品和服务，推动文化产品和服务"走出去"。四是挖掘自贡老工业城市优势。借助大西洋焊接、中昊晨光化工研究院等工业企业技术、市场渠道、营销人员、境外网点等优势，积极探索拓展技术贸易、咨询、国际运输、分销等其他服务贸易领域。

3.3.5　乐山市：力促旅游服务挖潜创新

作为成都经济区的城市之一，乐山市服务贸易呈现出持续较快发展的良好态势，服务贸易占对外贸易的比重逐渐增长。2012年乐山市服务贸易进出口总额882万美元，位列四川省全省第9，占比仅为0.1%，其中进口826万美元，出口56万美元。2013年、2014年服务贸易进出口总额增长迅猛，分别为11604万美

---

① 四川省商务厅．"2016驻蓉领事及经贸促进机构代表自贡行"活动成功举办，2016 - 02 - 01.

元、8745 万美元，占比 1.3% 与 0.9%，位列四川省全省第 4。

3.3.5.1 乐山市发展服务贸易的传统优势

乐山市旅游资源十分丰富，是国家历史文化名城、中国优秀旅游城市、国家园林城市、世界双遗产城市。全市有世界自然与文化遗产 1 处，国家重点风景名胜区 1 处，国家森林公园 2 处，全国重点文物保护单位 10 处，国家地质公园 1 处，国家自然保护区 1 处。乐山市是全国最早对外开放的旅游城市之一，旅游经济收入在全省排名第 2 位，仅次于成都市。

文化贸易日益扩大，民俗文化传扬和出口态势良好。乐山市歌舞剧团作为乐山文化贸易"走出去"的品牌和名片，带动了乐山市其他文化服务和产品（杂技、歌舞、书画等）共同"走出去"。

3.3.5.2 乐山市发展服务贸易的制约因素

乐山市服务贸易总量偏低，以进口为主。服务贸易结构单一，进口以技术进口为主，出口以旅游服务和文化贸易为主，其他服务贸易类别发展相对滞后。服务贸易促进体系有待完善，政府部门之间共促服务贸易发展的合力相对薄弱。

3.3.5.3 乐山市发展服务贸易的战略方向

立足于乐山市丰富的文旅资源，重点发展入境旅游服务。以建设国际旅游目的地为战略目标，以精品化、休闲化、国际化为方向，实现观光旅游向休闲度假旅游跨越。

3.3.5.4 乐山发展服务贸易的对策建议

一是挖潜创新发挥旅游服务带动作用。充分挖掘旅游资源，促进旅游与文化、会展、餐饮等行业的结合，重点推进入境旅游发展，加大旅游服务品牌的境外营销，建设海外营销网点和接待体系。完善语言标识、外语导游等入境游接待服务体系和酒店、西餐、素餐、交通等旅游基础设施建设。探索智慧旅游建设。强化旅游项目招商引资力度，打造针对国际游客的旅游集散中心和旅游目的地。

二是大力发展文化贸易。鼓励文化企业开拓国际市场，积极探索市场化、商业化、外向型运作方式，打造具有本土特色的文化产业模式和文化国际品牌，创新文化走出去的渠道、途径和方法。努力建成具有国际影响力的嘉州文化创意产业带，形成乐山文化"走出去"的大通道。

三是逐步发展国际物流服务。发挥乐山市水陆交通便利的优势，加快绵竹物流园区等综合物流基地、物流园区、配送中心的建设，探索陆江海联运，推动本地物流企业承运出口货物。鼓励跨境电子商务发展。

四是不断探索和鼓励 CDM 节能减排、技术进出口等新兴服务贸易。

3.3.6 遂宁市：承接服务外包梯度转移

遂宁市作为成渝经济区和川北经济区的重要城市，已进入成都经济区，发展服务贸易具有得天独厚的优势。2012 年遂宁市服务贸易进出口 754 万美元，同比增长近 4 倍，其中出口 222 万美元，同比增长 17.5 倍，进口 532 万美元，同比增长 2.7 倍。主要以工程承包、劳务输出和技术进口为主，文化服务出口稳定增长，文化演出和服务"走出去"势头良好，新兴服务贸易开始起步，软件和服务外包产业园建设稳步推进。2015 年，遂宁实现服务业增加值 259.84 亿元，增长 12.0%，增速排四川省第 1 位，外贸进出口实现 63077 万美元，增长 0.4%。在全国进出口下降 8%、四川省进出口下降 28.1% 的情况下，遂宁市实现正增长，进出口总量、增幅在全省分别排位第 7 位、第 8 位，分别提升了 1 位。在成都经济区 8 市中增速位列第 2。①

3.3.6.1　遂宁发展服务贸易的有利条件

一是区域位置优势明显。遂宁市属于成渝经济区和天府新区范围，东邻重庆，西连成都市，南接内江市、资阳市，北靠德阳市、绵阳市，与成都市、重庆市均在一个半小时车程以内。按照四川省委确定的"把遂宁建成四川重要的次级交通枢纽"和成渝经济区成都到重庆之间的黄金节点城市的总体目标，交通基础设施建设将继续加快。

二是承接成渝服务外包产业转移具有一定基础。2011 年年初，遂宁市在河东新区打造软件服务外包产业园，定位为软件服务及外包、通信技术、大型软件研发、机器人研发、IT 职业（高等）教育为主的现代信息服务产业综合园区。同时，遂宁河东新区引入上海市外包龙头企业为服务外包园区招商、营运，培育服务外包产业，将发挥集聚效应和产业集群优势，整体提升遂宁软件产业的国际化水平和产业规模。为承接成都市乃至重庆市两大服务外包示范城市的服务外包产业梯度转移，提供了产业载体和平台。

三是文化贸易稳定发展。以遂宁市春苗杂技艺术团等重点文化出口企业为龙头，积极开展海外文化演出，文化服务出口稳定增长，成为全市服务贸易发展的一个亮点和切入点。春苗杂技艺术团荣获"2013 ~ 2014 年度国家文化出口重点企业"称号（四川省 11 家，遂宁市仅 1 家），足迹遍布美国、日本、英国、法国、德国、韩国等 20 多个国家。

四是服务贸易发展环境不断优化。遂宁市出台了《关于支持文化改革发展的若干政策措施》，河东新区针对软件和服务外包产业予以优惠政策，从企业入驻、政府服务、税费减免、金融支持、资金支持等方面给予企业全面扶持。

3.3.6.2　遂宁市发展服务贸易的主要困难

一是服务贸易规模偏小。目前遂宁市新兴服务贸易刚刚起步，文化贸易仅靠

---

① 遂宁市统计局．二三产业双发力，经济运行超预期 – 2015 年遂宁市经济形势，2016 – 03 – 28.

1~2 家文化企业支撑,服务贸易企业数量少、出口规模小。二是软件与服务外包产业园建设尚未见到成效。园区建设中因资金、招商、股东变更、征地问题等种种原因推进缓慢,入园服务外包企业较少,尚未开展承接离岸服务外包业务。

3.3.6.3 遂宁市发展服务贸易的对策思路

遂宁市软件与服务外包产业和文化贸易的快速发展,为遂宁市产业结构调整注入了新的活力。

一是加强服务外包产业园建设。利用天府新区建设契机,依托遂宁软件与服务外包产业园,主动承接成都市、重庆市服务外包产业梯度转移,如成都中心城区中低端服务外包业务,积极引进上海服务外包企业,以对日外包为重点,发展信息技术、数据开发、财务会计、产品设计、应用软件等领域的外包业务。

二是以杂技海外商演为重要突破点,推动文化贸易发展。依托遂宁市春苗杂技艺术团的海外市场渠道,引导遂宁川剧团等其他本地文化企业不断创新艺术形式、丰富节目内容,共同整合资源,提高文化企业在国际市场的综合竞争力。

第4章

四川省服务贸易行业发展专题研究

4.1 四川省计算机服务贸易发展*

　　计算机和信息技术服务作为知识经济时代的重要支柱产业，服务于生产制造领域、金融领域、科学教育领域和人们日常生活等，具有极强的行业带动力和辐射力。加入世界贸易组织（WTO）之后，我国计算机服务发展迅速，2014 年我国计算机服务进出口总额为 237.75 亿美元，其中出口 188.87 亿美元，进口 48.88 亿美元，相比 2001 年进出口总额 8.06 亿美元、出口 4.61 亿美元、进口 3.45 亿美元，增长了 28 倍左右，进出口总额年均增长 29.74%，高于我国服务贸易年均增速 19.73%，同时高于全球水平 17.07%[①]。

　　2008~2014 年，四川省计算机和信息技术服务进出口增长较快，服务出口增势明显，顺差加大，并成为当期服务贸易第二大顺差来源。2014 年四川省计算机和信息技术服务进出口总额 15.34 亿美元，服务贸易占比 12.95%。其中，出口 13.45 亿美元；进口 1.89 亿美元[②]。近年来，四川省计算机服务实现高速发展，产业布局逐步优化，产业环境改善，创新能力进一步提高，产业外向度不断增强。

4.1.1 四川省计算机行业发展概况

4.1.1.1 行业总体发展形势良好

　　（1）计算机行业就业人数逐年增加。根据我国工业和信息化部网站发布数据

---

　　* 2016 年成都市科技项目"成都市高科技企业孵化器运营模式创新研究"（项目编号：2015 - RK00 - 00177 - ZF）。

　　作者简介：杨帆（1989 - ），男，经济学硕士，西南民族大学经济学院硕士毕业；张小兰（1971 - ），女，经济学博士，现为西南民族大学经济学院教授。研究方向：产业经济。

　　① 根据《中国统计年鉴（2015）》资料并整理本节数据除特殊标注外，均来源于中国服务贸易指南网和四川省商务厅。

　　② 根据《四川统计年鉴（2015）》整理。

显示，2014 年，软件和信息技术服务业实现收入 3.7 万亿元，同比增长 20.2%，我国规模以上电子信息产业企业个数超过 5 万家，其中电子信息制造业企业 1.87 万家，软件和信息技术服务业企业 3.8 万家①。在全国计算机服务产业发展良好的势头下，2014 年四川省计算机与信息技术服务产业就业人员有 50.69 万人，比 2000 年 9.86 万人的就业人口，增长了 5.14 倍②（见图 4 - 1）。

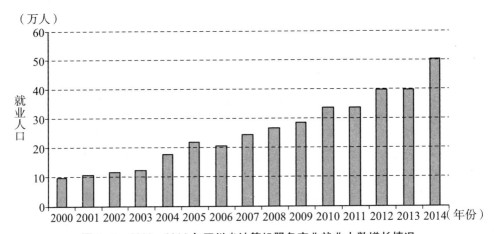

图 4 - 1　2000 ~ 2014 年四川省计算机服务产业就业人数增长情况

资料来源：根据 2015 年四川省统计年鉴整理。

　（2）计算机行业收入逐年增加。2014 年计算机与信息技术服务产业就业人口工资总收入 1533657 万元，平均工资 62052 元，比 2000 年平均工资 15819 元，增长了 2.92 倍（见图 4 - 2）。

　2015 年四川省软件与信息服务业实现主营业务收入 2848.2 亿元，比 2014 年增长 14.5%，其中软件业务收入 2124 亿元，同比增长 12%；实现利润总额 332.1 亿元，同比增长 18.7%；税金总额 131.8 亿元，同比增长 8.5%；软件业务出口 14 亿美元，同比增长 5.8%。软件产品收入 786.7 亿元，同比增长 9.8%，其中，信息安全产品收入 104.6 亿元，同比增长 6%；信息技术服务收入 1300.6 亿元，同比增长 11.3%。

---

① 智研咨询集团. 2016 ~ 2022 年中国软件行业市场运营态势及发展前景预测报告，2016 年 7 月.

② 国家统计局. 中国统计年鉴（2014）[M]. 北京：中国统计出版社，2015.

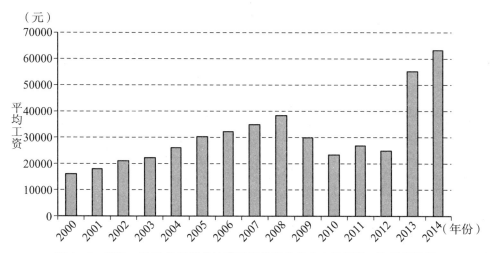

图4-2 2000~2014年四川省计算机服务产业就业人员平均工资增长情况

资料来源：根据2015年四川省统计年鉴整理。

2015年信息技术服务收入1300.6亿元，同比增长11.3%，其中，运营服务收入113.7亿元，同比增长3.7%，电子商务平台服务收入116.2亿元，同比增长7.7%，集成电路设计收入67.0亿元，同比增长-7.9%；嵌入式系统软件收入36.8亿元，同比增长244.2%，在全国各省、市、区中名列前茅（见表4-1）。

表4-1   **2015年四川省信息技术服务分项收入统计**

项目	收入（亿元）	金额占比（%）	金额同比增长（%）
运营服务	113.7	8.7	3.7
电子商务平台服务	116.2	8.9	7.7
嵌入式系统软件	36.8	2.8	244.2
集成电路设计	67.0	5.2	-7.9
计算机信息服务总额	1300.6	100.0	11.3

资料来源：根据四川省商务厅资料整理。

（3）企业实力不断增强。2014年四川省计算机服务进出口总额15.34亿美元，服务贸易占比12.95%。其中，全省计算机与信息技术服务产业实现出口13.45亿美元，占全省服务贸易出口额的34.7%，进口1.89亿美元，占全省服务贸易进口额的2.3%实现贸易顺差1.16万美元。全省经过认证的软件企业1203户，软件产品登记4183项，计算机信息系统集成资质企业148家（其中一级 6 家、二级 26 家、三级 71 家、四级 45 家）。九洲集团、国腾集团、攀钢信息、东汽自控四家企业进入中国软件百强企业行列。

随着新一代互联网、移动互联、物联网、云计算、大数据等技术发展，软件与信息服务业产业结构进一步得到调整，信息系统集成服务、信息技术咨询服务、数据处理和运营服务等信息技术收入四川省占全国软件业务收入的 56.3%，同比增加 11 个百分点。一批分销和系统集成企业向咨询、研发和服务两端延伸，成为高素质的信息技术服务企业。以软件即服务（SaaS）为代表的云计算模式逐步兴起，数字内容企业、网上认证支付企业、信息平台服务企业不断涌现，动漫游戏产业蓬勃兴起。

近年来，信息化与工业化进一步融合，在长虹的智能手机、三网融合产品，九州的卫星系统、数字产品，金网通数字电视网络与终端产品中，软件开发成为企业核心竞争力，软件与信息服务技术成为提升传统制造业的重要手段。东汽自控成为传统制造业与软件紧密结合的代表。

（4）人才教育智力支撑。四川省有四川大学、电子科大、中电 10 所、中电 29 所、中电 30 所、中科院光电所等多家高等院校、科研院所，在软件与信息技术开发、科研方面力量雄厚。利用高校、科研院所、职业技校和民办教育机构等加强专业技术人才培养，IT 专业学生超过 10 万人。

4.1.1.2　主要领域全面发展

（1）软件外包服务成为新亮点。软件服务外包是软件产业国际化发展的驱动力之一，已逐渐成为软件行业发展的新亮点。四川省目前已形成了几大软件服务外包重点市场：对美外包、对欧外包、对日外包等，并建立了较为完善的软件外包产业公共服务体系，为中小型软件企业提供国际国内市场渠道的拓展咨询、金融担保、投融资、软件外包业务支持等服务。近些年来，四川省离岸服务外包合同额与执行额均保持 50% 以上的增速，其中软件服务外包是其重要组成部分，形成了以成都市高新区为核心的聚集发展态势。

（2）数字娱乐产业前景光明。数字娱乐产业是以数字艺术作品为内容的包括开发、制造、发行、运营、代理、分销和服务等环节组成的产业。数字娱乐泛指使用各种数字、信息技术制作的各种形式的艺术作品，以具有交互性和使用网络媒体为基本特征。四川数字娱乐主要涉及网络游戏、视频游戏、手机游戏和彩信、动画动漫、电子竞技等领域的新兴产业，是信息技术与文化产业的完美融合。

数字娱乐从业人员超过万人，年实现运营收入十多亿元，数字娱乐正成为四川省软件及信息服务业新的增长点，并获得了"国家网络游戏动漫产业发展基地""国家数字娱乐产业示范基地"的称号。在网络游戏领域、手机游戏领域、动漫领域、电子竞技领域培育、引进和壮大了一大批骨干企业。

（3）行业应用软件比重增加。行业应用软件是四川省软件及信息服务产业的重要组成部分。行业信息化为行业应用软件的发展开辟了广阔的市场空间，同时也培养了一批为行业信息化服务的软件开发、系统集成、技术服务企业。四川省的行业应用软件覆盖了银行金融、交通、电力、电信、医疗卫生、社保等多个行业。在嵌入软件这一领域，近年来已在通信设备、网络设备、自动控制、数控机床、智能设备、汽车电子、专用的微处理芯片、数字电视机顶盒、医疗器械、金融税控收款机、数字视听设备等领域有着广泛的运用。

（4）信息安全产业国内领先。国家信息安全成果产业化（四川省）基地早在 2000 年由国家科技部正式批准建立，是国家信息安全成果产业化三大基地之一，简称"西部基地"。四川省也是国内最大的国家信息安全成果产业化国家级基地。在信息安全加密、安全平台、VPN、PKI、网络安全检测、商用密码与防伪认证、移动通信的安全与保密、密码算法等方面都处于国内领先地位。基地聚集了电子信息产业部 30 所、中电 29 所、电子科技大学、四川大学信息安全研究所、西南交通大学计算机安全与通信保密研究所等在国内信息安全领域颇有影响的研究所、大学及企业。

（5）IC 设计产业发挥国家基地优势。成都市是国家科技部在全国建立的 7 个专业性的集成电路设计产业化基地之一，面向国内外从事集成电路设计、软件开发、软件服务的中小企业的专业化孵化器。通过引进 Intel、中芯国际、友尼森等国际知名 IC 企业，吸引了一批 IC 设计企业来蓉发展。基地内已集聚了几十余家集成电路专业设计公司，有力地促进了以集成电路为核心的微电子产业快速发展，并与封装测试企业、晶圆制造企业等初步形成了集成电路产业链。

4.1.1.3　国家信息产业核心地带，成都是中心

四川省已成为继长三角、珠三角、环渤海湾地区之后的中国第四个信息产业核心地带，云计算、物联网、移动互联网等新兴前沿信息技术应用走在全国前列，为计算机服务发展创造了良好环境，成都是四川计算机服务的中心城市。

成都市软件和信息技术服务业快速发展，逐渐成为国民经济增速最快、最具活力的产业，呈现出规模化、高端化发展特征，认证企业数量、从业人员持续增加。全市累计认证软件企业、累计登记软件产品、从业人员规模、软件业务收入均处于中西部前列。2015 年 1 ~ 12 月，四川省软件与信息服务业营业收入2848.2 亿元，同比增长 14.5%；软件业务收入 2124 亿元，同比增长 12%；实现利润总额 332.1 亿元，同比增长 18.7%；税金总额 131.8 亿元，同比增长 8.5%；软件业务出口 14 亿美元，同比增长 5.8%；增加值 976 亿元，同比增长 12.2%。

成都市坚持把发展软件和信息技术服务业作为优化产业结构和提升城市核心

竞争力的战略举措，充分依托良好的产业基础，独特的人文优势，优越的政策环境，集全市之力予以推进，先后吸引了 IBM 软件、微软软件等全球著名企业落户，培育了本土企业。21 家全球服务外包 100 强企业入驻成都，颠峰软件等 9 家本土企业进入"2012 年度中国服务外包 100 强"。成都市是国家商务部认定的全国 21 个"服务外包示范城市"之一，是工业和信息化部认定的中国软件名城，是国际知名的软件和服务外包企业的主流聚集区。

4.1.1.4 全面兼顾其他地区发展

至 2014 年，四川省电子信息产业以园区建设为重点，以成都市为中心，形成成德绵共同发展的格局，以国家软件产业基地（成都市）、国家集成电路设计成都产业化基地、国家信息安全成果产业化基地（四川省）、国家数字娱乐产业示范基地和武侯科技工业园、青城山软件产业基地、绵阳科创软件园为主要聚集区的产业带初步显现，形成了软件与服务外包、信息安全、嵌入式软件、动漫与数字娱乐、行业应用软件、IC 设计等六大产业集群，初步形成了"一核两带多元"的产业布局。

4.1.2 四川省计算机服务贸易发展概况

近年来，四川省计算机服务快速发展，在一定程度上改变了四川省整体产业格局。新兴行业的不断出现和发展，致使四川省由传统的劳动密集型技术产业转变为以高新技术、知识密集、资本密集等为集合体的信息现代化服务体系，丰富了四川省服务贸易的行业类型和竞争力，成为四川省服务贸易的新增长点，为四川省经济的持续发展做出了贡献。

4.1.2.1 计算机信息服务总量不断增长

2015 年，四川省软件产品收入 786.7 亿元，同比增长 9.8%，其中，信息安全产品收入 104.6 亿元，同比增长 6%；信息技术服务收入 1300.6 亿元，同比增长 11.3%，其中，运营服务收入 113.7 亿元，同比增长 3.7%，电子商务平台服务收入 116.2 亿元，同比增长 7.7%，集成电路设计收入 67 亿元，同比增长 −7.93%；嵌入式系统软件收入 36.8 亿元，同比增长 244.22%。[①] 特别是 2008 年以后，计算机服务发展迅猛，2008 ~ 2014 年保持快速发展，年均增速 39.37%，高于国家同期年均增长率，也远高于四川省 GDP 年均增长率。从图 4 − 3 可见，近几年计算机服务总额增长迅速，但受主要出口市场经济形势的影响，增长波动较大，2011 年出口额 15.52 亿美元，2013 年出口下降到 11.86 亿美元，2014 年上升到 13.45 亿美元。

---

① 2015 年四川省软件与信息服务业营业收入同比增长 14.5%，四川省经信委网站，2016 − 02 − 02.

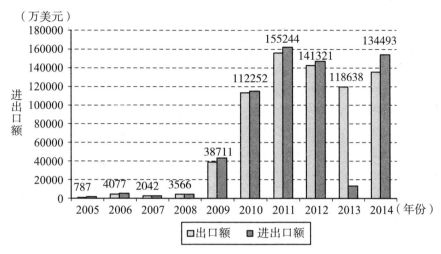

图 4 - 3　2005 ~ 2014 年四川省计算机和信息服务贸易出口及进出口总额

4.1.2.2　计算机服务国内居前列，占四川省服务贸易总额的两成以上

从表 4 - 2 可以看出，2014 年四川省计算机服务出口 13.45 亿美元，进口 1.89 亿美元，进出口 15.34 亿美元，占全省服务进出口总额的 12.95%，在西部地区位列第二，仅次于陕西省。

表 4 - 2　　　　　2014 年全国各省（自治区、直辖市、计划单列市）
计算机与信息服务产业进出口情况　　　　　　单位：万美元

省（市）	出口	进口	进出口	省（市）	出口	进口	进出口
北京	535587.9	358792.4	894380.3	河南	291.1	481.3	772.4
天津	24999.9	9883.7	34883.6	湖北	7460.1	2019.5	9479.6
河北	602.5	2348.1	2930.6	湖南	2326.0	910.0	3236.0
山西	49.0	113.4	162.4	广东	350634.6	111020.9	461655.5
辽宁	69030.1	4522.9	73553.0	深圳	249536.4	1744.1	251280.5
大连	64744.0	0	64744.0	海南	482.8	762.7	1245.5
吉林	1984.3	981.5	2965.8	重庆	9676.5	7106.4	16782.9
黑龙江	2791.7	899.9	3691.6	四川	**134493.3**	**18939.7**	**153433**
上海	563769.9	228975.9	792745.8	内蒙古	133.8	176.5	310.3
江苏	47572.3	41052.4	88624.7	广西	465.8	416.3	882.1
浙江	37856.8	13594.1	51450.9	贵州	68.4	187.4	255.8

续表

省（市）	出口	进口	进出口	省（市）	出口	进口	进出口
宁波	864.0	2119.2	2983.2	云南	109.4	312.3	421.7
安徽	5127.2	5327.9	10455.1	西藏	—	—	—
福建	12131.3	60969.6	73100.9	陕西	14581.8	3251	17832.8
厦门	10389.4	0.2	10389.6	甘肃	14.0	83.5	97.5
江西	3923.4	1174.6	5098.0	青海	0	38.3	38.3
山东	9813.8	8984.4	18798.2	宁夏	51.5	70.5	122.0
青岛	6235.2	0.2	6235.4	新疆	62.6	121.9	184.5

资料来源：根据四川省商务厅统计资料整理。

2008~2014年，四川省计算机服务进出口增长较快（见图4-4和表4-3），服务出口增势明显，顺差加大，并成为当期服务贸易进出口项下第二大顺差来源。2012年受英特尔业务持续下降影响，进出口总额同比下降10.3%，但仍是四川省服务贸易的重要支柱之一。

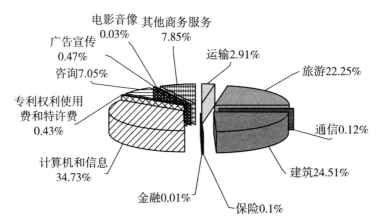

图4-4 2014年四川省服务贸易出口项目结构

表4-3	2014年四川省服务进出口情况	单位：万美元
服务类别	出口额	进口额
运输服务	11257.2	123698.0
旅游	86150.1	464509.9

续表

服务类别	出口额	进口额
通信服务	475.6	184.5
建筑服务	93129.3	49996.5
保险服务	392.3	29153.8
金融服务	24.4	8306.6
计算机和信息服务	134493.3	18939.7
专利权利使用费和特许费	1663.4	21530.6
咨询	27309.2	38470.2
广告宣传	1801.1	854.2
电影音像	131.2	80.0
其他商业服务	30382.7	41329.8
加工服务	14197.8	307.9
维护维修服务	10721.0	5035.1
总计	387209.8	797053.7

4.1.2.3 国际市场集中度较高

四川省软件出口主要目标市场为美国、日本、新加坡和中国台湾地区，出口市场集中度较高。2013 年 1~9 月，对美国出口 7338 万美元，占软件出口总额的 48%，对日本出口占比 18%，与上年基本持平（见图 4-5）。对美国出口已连续两年位居首位，显示了美国市场对四川省软件出口影响巨大。

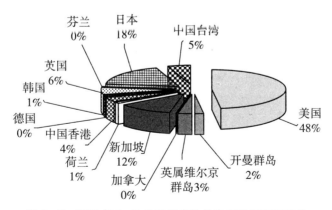

图 4-5 2013 年 1~9 月四川省软件出口目标市场结构

4.1.2.4　人力、物业成本优势明显

计算机服务具有低能耗、低污染、高就业、高附加值等特点，无须考虑运输成本，将在很大程度上克服四川省区位劣势，使得四川省与东部沿海省市在同一起跑线上竞争，在人才资源和物业成本方面四川省相对东部沿海省市更有明显优势。四川省服务外包从业人员流动率低于一线城市。房价方面，成都仅占北京、上海的1/3，在全国21个服务外包示范城市中居第14位。四川土地和租金成本相比一线城市处于较低水平。川南经济区、川东北经济区等具有一定条件的区域，可凭借较成都经济区更低的综合成本取得一定优势，吸引成都经济区或国内外的服务外包企业转移入驻。

4.1.3　四川省计算机服务贸易发展面临的挑战

目前世界计算机服务在新的技术和商业模式的推动下步入了新的发展阶段，面临着又一轮的转型升级，各种新技术、新产品、新平台和新商业模式不断涌现，成为推动其发展的主要动力。在这一背景下，预期未来计算机服务的领域将进一步拓展，在社会各领域的应用也将不断深化，市场需求会在现有基础上不断扩大。无论是发达国家新增的市场需求，还是新兴市场国家在经济发展中产生的需求，都为四川省计算机服务提供了新的增长空间和新的挑战。

4.1.3.1　总体规模较小

虽然四川省计算机服务具有一定比较优势，在西部地区排名第二位，但从全球来看，与竞争对手差距巨大，与北京市、上海市等也存在不小差距。2014年北京市计算机服务进出口额是894380.3万美元，上海市是792745.8万美元，而成都是153433万美元，只相当于北京市的17.16%，上海市的19.35%。

4.1.3.2　地区发展相对不平衡

四川省软件产业分布始终呈现高度集聚态势，主要以成都、绵阳为中心集聚，特别是服务外包等知识密集型行业，高度集中在成都、绵阳地区，地域分布不均衡更甚于货物贸易。根据2014年年报数据，成都营业收入占全省96.2%，软件业务收入占全省96.6%；绵阳营业收入占全省3.6%，软件业务收入占全省3%；德阳、内江、乐山、泸州等市（州）有零星分布。2015年1～12月，成都比重略微下降，营业收入与软件业务收入分别占全省95.5%、96.5%，绵阳比重略微上升，营业收入与软件业务收入分别占全省4.1%、3.05%。[①]

4.1.3.3　服务贸易对象相对集中，受国际形势影响出口波动较大

计算机服务的对象集中于美国等发达国家和地区，受其经济形势的影响很

---

① 2015年四川省软件与信息服务业营业收入同比增长14.5%，四川省经信委网站，2016-02-02.

大，故而出口波动较大。

4.1.3.4 人才供求结构失衡，高层次人才紧缺

四川省虽然拥有大量学历层次较高的人才，但计算机服务人才的供求结构性矛盾依然严重，主要问题是学校培养的人才与社会需求不符，企业需要花费大量成本进行培训，造成了企业成本的上升，竞争力减弱。

从事简单工作的基本人才可以满足企业需求，但是具有外语技能、专业知识、项目管理等技能的复合型人才不足，中高级技术和管理人才严重缺乏，从根本上限制了四川省计算机服务的快速发展和壮大。

4.1.4 四川省计算机服务贸易发展对策

发挥四川省中国IT产业第四极优势，大力发展计算机信息服务。依托成都软件出口（创新）基地和服务外包示范城市，引进和培育计算机服务龙头企业，进一步加强信息技术公共服务平台和出口促进平台建设，积极组织企业参与国际交流和竞争，推动计算机服务国际市场份额持续扩大，继续保持计算机服务在中西部的领先优势。

4.1.4.1 加大政府战略支持力度

政府的支持与引导，科学的规划、倾斜性的产业发展政策、不断完善的法律法规，是现代服务贸易发展的重要保障。制定科学的计算机服务发展规划，提供资金、税收、价格激励、人才引进和培养、公共平台建设等支持，完善相关法律法规来保障和引导其实施。加强知识产权保护和信用体系建设力度，有效维护从业人员的根本利益，促进计算机服务的发展。

创造良好的发展环境，发挥计算机服务的开放、服务、民营等特点，形成政策综合叠加优势。为计算机服务签证、出入境审批提供便利，为企业获得国际市场资质认证提供便利，推动学位、培训、执业资格认证，为专业人才服务走出去提供便利。提供良好的公共服务、交易、投资平台。支持和鼓励国内中小信息服务企业，培养扶持新兴模式，开拓计算机服务发展的新增长点。

4.1.4.2 加强资金支持，优化融资环境

政府在投融资方面采取措施，减小企业从银行获得贷款的难度，继续发展创业企业投融资增值服务平台ICON，努力建设四川省计算机服务产业的风险投资机制，发挥计算机服务产业高投入、高风险、高回报的特点。

政府企业加强合作，鼓励国内外优秀风险投资加盟，利用其资金、人脉、管理优势，促进四川省计算机服务企业发展；对于规模较大企业，利用国家对该行业企业上市的优惠政策，积极筹措在国内外上市，快速跨越资金积累的初始阶段。

建立专项资金，加大研发投入和人力资源的投入力度，支持重点产业的发展，支持企业拓展国际市场。通过税收、定价、雇主服务、人力资源服务、资金支持等优惠政策促进计算机服务的发展。重视信息基础设施建设，重点建设光纤覆盖，Wi–Fi网络服务、通信新技术等。

4.1.4.3 开发人力资源，实现产学研合作

重视人才引进、培养和交流，吸引大量专业人才，积极鼓励行业交流，形成良好的创业创新氛围。引进和培育人才、促进交流与合作、增强技术溢出效应，继续发挥成都人才采购计划的良好效果。大力引进适应全球化发展的海内外高端计算机服务人才。吸引国际计算机服务专家来四川省进行学术交流、合作研究或讲学任教，鼓励人才带项目带技术来四川省创业发展。

整合高校、政府和社会培训的优势资源，加强现有人员培训，多层次培养计算机服务所需人才。重视高校教育中的学科结构和比例设置，及时更新课程的知识体系，注重培养学生的国际化交流、动手能力。建立信息服务的人才培训体系，开展计算机服务人才的实战性培训和订单式培养，促进产学研结合，为计算机服务奠定良好的发展基础。

完善知识产权、劳动与社会保障等符合经济全球化发展的法律法规，营造尊重知识、尊重人才、尊重创造的良好氛围。向计算机服务紧缺的管理人才、技术人才给予相应的补贴，增强对人才的吸引力。

4.1.4.4 明确市场需求，发展重点产业，规划建设产业园区

提升计算机服务对象的多元化，降低系统风险，促进计算机服务平稳快速增长。加强成都市国家软件出口创新基地、国家软件产业基地建设，发挥产业集聚区示范效应，培育一批计算机服务出口重点企业。

根据自身条件，结合自身特点，在不同园区突出某些优势产业，大力发展重点行业、企业与重点区域，注重以新兴业态带动其他业态发展，着力发展软件服务，服务外包，数字新媒体等。加快建设计算机服务聚集区，提倡差异化、专业化的发展道路，以产业园区模式发展计算机服务，发挥区域各种资源要素的整合能力及其协同效应。

4.1.4.5 突出创新，重视新技术的研发和应用，努力培育新型业态

鼓励自主创新，从资金、信息、公共服务、人力资源等方面给予扶持，对技术创新、业态创新，以及科技成果的转化和利用给予大力支持。积极发展基于互联网、物联网、云服务、移动互联的新兴服务产业，优化产业结构。重视培育新型业态，提高市场服务水平与服务能力，积极鼓励，投入经费促进自主创新，进行科技攻关，掌握核心技术。

以企业为主体，市场为导向的技术创新体制。鼓励计算机服务企业不断进行

管理创新、服务创新和产品创新，推进国内服务消费需求的结构升级和优化。积极开拓物联网、云计算、电子商务、网络游戏等新兴应用领域，延伸产业链，不断拓展计算机服务的业务渠道，优化计算机服务内涵，提高自主开发和创新能力，提高自身管理水平。

加强国际合作，推进企业、市场、人才和环境的国际化进程，拓展高端业务，促进计算机服务与其他产业融合互动发展。利用国内外资源信息，吸引跨国计算机服务公司在四川投资，加入海外技术联盟、从国外上游计算机服务发包商直接接受订单。通过深化对外交流合作，提高国际竞争力。

4.2　四川省建筑服务贸易发展[*]

根据国际货币基金组织（IMF）和 WTO 相关规定，建筑安装及劳务承包服务贸易（简称建筑服务）属于服务贸易十大类之一。建筑服务与建筑工程承包行业以及钢铁、能源、运输、轻工等其他产业有着较强的关联性，其发展必然带动资本、技术、劳务等相关资源的进出口，推动经济增长，促进资源的有效配置和流动。四川省建筑服务长期以来作为四川省传统服务贸易项目，在推动四川省服务贸易走出去和提升整体服务贸易国际竞争力水平，增加就业等方面发挥了重要的作用，同时也提高了四川省货物贸易和劳务输出水平。近年来四川省建筑服务发展势头良好，对四川省服务贸易和经济发展发挥了不可替代的作用。

4.2.1　四川省建筑业发展概况

"十二五"期间，四川省建筑业主要经济指标基本完成，全省累计完成建筑业总产值 2.68 万亿元，年均增长 15.34%，累计实现建筑业增加值 4673 亿元，年均增长 11.43%，建筑业增加值占全省 GDP 的比重在 4.5% 左右。产业结构日趋合理，市场秩序日趋规范，工程质量和安全生产水平稳中有升。建筑业已成为了大量吸纳农村富余劳动力就业、拉动国民经济发展的重要产业，在国民经济中的支柱地位不断增强。

4.2.1.1　四川省建筑业产值增长迅速

2006～2014 年，四川省建筑业和全国发展总体情况基本相同：建筑业总产值

　＊ 2015 年度中央高校基本科研业务费专项基金项目"增强我国西部民族地区服务贸易竞争力研究"（项目编号：2015SYB16）。

　作者简介：陈亚盼（1988－　），女，经济学硕士，西南民族大学经济学院硕士毕业。黄毅（1965－　），女，西南民族大学经济学院教授，主要研究专业和方向是国际服务贸易等。

　本部分的数据除特殊标注外，均来自中国服务贸易指南网、四川省商务厅。

及年增加值均逐年上升，呈较快发展态势。2006 年四川省建筑业总产值 1753 亿
元，到 2014 年增长到 8067 亿元，年均增长率 21.02%；四川省建筑业增加值从
2006 年的 350 亿美元增长到 2014 年的 1306 亿美元，年均增长率 17.89%（见图
4-6）。

图 4-6　2006~2014 年四川省建筑业总产值及增加值

资料来源：《中国统计年鉴（2015）》。

2014 年，四川省完成建筑业总产值 8067 亿元，占全国建筑总值的 4.57%。
据四川省统计公报，2014 年全省实现建筑业增加值 1306 亿元，占全国增加值
16347 亿元的 8%。两项指标占全国的比重较往年略有增加。

4.2.1.2　建筑业内细分行业均呈增长态势

行业内可将建筑业细分为：房屋和土地工程建筑业（可再细分为房屋工程建
筑和土木工程建筑）、建筑安装业、建筑装饰业以及其他建筑业。这几类建筑业
总产值近几年来发展也非常迅速，总体呈现上升态势（见表 4-4）。其中房屋和
土木工程产值从 2007 年的 1905 亿元，增长到 2014 年的 7587 亿元，占建筑业总
产值的比重最大。

表 4-4　　　　　　　2007~2014 年四川省建筑业细分行业产值情况　　　　　　单位：亿元

行业	2005 年	2006 年	2007 年	2008 年	2009 年	2010 年	2011 年	2012 年	2013 年	2014 年
建筑业总产值	1469	1753	2110	2593	3337	4163	5257	6240	7210	8067
房屋和土木工程	1325	1577	1905	2362	3091	3841	4865	5770	6761	7587
建筑安装	98	134	154	160	176	230	270	325	337	338
建筑装饰	28	25	30	48	48	62	80	100	—	—
其他建筑	18	17	21	23	23	31	41	45	—	—

资料来源：《中国统计年鉴（2015）》。

2007~2014 年在四川省建筑业细分行业中，四川省房屋和土木工程建筑业增长最为稳定，经受住了国际金融危机的考验，年增长率 21.8%。究其原因，一是人们对住房的刚性需求；二是房屋和土地工程总体上供不应求，这对房屋和土地工程类相关产业产生刺激，推动了价格上升导致产值增长迅速；三是得益于建筑业转型升级及对建筑业监管力度的进一步加大。建筑安装业、建筑装饰业和其他建筑业在 2008 年的金融危机后受到一定程度的影响，增长率下降，近年来稳步回升，增速均在 11.9% 以上（见图 4 - 7）。

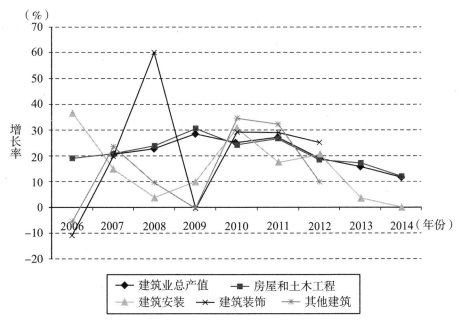

图 4 - 7　2007~2014 年四川省建筑业细分行业产值增长率

4.2.1.3　不同类型建筑企业共同发展，国有、集体企业产值占优势增长迅速

四川省建筑业中，国有、集体所有制建筑业产值占绝对优势，增长势头明显。2007~2014 年国有建筑企业产值从 600 亿元增长到 1508 亿元，年增长率 14.1%；集体建筑企业产值从 174 亿元，增长到 326 亿元，年增长率 9.4%。其他类型企业中港澳台商投资企业和外商投资企业的建筑业产值总额较小，波动幅度大（见表 4 - 5）。

表 4 - 5　　　　　　2007～2014 年四川省按登记注册类型分建筑业产值及增长率

登记注册类型			2007年	2008年	2009年	2010年	2011年	2012年	2013年	2014年
内资企业		产值（亿元）	2109	2590	3336	4162	5256	6239	7238	8063
		增长率（%）	20.4	22.8	28.8	24.8	26.3	18.7	16.0	11.4
其中	国有企业	产值（亿元）	600	773	900	959	1247	1402	1660	1508
		增长率（%）	4.0	28.8	16.4	6.6	30.0	12.4	18.4	-9.2
	集体企业	产值（亿元）	174	180	212	249	289	358	378	326
		增长率（%）	16.8	3.5	17.8	17.5	16.1	23.9	5.6	-13.8
港澳台商投资企业		产值（亿元）	0.82	0.65	0.77	0.58	0.59	1.29	1.13	3.66
		增长率（%）	-3.5	-20.7	18.5	-24.7	1.7	118.6	-12.4	224
外商投资企业		产值（亿元）	0.50	1.68	0.30	0.67	0.44	0.39	0.39	0.34
		增长率（%）	38.9	236.0	-82.1	123.3	-34.3	-11.4	0	-12.8

资料来源：《中国统计年鉴（2015）》。

四川省建筑行业呈现出以国有、集体企业为主导，不同类型建筑企业共同发展态势。近几年来，内资企业在各类型企业中占到九成以上，其中国有和集体企业在整个内资企业中占比基本在 30% 和 8% 上下浮动，且占比不断降低，但总产值仍在增加，个体企业发展迅速。港澳台商投资建筑业和外商投资建筑业企业总产值相对高于外商独资建筑企业。外商建筑业企业总产值在 2008 年经过高峰之后开始回落，港澳台建筑业投资企业总产值在 2009 年达到一个小高峰也开始回落，于 2012 年再创高峰，并于 2014 年达到顶峰。

4.2.1.4　税收贡献大，带动能力强，是全省支柱性产业之一

建筑业增加值占到全省 GDP 的比重近年来均保持在 4% 以上，2009～2014 年连续 6 年，四川省建筑业企业税收总额占全国建筑业企业税收总额的比重达 4.4%，占全省地税收入的比重连续三年超过全省地税总收入的 10% 以上。

截至 2014 年底，四川省全省建筑业企业已达到 3415 家，从业人员约 227 万人，新增建筑施工总承包一级企业 113 家、民营特级企业 1 家，实现了全省民营建筑企业特级资质"零"的突破。四川省政府在《关于促进建筑业转型升级加快发展的意见》中指出，到 2020 年，四川全省特级资质企业达到 15 家，产值 500 亿元以上的企业 5 家，产值 300 亿元以上的企业 10 家，产值 100 亿元以上的企业 15 家。为全省社会经济发展、推动城镇化和工业化进程、提供就业岗位特别是农村富余劳动力转移发挥了重要作用，成为全省的支柱产业之一。

4.2.2　四川省建筑服务贸易发展概况

4.2.2.1　建筑服务发展迅猛，近年出口有所回落

2005～2014 年，四川省建筑服务出口额从 1.11 亿美元提高到 9.31 亿美元，年均增长 26.7%；建筑服务进口额从 0.95 亿美元提高到 4.99 亿美元，年均增长 20.2%，2014 年四川省建筑服务顺差 4.3 亿美元（见表 4－6）。

表 4－6　　　　　　　2005～2014 年四川省建筑服务贸易进出口额　　　　单位：万美元

年份	出口额	进口额	总额	顺差
2005	11051	9541	20592	1510
2006	3885	7081	10966	－3196
2007	13576	18732	32308	－5156
2008	16906	21739	38645	－4833
2009	36838	25627	62465	11211
2010	85396	23692	109088	61704
2011	70803	26636	97439	44167
2012	62808	31599	94407	31209
2013	155444	45773	201217	109671
2014	93129	49996	143125	43133

资料来源：四川省商务厅。

四川省建筑服务在 2008～2009 年发展增长很快，特别是 2013 年的出口额达到近十年来顶峰，但出口额上下浮动较为明显，而进口额却呈现不断增长的态势。由于欧债危机的影响，世界经济增长放缓，国际市场需求锐减，导致世界主要国家和地区的 PMI 指数均呈不同程度的下跌，很多国家的这一指数跌至 50%以下。建筑服务出口需求也相应减少。2011 年、2012 年、2014 年四川省建筑服务出口有所回落，进口缓慢增长（见图 4－8）。

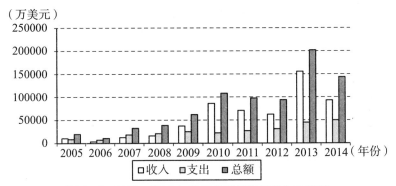

图 4 – 8 2005～2014 年四川省建筑服务收入支出额

4.2.2.2 建筑服务在全省服务贸易中占重要地位

2005 年，四川省建筑服务出口占全省服务贸易出口总额的 42.1%，进口占全省服务贸易进口总额的 24.1%。近年来以高新技术为核心的服务业发展已成为国际服务贸易发展的推进器。四川省服务贸易结构也不断优化，新兴服务业的贸易比重不断上升，服务贸易正逐渐由传统的以劳动密集型为基础的服务贸易，向以知识、智力密集型或资本密集型为基础的现代服务贸易转变。计算机服务、其他商业服务等在全省占比逐渐提高。2006 年四川省建筑服务进出口占比下降较多，之后起伏变化。2014 年四川省建筑服务占全省服务贸易出口额的 24.1%，列计算机信息服务和旅游服务之后；进口占全省服务贸易进口额的 6.3%，较 2013 年下降 4%，列旅游和运输服务之后。进出口占比均处于全省各项服务贸易项目占比中第三的重要位置（见图 4 –9）。

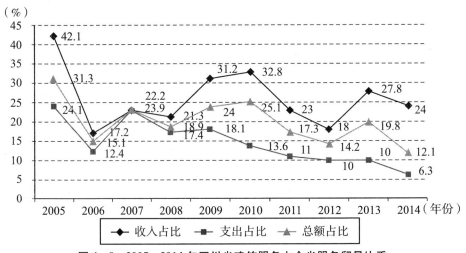

图 4 –9 2005～2014 年四川省建筑服务占全省服务贸易比重

4.2.2.3　建筑服务是四川省服务贸易顺差的主要贡献项目

伴随着对外开放的推进，大量引进先进技术和服务，四川省的服务贸易在一段时间内一直处于逆差状态。2005 ～ 2014 年十年，前五年四川省服务贸易总额均为逆差，但建筑服务仅在 2006 年、2007 年处于逆差状态。并且在 2010 ～ 2012 三年间全省服务贸易顺差的 60% 以上来自于建筑服务。2014 年四川省服务贸易出现明显逆差，除了云南、贵州是顺差，其余都为逆差且逆差较为明显，可能与整体经济环境呈下行趋势有较大关系（见表 4 - 7）。

表 4 - 7　　　　　2005 ～ 2014 年四川省服务贸易及建筑服务顺差情况　　　单位：万美元

年份	服务贸易顺差额	建筑服务顺差
2005	- 13260	1510
2006	- 9860	- 3196
2007	- 23278	- 5156
2008	- 45806	4833
2009	- 23703	11211
2010	85699	61704
2011	56176	44167
2012	50147	31209
2013	54217	109671
2014	- 409843	43133

4.2.2.4　国际市场不断拓展

随着四川省建筑企业技术水平的不断提高，国际竞争力不断提升，其海外市场也在不断拓展。

专栏 4 - 1

华西集团是西部建筑行业综合实力最强、最具品牌影响力的建筑龙头企业和行业标杆企业之一，从 2009 年开始创建对外投资板块。承建了美国驻广州总领事馆，2012 年承建美国驻中国北京大使馆新建办公楼。在东非、西非、南非、东南亚、南太平洋及中东等 20 多个国家和地区开展国际工程承包和建材商贸等业务。华西人凭着一流的工程质量和服务，赢得良好的国际信

誉，推动企业快速发展，"四年四大步，年年上台阶"，营业收入突破 400 亿元，创利润 4 亿余元，资产总额达 300 多亿元，跻身"中国企业 500 强"第 244 位、ENR 中国承包商企业 60 强第 10 位。

越来越多的四川建设人开始大规模"走出去"。如中国成达工程公司从成立之初就将目光瞄准国际市场，走国际化发展之路：设计体制向国际通行体制转变，运营模式向全功能国际型公司转变，业务领域向国际发展需求拓展。他们先后承担了数十个国家的工程项目的设计和建设任务。四川路桥集团 2013 年与塞尔维亚 VNG 公司所组成的联合体，成功中标挪威哈罗格兰德大桥 7.8 亿元人民币钢结构合同。这是四川建筑类企业首次在欧洲发达国家建筑市场中标。此前他们的海外订单市场，主要集中在非洲和中东等区域。

资料来源：鼓瑟. 华西集团：荣德从道　善建天下［N］. 四川日报，2016–01–19.

为了大力促进企业向外拓展，凡是在境外承揽工程的建筑企业，四川省执行免征营业税的政策。凡是出境的建筑施工人员，均通过院校和培训基地进行专门的素质教育和业务培训，另外，规范各驻外建管办培训工作程序，协助配合做好执行落实和日常监管，切实帮助企业提升职工素质能力，增强川企综合竞争力。已先后对 200 万在职人员、70 多万农民工进行了专业技能培训，建设人才质量不断提升，2014 年实现新增一、二级注册建造师逾 2.75 万人，培训农民工 15 万人。成建制输出建筑劳务 115 万人，实现建筑劳务收入 180 亿元。

4.2.2.5　政府打造平台，推动建筑服务发展

为了提升服务贸易竞争力，政府通过各种渠道搭建平台，促进企业积极参与。充分发挥驻外建管办的窗口作用，到企业施工现场实地进行指导。积极开展"川建工"品牌推介，不定期在四川省内外组织举办推介会，促进在四川省央企、省外总承包企业与四川省专业承包企业或劳务企业合作，带动低资质企业和劳务企业转型升级发展。2013 年第十二届世界华商大会在成都举行，104 个国家和地区的 3000 多名海内外嘉宾参会，举办了中国经济论坛和 15 个专题论坛，邀请政府官员、华人企业家和学者等就华商企业跨国发展、中国城镇化战略的发展机遇、携手华商共促民企"走出去"等议题发表演讲。大会期间，四川省推出 2435 个对外寻求合作的投资项目，涉及投资额 4.47 万亿元。世界华商大会的成功召开，推动了四川省建筑服务的发展。

近年来四川省住房与城乡建设厅每年通过举办住房城乡建设博览会暨成都创意设计展，充分展示建设领域新技术、新工艺、新设备和新产品"四新"成果，加强不同地域及行业之间的合作交流，参加者不仅有全省的行业精英，还邀请如

意大利、日本、上海、中国台湾等地区的国际知名设计师参加。此外，四川省商务厅组织包括建筑服务企业在内的各类服务贸易企业，连续两届参加中国（北京）国际服务贸易交易会，展示四川省建筑服务实力和企业。通过搭建平台，促进企业参与国际展会，加快对外工程和建筑承包"走出去"步伐，做强做大建筑业，提高行业国际竞争力。

4.2.3　四川省建筑服务贸易发展面临的挑战

4.2.3.1　建筑服务整体规模小

建筑业是四川省的传统优势产业，建筑劳务人员输出多。虽然近年来四川省建筑服务发展较好，建筑服务进出口在全省服务贸易进出口占比均排在前三位，但整体规模小，在全国占比小，没有充分体现其行业优势。2014 年，四川省建筑服务进出口总额为 14.31 亿美元，占全国总额 206.47 亿美元的 6.9%；出口 9.31 亿美元，占全国出口总额 158.83 亿美元的 5.9%（见表 4 - 8）。这两项指标均低于 2014 年四川省人口占全国 6.0% 的比例。与往年相比，四川省建筑服务发展呈现较好的态势，2014 年其贸易总额仅位居北京市之后列全国第二位，但在总量上，北京却是四川省的 8 倍多。

表 4 - 8　　　　2005 ~ 2014 年四川省建筑服务贸易进出口额　　　　单位：万美元

年份	出口额	进口额	总额	顺差
2005	11051	9541	20592	1510
2006	3885	7081	10966	- 3196
2007	13576	18732	32308	- 5156
2008	16906	21739	38645	- 4833
2009	36838	25627	62465	11211
2010	85396	23692	109088	61704
2011	70803	26636	97439	44167
2012	62808	31599	94407	31209
2013	155444	45773	201217	109671
2014	93129	49996	143125	43133

资料来源：四川省商务厅。

4.2.3.2　外部不确定性带来走出去的风险，贸易增长波动幅度大

随着"走出去"规模的扩大，外部环境的变化给四川省建筑服务企业对外工

程承包业务带来许多挑战，包括汇率风险、政治环境和劳资关系等等。2005 ~
2012 年，四川省建筑服务出口、进口同比增长的变化很大。基本呈 W 形状变化。
以出口为例，2005 年四川省建筑服务出口同比增长达 236.4%，2007 年又创新
高，达 249.4%，2010 年 131.4%，2012 年 147.5%，但 2006 年为 - 64.8%，
2013 年为 -40.1%。2011 年、2013 年均下降超过 10%。这种剧烈变动，与行业
本身的工程具有一定的周期有关，同时也是由于境外建筑工程项目受国际政治、
经济形势影响比较大。企业在如何应对国际市场风险、新兴市场开拓、提高议价
能力和工程总包比重等方面仍有巨大挑战，是四川省建筑服务企业进一步发展的
阻力（见图 4 - 10）。

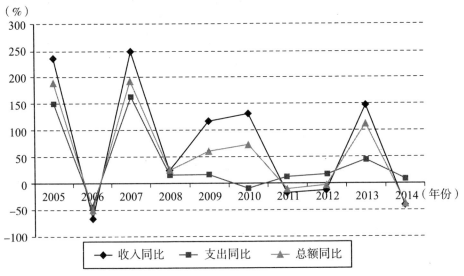

图 4 - 10　2005 ~ 2014 四川省建筑服务收入、支出、总额同比变化

4.2.3.3　认识不足影响带资承包走向国际

目前，带资承包在全球工程承包市场上占 65% 以上。部分预付款工程项目
平均利润率通常在 5% 以下，而带资承包项目的平均利润率则较高，BOT 项目的
利润率达 15% 以上，一些高风险项目的利润率甚至高达 30%。早期走向国际的
四川建筑业企业，普遍经历了有预付款项目承包到没有预付款项目承包两个阶
段。但仍有部分企业对带资承包的国际走势认识不足，局限于国际金融机构资助
的有预付款的工程项目，不仅在拓展公司业务范畴上存在局限性，而且在提升公
司利润水平上能力有限。

4.2.3.4　资金"瓶颈"制约业务长远发展

四川省建筑企业开展国际承包工程的大部分资金依靠进出口银行提供的卖方

贷款（或买方信贷），其他银行参与程度有限，且外债管理十分严格，企业基本不能进入国际金融市场融资。融资渠道单一，风险全部由贷款企业承担，导致中国承包商开展带资承包业务的金融环境较差，与美欧和日韩企业相比，差距甚远，极大地影响了企业的竞争力。

4.2.3.5　政策性支持不足限制 BOT 项目运行

政府政策支持不到位不能满足企业开展业务的需要。主要原因有：一是没有制定开展国际带资承包的产业政策、国别（地区）规划和政策性金融引导支持；二是缺乏与带资承包尤其是 BOT 相关的系统的信息服务；三是缺少对企业经营管理人员的相关知识培训和技能支持；四是整个金融体制性障碍，制约四川省建筑企业发起和运行规范的 BOT 项目。

4.2.3.6　技术薄弱阻碍企业施工创新

四川省企业的综合实力依然薄弱，在大型带资承包项目上竞争力较差。主要表现在：一是企业经济技术薄弱，高层建筑施工技术创新有待提升；二是建筑行业科研人员分布不合理，建筑企业内部工程师少，仅占 15% 左右；此外，科技成果转化率低，缺乏市场风险机制。

4.2.3.7　不合规行为拉低建筑行业整体水平

建筑行业整体素质的提高是行业面临的一项重要挑战。四川省组织开展 2014 年建筑施工企业的动态核查，核查重点是企业的资质条件和市场行为。全省共核查 544 家建筑施工企业（省内企业 421 家，省外入川企业 123 家），其中合格 324 家，基本合格 91 家，不合格 129 家。对基本合格、不合格的企业提出限期整改要求。经复查，合格 411 家，基本合格 25 家，108 家企业纳入全省建筑施工企业动态核查。这些建筑企业的不合规行为降低了四川省整个建筑行业的整体水平，影响建筑服务整体竞争力。

4.2.4　四川省建筑服务贸易发展对策建议

为进一步提高四川省建筑服务的发展，针对存在的问题，应采取相应措施，改善外部环境和提升企业竞争实力。

4.2.4.1　调整结构，转变方式，促进增长

调整产业结构，培育大型企业集团。支持引导有实力的建筑企业进行产权重组、收购、兼并，鼓励支持民营建筑企业做大做强。大力推行工程项目总承包，努力拓展产业链和扩大市场占有率。加快培育一批产值超 100 亿元的大型建筑企业集团，力争到 2017 年内有 3 ~ 4 家产值超 1000 亿元的特大型建筑企业集团。

加快勘察设计单位改革。进一步加快四川省勘察设计业的发展，支持勘察设计企业并入大型建筑企业集团，支持有实力的勘察设计单位转型发展，走科研、

设计、施工一体化的路子，加快由单一设计单位向工程总承包商转变。

4.2.4.2 加强合作，整合资源，规避风险

建筑产业与金融产业加强合作，整合资源，以扩大业务规模，提高国际竞争力。在开展对外建筑工程承包时，要做好前期规划、设计、融资、采购、建设、运营和资金回收等环节的控制和管理，规避并在一定程度上降低风险。

近年来，由于资金"瓶颈"制约企业业务长远发展，我国部分对外工程承包企业开始探索与金融产业的融合，并取得一定进展。中国铁路工程总公司成功收购衡平信托投资公司，成为首家进入金融领域的中国建筑企业，为企业进军国际市场提供了资金支持。四川省建筑企业也可以借鉴相关模式和方法，突破"瓶颈"，实现进一步的可持续发展。在基础建设领域如电力、通信、交通等的国际竞争力，如能结合资金融通优势，其对外工程承包业务将获得更大的发展空间，而且将带动更多的机电产品、劳务、技术以及管理咨询出口，提高中国工程承包企业的经营收益，为实施"走出去"战略和扩大服务贸易出口发挥更大的作用。

4.2.4.3 发挥职能，利用优势，政策帮扶

一方面，积极发挥政府职能，完善四川省建设类企业和从业人员基础信息，实现企业、从业人员、工程项目、质量安全事故信息共享，对建筑企业进行有效监管。

另一方面，加大政府的政策支持力度。贯彻《四川省人民政府关于加快建筑业发展的若干意见》，研究出台相应政策和措施，为企业境外工程承包提供更多的便利和政策支撑，推动特色领域创新发展，切实采取措施，推动四川省建筑贸易和服务开拓国际市场，提升巴蜀建筑国际竞争力。

4.2.4.4 加强管理，培育理念，树立品牌

建立健全责任追究制度，强化工程质量终身责任制。引导企业全面提高工程质量和安全水平，保证企业的健康发展。严格落实工程建设各方责任主体，处理好境外务工人员劳资关系。树立企业品牌，追求工程品质，建设企业无形资产。主要包括：树立"百年大计安全第一"的理念，贯穿于建筑服务的全过程；追求工程品质，精心设计与施工，质量与安全第一；守信、保质、薄利、重义。

4.2.4.5 实现建筑工程承包业从量到质的飞跃

ISO9000 质量管理体系和 ISO14000 环境管理体系认证，是进入国际市场的通行证。国际标准化组织近年来推出的 ISO18000 职业安全卫生管理体系，对于中国建筑行业来说，是一项较大的挑战。它对职工的岗位安全、工作环境要求很高，无论承包商雇用中国工人还是东道国本地工人，都要面临职工的安全、健康问题。这是承包商进入国际市场（主要是发达国家市场）的一个新的技术门槛。四川省可探索在国际标准的前提下，制定四川省建筑服务企业的产业规范和行业规范。

4.2.4.6　人才资本的广泛支撑

争取人力资源更大范围的支持。一方面，建立人才引进的激励机制，全面实施专业技术管理人员岗位培训，加强建设类注册执业人员继续教育。建立健全建筑业农民工培训工作长效机制。另一方面，优化用人环境。继续加强与高等院校的合作，加快建筑工程类实用人才的培养。整合教育培训资源，畅通人才引进绿色通道。完善以知识资本化为核心的激励机制，积极推进技术入股、管理人员持股、股票期权激励等新型分配方式。建立和完善公平、公正、公开的人才选拔机制，为四川省建筑安装工程承包企业吸引并留住更多的现代化、高科技人才。逐步推动四川省建筑工程承包，由单纯的低端人力成本优势，转变为高端人才优势、技术优势和品牌优势。

解决非法用工、未经安全知识培训和技能培训上岗以及大量"包工头"式用工等影响四川省建筑服务国际竞争力和综合实力的不利因素，加强建筑服务稳定的骨干工人队伍建设迫在眉睫。

4.2.4.7　深化区域间联合，实施"走出去"战略

鼓励建筑和对外工程承包企业"走出去"，并逐渐提高对外开展工程承包服务的效益和附加值。

一方面，积极实施"走出去"战略，逐步扩大四川省建筑服务企业的国际市场份额。在继续大力依托在川央企的同时，积极利用政策、资本、劳动力等相关优势来支持省内建筑劳务企业的发展，进一步扩大建筑劳务输出规模。

另一方面，四川省建筑服务企业还应积极与西部省区开展合作，建设西部地区建筑服务区域合作的经济腹地，更好地发挥四川建筑工程承包的辐射带动作用。积极拓展"一带一路"和非洲等潜力市场，加强四川及西部地区与珠三角、长三角等区域的交流与合作，互相开展国际建筑服务项目的分包和合作投标、合作承包等，充分发挥资源整合和抱团出击优势。

4.3　四川省其他商业服务贸易发展[*]

其他商业服务既是服务业的一个重要组成部门，又是现代生产性服务业的

* 系国家社会科学基金 2013 项目"沿边开放背景下西部边境民族地区小城镇集群建设问题研究"阶段性成果（项目编号：13BMZ013）。西南民族大学学位点建设基金支持项目（项目编号：2014XWD－S020101）。

作者简介：刘婷，2015 年西南民族大学经济学院硕士毕业。涂裕春（1966－　），女，经济学博士，现为西南民族大学经济学院教授。研究方向：国际贸易。

本部分的数据除特殊标注外，均来自于中国服务贸易指南网、商务部《中国服务贸易统计（2015）》、四川省商务厅。

重要内容。根据《国际服务贸易统计手册》的划分，其他商业服务主要包括营业租赁服务，法律、会计、管理咨询和公共关系服务，广告、会展、市场调研和民意调查，研究和发展服务，农业、采矿和其他就地处理服务等。其他商业服务业是典型的知识技术密集型服务行业，具有耗能低、污染少、附加值高和强大的就业吸纳能力等特点，对国民经济增长的作用日益显著。随着信息技术、生产性行业和现代服务业的快速发展，转变经济增长方式和实现产业优化升级需求程度的不断加大，其他商业服务乃至整个服务业的地位和作用日渐凸显。

4.3.1　其他商业服务贸易发展概况

4.3.1.1　国际发展概况

随着信息技术和国际化分工的深度发展，当今世界服务贸易的结构呈现出由传统服务贸易逐渐向现代服务贸易倾斜的发展趋势，作为现代服务贸易代表的其他商业服务贸易更是发展迅速，增长强劲，在服务贸易中所占比重不断提升。从部门来看，在服务贸易的三大类别中（运输、旅游和其他商业服务），其他商业服务是贸易额最大，增长最快的。2009年，受金融危机的影响，世界服务贸易额整体大幅缩减，但其他商业服务贸易是三大服务贸易类别中缩减幅度最小的。2011年，其他商业服务出口额占世界服务出口总额的53.5%，而运输和旅游服务贸易分别占20.3%和25.2%。在2000~2005年，其他商业服务贸易年均增长率达到13%，高于同期世界服务贸易整体11%的平均增速。2005~2011年，世界服务出口年均增长9%，其他商业服务增长率为10%。由此可见，其他商业服务贸易已成为世界经济发展的一大动力。

4.3.1.2　国内发展概况

近年来，随着现代生产性服务业的快速发展，中国其他商业服务贸易迅速崛起，不论是进口还是出口方面，都呈现出迅速增长的良好态势，贸易规模迅速扩大，国际竞争力不断加强。包括广告、宣传和咨询在内的其他商业服务贸易进出口总额从2000年的132亿美元增长到2014年的573.4亿美元，进出口总额14年增长了3倍多（见图4-11）。其中进口从61亿美元增长到238亿美元，年均增长率10.21%；出口从70.8亿美元增长到335.4亿美元，年均增长率11.74%。其他商业服务贸易出口增长快于进口，贸易顺差呈不断扩大的态势。

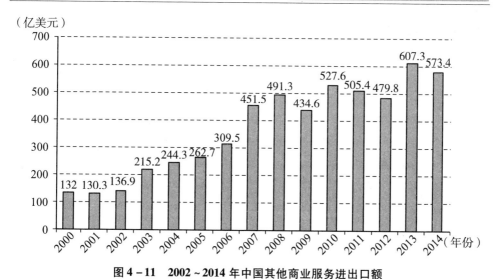

图4-11　2002~2014年中国其他商业服务进出口额

中国其他商业服务贸易的发展以咨询、广告、宣传和会展服务为主。2012年，咨询和广告宣传服务进出口总额占其他商业服务贸易额的56%，其中仅咨询服务一项就占到了49%，广告、宣传的规模相对较小，但增速很快。随着会展业健康快速的发展，中国会展服务进出口同样呈现出迅速增长的良好势头。

（1）咨询服务进出口概况。咨询服务是国际收支经常项目中服务项下的重要项目，也是《国际服务贸易统计手册》中其他商业服务贸易的重要组成部分。近年来随着国内外咨询业的蓬勃发展，中国咨询服务进出口得以快速发展，已成为其他商业服务贸易中的第一大进出口行业。

从进口来看，我国咨询服务进口额从2000年的26亿美元增长到2014年的201亿美元，年均增长率约15.74%。从出口方面的情况来看，随着我国咨询服务业国际竞争力的不断增强，其出口也不断攀升，从2000年的13亿美元增长到2014年的265亿美元，年均增长率达24.1%。咨询服务出口增长率快于进口增长率，从2007年开始一直处于贸易顺差状态。

（2）广告、宣传服务进出口概况。随着生产性服务业的快速发展，我国广告、宣传服务贸易迅速崛起，虽然规模仍然较小，但增长强劲。在2002~2012年的10年，广告、宣传服务进出口总额从8亿美元增长到76亿美元，年均增长率25.3%。其中，进口额在11年间增长了24亿美元，出口额增长了44亿美元，贸易顺差不断扩大。

（3）会展业发展概况。近年来，中国会展业健康快速发展，规模不断扩大，经济效益持续攀升，发展日趋专业化、品牌化和国际化，积极促进了会展服务贸易的发展。过去五年，全国举办的展会总数、规模展会数和展出面积均不断增长。2012 年全国共举办展出面积 5000 平方米以上的展览会 7189 场，展出总面积 8990 万平方米（见表 4-9）。除规模不断扩大以外，品牌展会也取得了较快的发展，目前中国内地共有 58 个国际化展会获国际展览业协会（UFI）认证，数量位居世界第四。

表 4-9　　　　　　　　2008~2012 年全国展会数量及展出面积

项目	2008 年	2009 年	2010 年	2011 年	2012 年
展会数量（场）	4490	4920	6200	6830	7189
展出面积（万平方米）	4517	4990	7440	8120	8990

资料来源：商务部服务贸易和商贸服务业司《2012 年中国会展业发展报告》。

从地域分布方面来看，中国会展业的发展主要以北京市、上海市、广州市三大会展中心为核心，并不断向周边地区辐射，基本形成了环渤海、长三角和珠三角会展经济圈，这三个经济圈的会展规模占全国总量的一半左右。据商务部数据显示，2012 年全国展览活动按数量排列，前十位的省（自治区、直辖市），大多位于中东部经济发达地区，表现出会展业与区域经济发展之间强大的关联性。西部地区只有重庆以 521 场的展览数量位列第六位（见表 4-10），这与重庆 2009 年以来推动建立"会展之都"的城市发展目标和不断加大的资金投入以及政策支持力度密不可分。但重庆市场均展览面积仅为 0.85 万平方米，尚不及广东省的一半。由此可见，西部地区的会展业尚未形成规模化发展态势。

表 4-10　　　　　　　　2012 年全国各省会展业数据统计

地区	展览会（场）	展出面积（万平方米）	会展场馆（座）	可供展览面（万平方米）
北京	430	562.5	8	29
上海	806	1109.0	11	50
广东	618	1364.4	23	145
浙江	711	806.0	16	121
山东	609	787.2	32	174
江苏	550	520.0	23	122
重庆	521	441.4	8	50

地区	展览会 （场）	展出面积 （万平方米）	会展场馆 （座）	可供展览面 （万平方米）
辽宁	314	375.6	21	56
天津	203	282.0	4	18
四川	**154**	**271.0**	**17**	**53**
吉林	238	224.0	9	23
河北	253	221.8	11	21
福建	206	215.4	12	51
陕西	160	182.0	9	29
湖南	183	155.7	13	26
安徽	234	176.0	11	30
河南	146	165.9	12	38
云南	50	142.4	5	15
江西	154	142.0	9	17
黑龙江	114	247.0	18	31
广西	73	127.1	7	21
湖北	109	102.8	14	38
内蒙古	99	77.9	6	17
山西	81	68.6	7	22
海南	53	56.3	2	12
新疆	43	55.0	2	8
青海	13	47.6	1	2
宁夏	16	26.5	1	3
甘肃	41	32.1	2	7
贵州	7	4.6	2	9
合计	7189	8989.6	316	1237

资料来源：商务部会展业典型企业调查统计、部分城市会展办和会展业行业协会、重点会展场馆。

4.3.1.3　四川省其他商业服务贸易发展概况

近几年，四川省"引进来""走出去"力度加大，服务贸易取得了长足的发展，其他商业服务贸易也顺势取得了良好的发展，贸易规模持续扩大，竞争力不断得到提升。

（1）贸易规模不断扩大，出口增长强劲。受经济危机的影响，2009 年四川省乃至全国的服务贸易的增速均有所下滑。伴随着世界经济逐渐复苏，四川省的经济也保持着较快的增长，生产性服务业也步入快速发展的轨道，以咨询、分销、检测维修、广告、调研、展览服务等为主的其他商业服务进出口乘势而上，连续三年保持 40% 以上的增速，已成为全省服务进出口第一大行业。2012 年，其他商业服务进出口约 24 亿美元，同比增长 40.9%。2013 年其他商业服务出口 26.11 亿美元，同比增长 1.3 倍，是四川省服务出口第一大行业，也是拉动出口增长的主要因素，同时实现进口 18.99 亿美元，同比增长 49.88%（见图 4-12）。2014 年由于采用新口径，数据不具有可比性，其他服务进出口总额为 11.16 亿美元。

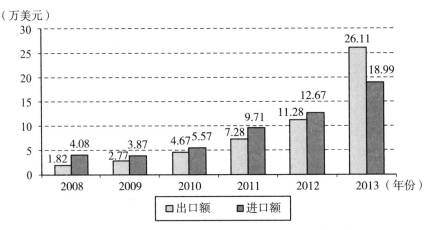

图 4-12　2009～2013 年四川省其他商业服务进出口额

从图 4-12 可以看出，2008～2012 年的其他商业服务进口均大于出口，成为四川省服务贸易逆差的一大来源。随着四川省服务贸易结构的日趋优化，加大对高附加值现代服务业的投入，其他商业服务的竞争力得到有效提升，进一步推动其他商业服务"走出去"，2013 年实现了五年来的首次贸易顺差。

（2）会展经济发展良好，行业竞争力进一步提升。近年来，四川省委、省政府高度重视会展业发展，提出把会展业作为全省服务业 11 个重点行业之一，不断加大发展力度。自 2003 年提出把成都建设成"会展之都"以来，四川省会展业已初步进入快速发展阶段，展会数量和规模不断扩大，硬件设施档次有所提升，服务水平明显提高，会展整体实力显著提升，会展经济整体发展良好，很好地促进了地区就业问题的解决，对相关产业经济的拉动作用越加明显。

从发展规模来看，展馆展出面积全国第六位。中国会展研究中心发布数据显示，2014 年度成都世纪城新国际会展中心展出面积 191.2 万平方米，在全国所有场馆中排名第六位。据商务部相关统计数据显示，2012 年全国展览活动按展出面积排列，四川省以 271 万平方米的展出面积位列第十，会展场馆数位列全国第六，已基本形成了西部会展看川渝的发展态势。

截至 2012 年，四川省全省会展业企业 130 余个，其中规模以上的 15 个，行业各类从业人员 3000 余人；全省会展业主要有四川省会展协会、成都市会展协会等中介组织机构 5 个。目前，四川省已建成专业展览馆 20 个，总建筑面积 38 多万平方米，专业会展场馆主要集中在成都，主要有成都世纪城新国际会展中心、沙湾国际会议展览中心、天府博览中心、四川省科技馆 4 家，中国西部国际博览城如期建设。据不完全统计，2014~2015 年，成都市成功举办第 15 届中国西部国际博览会、2015 成都全球创新创业交易会暨第 10 届欧洽会、第 12 届米其林必比登挑战赛、第 90 届和第 92 届全国糖酒商品交易会、第 3 届世界 3D 打印技术产业大会暨博览会、2015 世界机场城市大会（亚太）、2015 世界知识论坛·中韩企业家高峰论坛、第 3 届四川农业博览会暨成都国际都市现代农业博览会、中国国际软件合作洽谈会等重大会展活动，其中国际性、国家级展会近 100 个。

四川省成都市先后荣获"中国会展名城""中国十大会议旅游目的地城市""中国品牌会展城市""2014 中国十佳学术活动目的地城市""最佳会展城市管理奖"等荣誉，已经成为中西部第一、全国前列的中国会展名城和国内外重大会展活动布局中国中西部的首选城市。据中国首部《中国会议蓝皮书》的调查显示，成都进入了国内举办国际会议数量排名的前 6 位。全球最具影响力的国际会议组织——国际协会与会议大会 ICCA 发布数据显示，成都 2014 年举办国际协会会议 15 个，居北京市、上海市、杭州市之后，名列全国第四，处于中西部领先位置。

（3）贸易结构日趋多元化。四川省其他商业服务贸易自兴起以来就取得了快速的发展，其中 2010 年咨询服务贸易进出口额达 32849.76 万美元，占同期其他商业服务贸易进出口总额的 32%，而除了咨询服务以外包括诸如广告、会展、分销和检测维修等各类别的进出口总额占到了 2/3 的比重。截至 2012 年，咨询服务贸易进出口额增长至 55208.57 万美元，同期的其他商业服务贸易进出口达 239499 万美元，咨询服务贸易所占比重为 23%，其他类别的服务贸易额约占 77%，贸易结构呈现多元化的发展态势。

（4）相关管理机制和政策规划日益健全。为了更好地推动其他商业服务贸易的发展，四川省相关部门已制定出台了《四川省"十二五"会展业发展规划》《四川省加强管理服务促进会展业发展的规定》《四川省会展业统计调查制度》

《四川省商务厅举办展会管理办法》等一系列相关的管理机制和措施，并在《2012～2017 年四川省服务贸易发展目标和重点产业》中，将其他商业服务列为四川省服务贸易发展的重点产业，也给出了一些相应的发展思路。

4.3.2 四川省其他商业服务贸易发展存在的问题

其他商业服务贸易自崛起以来就取得了较快的发展，尤其是 2009 年以后的增速更快，2013 年 1～9 月的进出口总额就已超过 2012 年全年的水平。但由于四川省其他商业服务贸易发展起步晚、产业基础薄弱、受区位因素的限制等，现今仍处于一个初级阶段，国内与国际竞争力均不强，发展中还存在很多问题。

4.3.2.1 区域发展不平衡，成都"一城独大"

近年来，四川省各州市的服务贸易均取得了一定的发展，但区域发展极不平衡，具有高附加值的现代服务业的区域发展更是显现出了极大的不均衡性。全省的广告、咨询、设计、专业展览等其他商业服务相关企业，会展展馆和专业人才等资源均主要集中在成都，成都市已经成为四川省其他商业服务贸易发展的绝对核心区域。例如，2012 年，四川省举办的 472 场会展节庆活动就有 400 余场在成都，占比逾 85%，其他一些适宜发展会展业的城市，如德阳市、宜宾市、泸州市、遂宁市、南充市等会展基础薄弱，规模较小，与成都市之间没有形成良好的互动效应。

4.3.2.2 贸易结构不平衡，有待进一步优化

根据《国际服务贸易统计手册》的划分，其他商业服务包括的业务范围很广，既包括法律、会计和管理咨询服务、广告、展览等重点发展的服务类别，也包括租赁、分销、设计、市场调研、检测维修等服务。作为现代新型服务业代表的其他商业服务贸易起步相对较晚，但发展迅速。目前四川省的发展主要集中在咨询、分销、展览等方面，诸如广告、检测维修、调研等方面在其他商业服务贸易中所占的比重较小，贸易结构不平衡现象突出，有待进一步优化。截至 2012 年，咨询服务贸易进出口额增长至 55208.57 万美元，占同期其他商业服务贸易总额的 23%，占据四川省其他商业服务贸易的主导地位，而广告、宣传服务进出口额占比偏小，仅为 1.3%。

4.3.2.3 相关企业规模不大，品牌影响力较弱

四川省生产性服务业起步相对较晚，总体发展水平不高，行业整体实力不强，这在很大程度上制约了其他商业服务贸易的发展。四川省其他商业服务贸易企业规模偏小，贸易额较低。此外，四川省其他商业服务贸易领域的国内品牌少，国际品牌更少，咨询行业里没有麦肯锡，会展行业里没有汉诺威，广告行业里没有奥姆尼康，会计行业里没有普华永道，而品牌影响力较弱将直接阻碍省内

企业进一步"走出去"。以会展业为例,四川省会展业自主品牌影响力较弱,缺乏国家级定点展会和地方品牌展会。近年来,四川省虽成功举办了不少展会,但受经济实力、区位条件、市场容量等因素的制约,展会规模普遍偏小,且缺乏全国影响力。目前,省内被国际博览会联盟(UFI)认证的国际专业化展会只有成都国际汽车展。

4.3.2.4 相关的管理机制和政策规划有待进一步完善

目前,社会各界对其他商业服务贸易的认知程度普遍不高,开放意识不强。其他商业服务贸易虽属四川省服务贸易的重点行业之一,但并未引起足够的重视,相关部门缺乏专门的政策规划,统计调查制度不健全,相关的管理机制和规划也主要是针对会展行业,而未形成针对其他商业服务整个行业及其各服务类别的完善机制,同时还缺乏专项的政策扶持资金,政府相关部门的各项工作均有待进一步完善。

4.3.2.5 相关服务产业中高端人才短缺

现代服务贸易的相关产业大多属于知识技术密集型或智力密集型产业,需要各类人才特别是中高端人才的支撑。尽管四川省各类高校和专业培训机构每年都输送了大量的人才,但熟悉行业经营业务、精通专业外语、了解国际惯例和富有操作经验等中高端人才仍然紧缺。中高端专业人才的缺乏已成为制约四川省其他商业服务贸易发展的重要因素。

4.3.3 四川省其他商业服务贸易发展对策建议

4.3.3.1 确立发展其他商业服务贸易的指导思想、基本原则和战略目标

积极推进其他商业服务贸易的发展,首先要确立其发展的指导思想。四川省其他商业服务贸易在今后的发展中,要坚持"科学发展、创新发展和绿色发展"的道路,以国际化、品牌化、规模化和市场化为导向,以促进其他商业服务贸易跨越式发展为支撑,充分发挥独特优势,在重点发展咨询、分销、会展等行业的基础上,协调其他商业服务项下各类服务的发展,全面推动其他商业服务贸易发展提速、结构优化、比重上升,增强其他商业服务贸易的辐射功能,进一步提升其他商业服务的国际竞争力。其次要确立发展的基本原则。加快四川省其他商业服务发展的基本原则可以从重点发展原则、市场化发展原则、开放发展原则、聚集发展原则、规范发展原则和联动发展原则等方面进行构建,要真正做到突出特色、发挥特长、形成规模,并充分发挥其他商业服务贸易的经济带动作用。最后要确立发展的战略目标。力求构建较为完善的其他商务服务业体系,积极培育和发展其他商业服务业相关的自主品牌,提升其国际化水平和国际竞争力,为其他商业服务贸易提供一个良好的平台和产业基础。

4.3.3.2　确立其他商业服务贸易发展的重点行业及空间布局

在未来的发展中，要以其他商业服务机构和企业为载体，以高层次的专业服务和管理人才为核心，以其他商业服务贸易聚集发展和联动效应为动力，形成较为完善的其他商业服务贸易结构体系。做到重点突出、优势发展、全面带动，以会展服务、咨询服务、广告宣传服务、分销服务和租赁服务等为发展的战略重点行业。在其他商业服务贸易发展的空间布局上，要进行优化布局，集中资源，合理分布，错位发展。要大力加强成都市其他商业服务核心功能区、专业集聚区以及其他各种服务业载体性园区的建设，扩大其他商业服务业的发展规模，降低发展成本，提高发展水平。在坚持成都市的核心地位的基础上，要兼顾其他市州的发展，充分发挥各地区的资源优势，最终形成以成都市为核心，多市州协同发展，逐步形成区域分工协作、优势互补、均衡协调的其他商业服务贸易发展格局。

4.3.3.3　完善发展其他商业服务贸易的保障措施

针对其他商业服务贸易政策规划、管理机制等保障措施不健全的问题，相关部门努力完善政策制度、管理机制、人才保障等一系列措施，强化政策支持。在政策制度方面应制定并出台其他商业服务贸易发展规划，设立其他商业服务贸易项下的专项资金，加大政策扶持力度，同时制定相关制度以规范行业行为。在管理机制方面，要督促企业建立健全现代企业制度，统一数据统计口径，规范行业数据的采集、上报和统计工作。在人才资源保障方面，要建立人才引进和培养机制，加大中高端人才资源的开发力度，通过政策支持，为其他商业服务贸易的发展引进中高端的专业人才，进而提升行业的核心竞争力。

4.3.3.4　实施品牌化、规模化、国际化发展策略

坚持品牌化、规模化和国际化的发展方向，为其他商业服务贸易的发展创造一个良好的制度环境。品牌化发展是四川省其他商业服务贸易增值和提升竞争力的有效途径，为促进其他商业服务贸易品牌化发展，需要进一步建设品牌促进体系，规范和鼓励业内企业从服务质量、服务方式、服务文化、服务技术、服务信誉等多方面不断改进提高，打造咨询、设计、广告、会展、分销等其他商业服务品牌，在吸引更多更好的国际投资的同时进一步推动省内企业更好地"走出去"。相关企业和单位规模普遍较小已成为阻碍其他商业服务贸易发展的一大因素，为了更好地进行规模化发展，需要进一步强化功能区的建设，形成聚集效应，降低发展成本，提高其他商业服务行业的国际竞争力。

4.3.3.5　实施联动式发展，打造特色会展发展平台

会展业是四川省服务业11个重点发展行业之一，相关部门提出在今后的服务业发展中要大力发展会展服务。会展业对地区经济的发展具有较强的拉动效应，而这种拉动作用一部分是通过带动旅游业的发展表现出来的。四川省具有与

会展密切相关的极其丰富的自然旅游资源和人文资源等，成都市就是国家首批公布的 24 个历史文化名城之一。成都、九寨沟和西昌等地区丰富的自然资源和历史文化赋予了四川省独具特色的对外形象，通过实施与旅游业联动式发展，可以打造一批集产品展示、商务采购、专业论坛、旅游观光为一体的极具特色的综合会展业发展平台。

4.3.3.6　促进其他商业服务贸易发展的其他建议措施

要积极扩大其他商业服务进出口，还得充分发挥地区特色，加大对外开放力度，大力发展优势产业。一是充分发挥成都市综合保税区作用，鼓励技术先进型企业积极开展对外维修检测服务，对国外来检来修设备进出口在报关、税收等方面予以特殊政策支持。二是扩大专业服务业领域的对外开放，积极推动会计、法律、广告代理、检测认证、品牌价值评估等专业服务对外交流合作，培育一批知名品牌企业。三是推动商贸服务转型升级，建设一批集展贸直销、电子商务、信息发布、物流配送、融资结算等服务于一体，面向国内外市场的服务平台。

4.4　四川省旅游服务贸易发展[*]

作为"永远的朝阳产业""国民经济提速的催化剂"，旅游行业虽然在我国起步较晚，但发展很迅速，在我国服务贸易中占有越来越重的份额。随着近几年社会发展和人们生活水准的提高，旅游行业得到了持续，快速的发展。旅游业及旅游服务贸易对促进经济社会发展，增加财政收入和扩大就业发挥了十分积极的作用。

四川省是旅游资源大省和旅游服务贸易大省，旅游产业和旅游服务贸易发展水平居全国前列，旅游业是四川省经济发展的支柱产业之一。随着西部大开发步伐的加快，四川省旅游基础设施日趋完善，交通条件显著改善，旅游可进入性明显增强。经过近年快速发展，四川省旅游行业规模不断扩大，相关要素逐步配套，旅游行业初具规模，产业要素协调发展，产业体系日趋完善。

4.4.1　四川省旅游业发展情况

4.4.1.1　旅游资源丰富

四川省自然资源独特，旅游资源丰富。九寨沟、稻城亚丁、青城山—都江堰等闻名遐迩。此外，还有三星堆、金沙遗址等古蜀文化遗迹和青川唐家河，碧峰

---

[*]　2016 年西南民族大学中国西部民族经济研究中心项目"民族地区互联网战略促进旅游资源创新研究"（项目编号：CWEER201606）。

作者简介：罗龙（1988 - ），男，2016 年西南民族大学硕士毕业，现中国银行四川省分行工作；陈涛波（1989 - ），男，2016 年西南民族大学经济学院硕士毕业，现重庆农商银行工作。

峡，汶川卧龙等知名景区（点）等（如表4-11）。

表4-11   四川省旅游资源一览表

名目	数量	名称
世界遗产	5	九寨沟、黄龙、青城山—都江堰、峨眉山—乐山大佛、四川大熊猫栖息地
联合国"世界生物圈保护区"	4	九寨沟、卧龙、黄龙、稻城亚丁
国家5A级旅游景区	7	峨眉山、青城山、都江堰、乐山大佛、九寨沟、黄龙、三星堆
国家4A级旅游景区	100	蜀南竹海、海螺沟、碧峰峡、中国死海、蒙顶山、四姑娘山等
国家级重点风景区	15	峨眉山、黄龙寺—九寨沟、青城山—都江堰、剑门蜀道等
国家级自然保护区	27	汶川卧龙、青川唐家河、九寨沟县九寨沟、宝兴蜂蛹寨、马边大风顶、美姑大风顶、攀枝花市苏铁、甘孜州贡嘎山、成都龙溪虹口、若尔盖夏曼、四姑娘山、亚丁等
国家级森林公园	31	都江堰市龙池、大邑西岭、洪雅瓦屋山、攀枝花市二滩、泸定海螺沟、九寨沟县九寨沟、剑阁剑门关、梓潼七曲山、盐亭高山、合江佛宝、琼州天台山等
世界级地质公园	2	兴文世界地质公园、自贡恐龙国家地质公园
国家级地质公园	14	龙门山地质公园、海螺沟地质公园、黄龙地质公园、四姑娘山地质公园、江油地质公园等
中国历史文化名城	8	成都市、泸州市、自贡市、宜宾市、乐山市、都江堰市、阆中市、会理县
中国优秀旅游城市	21	成都市、峨眉市、都江堰市、乐山市、崇州市、绵阳市、广安市、自贡市、阆中市、宜宾市、泸州市、攀枝花市等
全国重点文物保护单位	128	武侯祠、杜甫草堂、王建墓、乐山大佛、峨眉山古建筑群、泸定桥、都江堰、三星堆遗址、邓小平故居等

资料来源：四川省旅游局网站。

从表4-12可以看出，2014年四川省旅游景区有了新的变化，不管是各星级旅游景区，还是自然遗产、文化遗产或者是重点风景名胜在数量上都有了增加。

表 4 - 12 2014 年四川省旅游景区、世界遗产等数量一览表

名目	数量
世界文化和自然双重遗产	1
世界文化遗产	1
世界自然遗产	3
国家级重点风景名胜	15
省级风景名胜	75
A 级景区	278
5A 级旅游景区	9（新增 4）
4A 级旅游景区	105（新增 14）
3A 级旅游景区	68（新增 8）
2A 级旅游景区	94（新增 13）
1A 级旅游景区	2
全国休闲农业与乡村旅游示范县	8
示范点	15

资料来源：四川省旅游政务网。

2014 年四川省新增全国休闲农业与乡村旅游示范县 2 个、示范点 3 个，红色经典旅游景区 9 处。绝美的自然风光和积淀深厚的人文景观为四川省旅游业发展打下了坚实的基础。

4.4.1.2 旅游业发展良好，对经济贡献率高

近年来，四川省旅游业发展阔步前进。主要体现在：旅游业在国民经济所占的份额越来越大。2014 年全省实现旅游业增加值 2225.9 亿元，旅游业增加值占第三产业比重为 21.2%，比 2013 年增加 0.7 个百分点；占 GDP 的比重为 7.8%，比 2013 年提升 0.6 个百分点；国内旅游呈现快速增长趋势，2014 年全省接待国内旅游者 5.35 亿人次，同比增长 10%。实现国内旅游收入 4838.34 亿元，同比增长 26.3%；入境旅游市场呈现恢复性增长，2014 年全省外汇收入 8.58 亿美元，同比增长 12.7%；共接待入境旅游者 240.17 万人次，同比增长 14.6%；出境旅游市场展现强劲态势，根据四川省旅行社组织出境记录，2014 年全省旅行社共组织 123.76 万居民出境旅游，同比增长 66.8%。

此外，旅游业对农民增收方面起了极为重要的作用。旅游发展对农民增收的贡献主要表现在：一是农民旅游收入增长速度较快。2014年全省农民从旅游发展中得到人均收入704.5元，比上年人均增加82.6元，增长13.3%，比全省农民人均收入平均增长速度（11.5%）快1.8个百分点。二是所占农民纯收入比重继续提高。2014年农民从旅游业发展中得到收入占农民纯收入比重达到8.0%，增长了0.1个百分点。

由于金融危机和汶川大地震，2008年四川省旅游业的发展遭到重创。2008年四川省旅游收入大幅下降，从2007年的1217.31亿元降到2008年的1092.34亿元，降幅达10.27%。之后四川省政府和相关企业采取各种综合性措施，重振旅游市场，使得全省旅游业逐渐恢复，2012年旅游收入突破3000亿元大关，达到3280.3亿元。2014全年实现旅游总收入4891.0亿元，增长26.1%。近年来全省旅游收入增长率保持在30%左右，高于全国平均增长率水平15个百分点（见图4-13）。

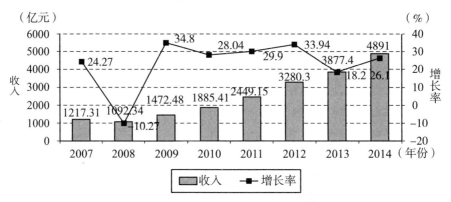

图4-13 2007~2014年四川省旅游总收入及增长率情况

资料来源：根据2007~2014年四川省统计公报数据整理所得。

近年来四川省旅游业收入占全省GDP的比重基本维持在11%以上，只有2008年受地震灾害的影响低于10%，2009年作为地震后的第一年，不到11%。2014年达到17.14%的历史新高。旅游业在四川省的第三产业中占有绝对优势地位，对全省的第三产业发展起着举足轻重的作用。旅游收入占第三产业比重保持在30%~40%的水平，其中2014年达到46.64%（见表4-13）。旅游收入在第三产业中所占份额越来越大，所占比重呈现不断增长态势。

表 4 - 13　　　　　　四川省旅游收入在 GDP 和第三产业中的比重

年份	GDP（亿元）	第三产业总值（亿元）	旅游总收入（亿元）	占 GDP 比重（%）	占第三产业比重（%）
2007	10505	3882	1217	11. 59	31. 35
2008	12359	4626	1092	8. 84	23. 61
2009	14151	5199	1473	10. 41	28. 33
2010	16899	5850	1885	11. 16	32. 22
2011	21027	7015	2449	11. 65	34. 91
2012	23850	7965	3280	13. 75	41. 18
2013	26261	9256	3877	14. 76	41. 89
2014	28537	10486	4891	17. 14	46. 64

资料来源：《四川省统计年鉴》。

4.4.1.3　旅游业是四川省的支柱产业之一

旅游产业在四川省是国民经济支柱型产业之一，其在国民经济中的地位不可忽视，旅游收入直接影响我省 GDP 总量和第三产业的发展总值。除 2008 年地震影响低于 10%，近年来旅游业收入占 GDP 的比重基本保持在 11% 以上。旅游收入占第三产业比重保持在 30%～40% 的水平，其中 2014 年达到 46.64%（见表 4 - 14），旅游收入在第三产业中的比重有增长的趋势。可见四川省旅游产业是重要的支柱产业，在第三产业中占有优势地位，对我省第三产业发展起着举足轻重的作用。

表 4 - 14　　　　　四川省旅游收入在 GDP 和第三产业中的比重情况

年份	GDP（亿元）	第三产业总值（亿元）	旅游总收入（亿元）	占 GDP 比重（%）	占第三产业比重（%）
2007	10505	3882	1217	11. 59	31. 35
2008	12359	4626	1092	8. 84	23. 61
2009	14151	5199	1473	10. 41	28. 33
2010	16899	5850	1885	11. 16	32. 22
2011	21027	7015	2449	11. 65	34. 91
2012	23850	7965	3280	13. 75	41. 18
2013	26260. 77	9256. 1	3877. 4	14. 76	41. 89
2014	28536. 7	10486. 2	4891	17. 14	46. 64

资料来源：《四川省统计年鉴》。

4.4.1.4 发挥龙头带动作用，总体水平稳步提升

在促进四川省旅游业蓬勃发展的时期，全省的旅游企业功不可没。四川省内的大型重点旅游企业贡献巨大，起着带头作用，其他中小旅游企业积极发挥补充作用，各企业相互协调，相互补充，达到了一种百花齐放的局面。

2007 年四川省实现外汇收入 5.1 亿美元，接待入境旅游者达 170.9 万人次。由于汶川地震及金融危机，2008 年四川省旅游外汇收入降低 55%，入境旅游者人数下降 60%。2009 年后出入境旅游高速增长，到 2014 年全省接待入境者240.2 万人次，比 2007 年增长了 40.6%，旅游外汇收入 8.6 亿美元，比 2007 年增长了 68.6%（见表 4 - 15）。

表 4 - 15   2007 ~ 2014 年四川省入境游情况

年份	接待入境旅游者人数（万人次）	同比增长（%）	旅游外汇收入（亿美元）	同比增长（%）
2007	170.9	—	5.1	—
2008	70.0	- 59.1	2.3	- 54.9
2009	85.0	21.5	2.9	25.4
2010	104.9	26.5	3.5	21.5
2011	164.0	55.9	5.9	67.8
2012	227.3	25.1	8.0	26.5
2013	209.6	- 7.8	7.6	- 4.3
2014	240.2	14.6	8.6	12.7

资料来源：根据 2001 ~ 2014 年四川省统计公报数据整理所得。

4.4.1.5 旅游对经济增长发挥重大的贡献

旅游对经济增长的贡献率是指当年旅游收入的增加值占全国或地区年生产总值的增加值的比重。2009 年旅游对经济的贡献率从 2008 年的 - 6.74% 恢复到 21.21% 的水平，并在 2014 年达到最高贡献率 44.54%，从 2009 ~ 2014 年年均贡献率为 24.77%。可见，旅游对于拉动经济增长，促进经济平稳发展具有十分重要的作用。

4.4.2 四川省旅游服务贸易进出口现状

凭借绝佳的自然资源和人文环境，近年来四川省旅游服务贸易发展速度稳步加快，对全省的旅游业发挥了极为重要的作用，也为全省的经济发展做了不小的

贡献。作为"天府之国"，只有积极走出去，才能缩小多年来东西部发展存在的差距，也才能更好地促进东西部区域经济协调发展。

虽然在 2008 年由于地震和金融危机的影响，旅游服务贸易在总收入、接待游客数等方面增速有所放缓，但是近几年又开始大幅增长，其中 2014 年四川省实现旅游外汇收入 8.6 亿美元，增长 12.7%；接待入境旅游者 240.2 万人次，增长 14.6%；全省累计出境游客总人数为 123.8 万人，增长 66.8%；全年实现旅游总收入 4891.0 亿元，增长 26.1%。四川省接待入境游客在全国的排名从 2008 年的 24 名上升到 2014 年的 14 名；旅游外汇收入从 2008 年的 24 名上升到 2014 年的 17 名[①]。

4.4.2.1　旅游服务贸易增长迅速，贸易地位日益重要

旅游服务贸易一直是四川省服务贸易重要的组成部分。随着科技及研发投入力度的逐渐加大，四川省新兴服务贸易占比不断增加，服务贸易结构不断优化升级。其中计算机服务、建筑服务贸易及其他商业服务等在四川省占比逐渐提高。旅游服务贸易正在创新思路，大步向高附加值方向发展。从表 4 - 16 和表 4 - 17 可以看到，近年来，四川省旅游总收入在四川省 GDP 所占的比重也越来越大。

表 4 - 16　　　　　　　　2007 ~ 2014 年四川省旅游总收入与 GDP

年份	GDP		旅游总收入		旅游收入占 GDP 比率（%）
	总额（亿元）	同比（%）	总额（亿元）	同比（%）	
2007	10505.30	14.2	1217.31	24.3	11.6
2008	12506.25	9.5	1091.52	- 10.3	8.7
2009	14151.30	14.5	1472.48	34.8	10.4
2010	16898.60	15.1	1886.09	28.1	11.2
2011	21026.70	15.0	2449.15	29.9	11.6
2012	23849.80	12.6	3280.25	33.9	13.8
2013	26260.77	10.0	3877.40	18.2	14.8
2014	28536.66	8.5	4891.04	26.1	17.1

资料来源：四川省旅游局数据库。

---

① 由 2008 ~ 2015《中国统计年鉴》整理得出。

表 4 – 17　　　　　2007～2014 年四川省接待入境旅游者人数

年份	总计	外国人		港澳台地区		台湾地区	香港地区
		人数（人）	比重（%）	人数（人）	比重（%）	人数（人）	人数（%）
2007	1708730	1074127	62.9	634603	37.1	401662	199317
2008	699525	477740	68.3	221830	31.7	95540	106340
2009	849851	614949	72.4	234902	27.6	98341	117510
2010	1049336	749660	71.4	299676	28.5	148545	131488
2011	1639653	1137298	69.4	502355	30.6	277807	192823
2012	2273305	1512872	66.5	760433	33.5	401196	307507
2013	2095631	1473226	70.3	622405	29.7	287366	297519
2014	2401667	1696567	70.6	705100	29.4	315086	345515

资料来源：四川省旅游局数据库。

4.4.2.2　优化升级稳步推进，贸易结构日趋合理

2007～2014 年，四川省旅游服务贸易进出口额都得到了极大的增加。从表 4 – 18 可以看到，出口额从 5.1 亿美元上升到 8.6 亿美元，进口额从 4.3 亿美元增加到 10.6 亿美元。而 2007～2014 年，除了 2007 年，旅游服务贸易出口额大于进口额，顺差为正。其余年份都是进口额大于出口额，顺差为负。但是有一个大的趋势是每年的逆差额正在逐渐变小，这表明四川省旅游服务贸易结日趋合理。

表 4 – 18　　　　　2007～2014 年四川省旅游服务贸易进出口额　　　单位：万美元

年份	出口额	进口额	总额	顺差
2007	51243	43545	94788	7698
2008	21498	58945	80443	– 37447
2009	28856	63753	92609	– 34897
2010	35409	83009	118418	– 47600
2011	59383	109759	169142	– 50376
2012	79815	116050	195865	– 36235
2013	76476	99939	176415	– 23463
2014	85768	105892	191660	– 20124

资料来源：四川省外管局 BOP 统计。

过去的这么多年，我们过于强调旅游服务贸易出口额，不太重视旅游服务贸易进口额。随着我国经济的迅速发展，人们对于出境旅游有了强烈的需求，有足够的资金和闲暇出去看看外面的世界。最近这些年四川省出境游市场规模不断扩大，其贸易结构渐趋合理。

4.4.2.3　旅游服务贸易对经济贡献日益显著

旅游发展对农民增收贡献突出。旅游发展主要从两方面对农民增收有着很大的贡献：一是农民旅游收入增长速度快。2014 年全省农民从旅游发展中得到人均纯收入 704.5 元，同比增长 13.3%。二是旅游收入所占比重继续提高。2014 年农民从旅游业发展中得到收入占农民纯收入比重达到 8.0%，比上年增长 0.1 个百分点。

旅游企业效益提升，从表 4 - 19 可见，四川省内众多企业，利用自身的创新力，结合新的社会时势，不断突破，不断提高。

表 4 - 19　　　　　　　　2014 年四川省旅游企业效益一览表

名目	单位	数值	同比增长率（%）
旅游景区	个	270	—
接待游客	亿人次	2.61	20.5
门票收入	亿元	43.49	33.8
旅行社	家	461	—
接待入境游客	万人	67.34	23.91
接待国内客	万人	555.51	30.5
营业收入	亿元	91.7	43
旅游住宿设施	家	421	—
接待游客	万人次	1339.56	1.7
平均房价	元	338.3	- 5.1
客房出租率	%	57.98	0.5
营业收入总额	亿元	78.78	0

资料来源：四川省旅游政务网。

这一系列的数据表明旅游服务贸易对整个四川省经济的贡献度日益显著，四川省的众多旅游企业与时俱进，不断突破，引领旅游经济朝良好的态势发展。

4.4.3　四川省旅游服务贸易发展面临的挑战

旅游服务贸易在四川省服务贸易中占有重要地位，经过多年发展，特别是灾后重建之后，全省旅游服务贸易发展迅速，成绩喜人。但和其他发达省市比较，尤其是东部沿海的发达城市比较，全省旅游服务贸易依然面临着许多挑战。

如今的中国经济进入"新常态"，旅游业的发展也要主动适应"新常态"，自我改善，自我提升，以便实现更好的发展。四川省旅游服务贸易企业在走向国际获得收益的同时，也面临着不少隐性的、显性的问题。在此背景下，深入研究四川省旅游服务贸易所面临的问题显得尤为迫切。

4.4.3.1 旅游服务贸易出口总量偏小，全国排位靠后①

2012 年四川省旅游服务贸易出口 7.98 亿美元，占全省服务贸易出口总额 35.74 亿美元的 22.33%，排在第二位。但四川省旅游服务贸易逆差达 8 亿美元，出口占全省旅游服务贸易进出口总额的比重低，只有 34%。②

汶川地震使四川省旅游服务贸易出口遭受沉重打击。2008 年旅游外汇收入从上一年的 5.12 亿美元跌至 1.54 亿美元，跌幅达到 69.95%。经过灾后几年的大力度投入和旅游产业的重建，旅游服务贸易出口到 2010 年末基本恢复到震前水平。2012 年 7.98 亿美元，同比增长 34.41%，较 2011 年增幅下降 33.3 个百分点（见图 4－14）。2013 年全省旅游服务贸易出口额有了轻微的减少，比 2012 年减少 4 个百分点左右。2014 年又回升到 8.58 亿美元，同比增长 12.7%，创近些年的新高。

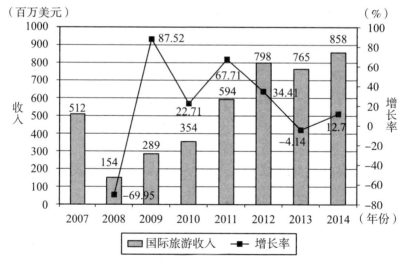

图 4－14　2007～2014 年四川省旅游服务贸易出口情况

资料来源：国家统计局。

---

① 由 2008～2015 年《中国统计年鉴》。

② 四川省商务厅。

2008 年，四川省国际旅游入境过夜者人次从 2007 年的 171 万人次跌至 70 万人次，跌幅达到 59.06%。直到 2011 年才基本恢复到震前水平，达到 164 万人次。2012 年，国际旅游入境过夜者人次达到 227.3 万人次，旅游人次超过 2007 年接待人次，同比增长 38.60%，增幅较 2011 年下降 17.59 个百分点。2013 年，过夜者人次相比 2012 年有小幅度的下降。2014 年，国际旅游入境过夜者人次达到 240 万人次（见图 4 - 15），创近几年新高。

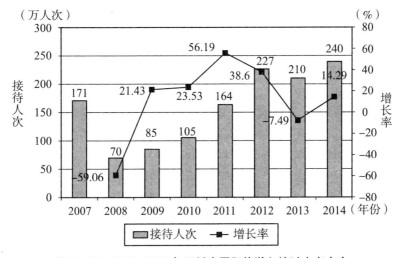

图 4 - 15　2007 ~ 2014 年四川省国际旅游入境过夜者人次

资料来源：国家统计局。

2014 年，全国旅游服务贸易出口达 569.13 亿美元，比上年增长 10.2%。其中，广东省以 171.06 亿美元、过夜者人次 3355 万高居榜首，远远领先于其他各省。四川省以 8.58 亿美元居于全国第 17 位，低于全国平均水平。虽然近几年四川省国际旅游已经取得了快速发展，但与国内其他国际旅游发展迅速的省份如广东省、浙江省等相比仍存在很大的差距，即便与排名第 10 位的安徽省（18.40 亿美元，280 万人次）相比也差距不小（见表 4 - 20）。这说明四川省入境旅游在国内处于相对落后的地位，有待大力发展。

表 4 - 20　　2014 年全国各地区国际旅游外汇收入前十位

排名	地区	国际旅游外汇收入（亿美元）	接待入境过夜者人次（万人次）
1	广东	171.06	3355
2	浙江	57.53	371

续表

排名	地区	国际旅游外汇收入（亿美元）	接待入境过夜者人次（万人次）
3	上海	56.02	640
4	福建	49.12	319
5	北京	46.08	427
6	江苏	30.33	297
7	天津	29.92	77
8	云南	24.21	287
9	山东	23.30	300
10	安徽	18.40	280

资料来源：国家统计局。

与国内旅游入境者相比，国际旅游入境者占比非常小，2009年和2010年四川省国际旅游入境过夜者人次占总入境者人次的比重只有0.39%，而最高值的2007年也只达到0.91%，远低于2012年全国平均水平（总接待旅游人次30.89亿人次，接待国际旅游入境者人次1.32亿人次）4.27%[1]。入境旅游在四川省比重过小，发展水平较低（见表4-21）。国际入境旅游所具有的出口创汇、平衡国际收支、拉动经济增长和增加就业的经济功能并未能在全省得到很好的体现。

表4-21　　　　　　　　2007～2014年四川省接待入境者情况

年份	国际旅游入境者人次（万人次）	国内旅游入境者人次（万人次）	国际入境者占总入境者比重（%）
2007	171	18600	0.91
2008	70	17400	0.40
2009	85	21900	0.39
2010	105	27100	0.39
2011	164	34900	0.47
2012	227	43300	0.52
2013	210	48700	0.43
2014	240	5350	0.45

资料来源：国家统计局。

---

[1] 《中国旅游业统计公报》。

4.4.3.2 区域发展不平衡,资源优势未充分利用

四川省整体旅游资源丰富,很多地区还拥有得天独厚的资源优势。但在旅游资源的开发和利用方面,尚未充分将其资源优势转化为服务贸易优势,全省仍然是成都占绝对优势,未能有效突出民族特色和地域差异,进而实现旅游服务贸易价值。

由表 4 – 22 可以看出,从 2012 ~ 2014 年三年间,成都每年旅游总收入都是比四川省全省旅游总收入的 1/3 还多。2014 年,成都市、乐山市、绵阳市、宜宾市、南充市五个城市的旅游总收入超过全省旅游总收入的一半。四川省内其余地区旅游资源未能有效利用,这种现象将不利于资源的有效整合。

表 4 – 22　　　　　　　　2012 ~ 2014 年四川省旅游总收入分地区情况

地区	2014 年			2013 年			2012 年		
	总额（亿元）	同比（%）	占比（%）	总额（亿元）	同比（%）	占比（%）	总额（亿元）	同比（%）	占比（%）
四川	4891.04	26.1	100.00	3877.40	18.2	100.00	3280.25	33.9	100.00
成都	1662.44	25.2	33.99	1327.51	26.4	34.24	1050.43	30.1	32.02
自贡	200.41	25.1	4.10	160.26	18.1	4.13	135.67	22.2	4.14
攀枝花	150.04	46.8	3.07	102.19	52.9	2.64	66.85	32.3	2.04
泸州	183.85	28.5	3.76	143.03	34.8	3.69	106.11	26.2	3.23
德阳	120.65	30.3	2.47	92.60	37.2	2.39	67.49	30.6	2.06
绵阳	277.26	35.1	5.67	205.21	49.6	5.29	137.19	41.1	4.18
广元	158.72	41.0	3.25	112.58	35.8	2.90	82.89	54.8	2.53
遂宁	201.18	20.5	4.11	166.99	27.3	4.31	131.20	27.2	4.00
内江	136.98	24.2	2.80	110.28	27.9	2.84	86.20	23.7	2.63
乐山	386.76	21.0	7.91	319.75	18.4	8.25	270.10	35.7	8.23
南充	253.32	20.8	5.18	209.75	35.0	5.41	155.32	27.2	4.74
眉山	180.65	24.5	3.69	145.10	31.6	3.74	110.24	36.5	3.36
宜宾	256.06	22.7	5.24	208.70	25.7	5.38	166.00	27.1	5.06
广安	194.58	43.8	3.98	135.30	30.6	3.49	103.60	22.9	3.16
达州	90.42	20.2	1.85	75.22	21.7	1.94	61.80	23.4	1.88
雅安	108.66	54.1	2.22	70.51	– 11.2	1.82	79.38	24.9	2.42
巴中	89.54	35.3	1.83	66.20	51.5	1.71	43.71	38.0	1.33

地区	2014 年			2013 年			2012 年		
	总额（亿元）	同比（%）	占比（%）	总额（亿元）	同比（%）	占比（%）	总额（亿元）	同比（%）	占比（%）
资阳	182.70	25.9	3.74	145.14	26.7	3.74	114.59	32.4	3.49
阿坝	242.53	23.7	4.96	196.04	8.3	5.06	181.07	45.4	5.52
甘孜	80.14	26.7	1.64	63.25	75.4	1.63	36.07	20.2	1.10
凉山	188.31	36.2	3.85	138.31	46.6	3.57	94.35	17.3	2.88

资料来源：四川省旅游局数据库。

不仅仅是旅游总收入方面，四川省各个地区差异明显。在接待入境游客人数方面，各个地区也是很不均衡（见表4-23）。

表4-23　　　　2012~2014 年四川省接待入境旅游者分地区情况

地区	2014 年		2013 年		2012 年	
	总人次（万人次）	同比（%）	总人次（万人次）	同比（%）	总人次（万人次）	同比（%）
四川	240.17	14.6	209.56	-7.8	227.34	25.1
成都	197.80	12.1	176.43	12.1	158.19	28.9
自贡	0.16	17.1	0.14	-65.0	0.39	-39.1
攀枝花	0.10	156.9	0.04	-76.1	0.16	33.1
泸州	0.22	56.0	0.14	-69.8	0.50	10.4
德阳	0.35	-15.8	0.41	-62.1	1.08	-19.9
绵阳	0.74	-27.8	1.02	-50.6	2.07	25.5
广元	0.18	-3.1	0.18	-32.1	0.28	49.2
遂宁	0.72	4.7	0.68	-71.6	2.42	152.1
内江	0.12	91.0	0.07	-59.5	0.16	17.1
乐山	12.79	37.8	10.82	-60.3	27.23	28.8
南充	0.25	7.6	0.24	-81.8	1.46	194.2
眉山	0.05	38.0	0.03	-89.5	0.31	-5.8
宜宾	0.17	-31.2	0.25	-58.5	0.61	-23.9
广安	0.37	-2.9	0.38	-16.8	0.48	16.4
达州	0.29	12.0	0.26	-32.2	0.38	0.1

续表

地区	2014 年		2013 年		2012 年	
	总人次（万人次）	同比（%）	总人次（万人次）	同比（%）	总人次（万人次）	同比（%）
雅安	0.37	79.3	0.21	−72.2	0.77	19.7
巴中	0.01	−57.0	0.02	−45.3	0.04	−6.7
资阳	3.70	27.3	2.91	0.6	2.89	3.1
阿坝	15.44	20.6	12.80	−35.0	21.57	5.2
甘孜	6.25	173.1	2.49	−33.6	5.66	16.8
凉山	0.10	156.5	0.04	−94.4	0.70	57.5

资料来源：四川省旅游政务网。

如表 4 - 23 所示，2012 ~ 2014 年这三年间，成都市接待入境旅游者人次在四川省所占的比重都是最大的，2012 年的占比为 69%，2013 年和 2014 年的占比都在 80% 以上。这与表 4 - 22 列出的全省各地区旅游总收入的分布是相一致的，四川省接待入境游客人次主要集中在成都、阿坝、乐山、甘孜等地，这四个地区接待有入境游客人次占比 96% 左右，其他所有地区加在一起才占比 4%（如图 4 - 16）。表明了各地区发展不平衡。

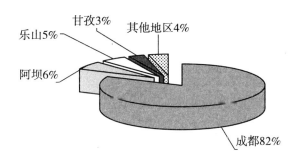

图 4 - 16　2014 年四川省各地接待入境游客人数比重

资料来源：四川省旅游政务网。

4.4.3.3　旅游服务海外市场拓展方式乏力，客源市场不够丰富

尽管四川省旅游资源品种多，数量齐全，分布广，特色鲜明，但不少旅游区规模不大、基础设施薄弱，旅游企业的国际竞争力不强。近几年四川省入境游客总人数在全国的排名一直位于中等靠后，2014 年四川省入境游客总人数为240.17 万人，在全国排名第十四（见表 4 - 24）。总体来说，四川省接待入境游

客人次还比较少，而且港澳台地区游客占入境游客的比重过大。其原因主要有：一是四川省内游企业与世界著名旅游企业合作尚不紧密。二是川内缺乏大型知名的国际旅游企业，在海外市场进行宣传时，无论是宣传力度还是可信度，以及国外游客对四川省旅游资源的了解程度都效果不佳。

表 4 - 24   2007～2014 年四川省入境旅游指标列全国名次

年份	入境游客		接待人天数		旅游外汇收入	
	人数（万人次）	名次	数量（万人天）	名次	金额（万美元）	名次
2007	170.87	11	284.10	16	51242.84	16
2008	69.95	24	127.98	24	21498.00	24
2009	84.99	22	157.37	22	28855.93	22
2010	104.93	22	198.19	23	35408.78	21
2011	163.97	19	312.04	19	59382.55	19
2012	227.34	14	429.14	18	79814.67	18
2013	209.56	15	398.33	17	76476.08	18
2014	240.17	14	454.07	16	85768.00	17

资料来源：四川省旅游政务网数据库。

由图 4 - 17 可以看出，四川省入境旅游客源地分布不均，主要集中在北美和欧洲一些经济发达国家。其他地区和国家的客源市场还不丰富，还要继续大力开发。

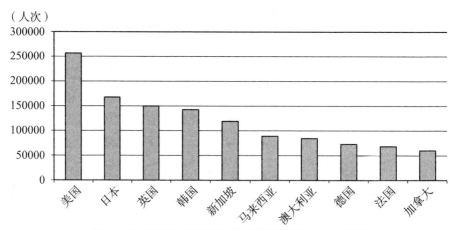

图 4 - 17　2014 年四川省入境旅游客源地前 10 名分析

资料来源：四川省旅游政务网数据库。

4.4.3.3　旅游服务人才缺乏，旅游规划创新力有待提高

从表4－25可以看出，全省旅游人才缺乏，尤其是中高级导游人数较少，特级导游只有一名。

表4－25　　　　　　　　　　　2014年旅游行业相关数量

名目	单位	数量
旅游直接从业人员	万人	65
旅游间接从业人员	万人	288.6
导游人员	人	31979
特级导游	人	1
高级导游	人	127
中级导游	人	1601
处级导游	人	30250
旅游行业职工培训量	万人次	20.8
旅游职业培训机构	所	178
旅游类专业在校学生	万人	5.5

资料来源：四川省旅游局数据库。

此外，四川省旅游产品结构有待进一步优化：目前的旅游产品主要是传统观光旅游，缺少有趣味性和参与性的新型专项旅游产品。乡村"农家乐"旅游质量有待提高：经营者的经营理念落后，管理水平偏低，缺乏品牌特色，基础设施和安全保障水平较低。

在这个"互联网＋"的时代，四川省全省旅游信息化建设水平偏低，成本偏高，效率低下，旅游数据不够完整，信息化共享较弱，旅游信息技术人才短缺。传统旅行社也面临着互联网的严峻挑战，互联网的快速发展，使广大游客能快捷便利地查询到有关旅游目的地、路线、风景、食宿等信息，这就替代了传统旅行社的一部分咨询服务功能。

4.4.4　四川省旅游服务贸易发展对策建议

针对四川省目前存在的问题和挑战，为适应国际化趋势，实现四川省"十二五"战略目标，对于今后四川省旅游服务贸易的发展必须坚持创新理念、开放性的思考、突破性的改革。尽快扭转服务贸易发展中的不足。紧紧围绕四川省丰富的旅游资源，这里发掘其文化内涵，开发与保护并重，坚持旅游可持续发展；坚持市场

导向，逐渐形成大旅游，大产业，大市场的发展格局。加快旅游人才引进与培养；加快重点旅游区建设。打造中国中西部最大的国内外旅游集散中心和旅游目的地。

4.4.4.1　加大政府扶持力度，出台旅游优惠政策，完善相关政策保障机制

加大政府对旅游产业的投入，少数民族文化旅游是四川省的一大特色旅游，应当加大对少数民族文化旅游建设的投入力度。抓好《四川省藏区"十二五"旅游业发展规划》和15大旅游示范项目的实施。出台对少数民族文化旅游、生态旅游和乡村旅游的优惠政策，促进边远地区和农村地区的经济发展，带动农民的收入。

4.4.4.2　加强旅游公共服务基础设施建设

旅游和运输是相互关联，相互促进的两个产业，加强交通基础设施建设势在必行。结合全省旅游发展要求，优先实施"十二五"计划中的旅游厕所、露营地、服务站、标识标牌等旅游公共服务设施的建设。

4.4.4.3　创新融资方式，汇聚发展资金

充分发挥市场在资源配置中的决定性作用，进一步深化投融资体制改革，向市场要资金，是推进旅游产业跨越式发展的有效措施。搭建融资平台，放宽银行对旅游企业和项目的贷款规模，支持中小旅游企业的发展，加大对中小旅游企业的贷款额度，放宽对中小旅游企业的贷款限制。

4.4.4.4　引导区域发展，促使各区域均衡发展

四川省服务业区域发展存在较大差距。平原地区旅游服务业发展规模大、速度快、占GDP比重高；丘陵地区、民族地区、革命老区、贫困山区旅游服务业发展水平有待进一步提升。城市旅游服务业业态丰富、现代旅游服务业以及新兴旅游服务业发展迅速；农村旅游服务业仍然以传统旅游服务业为主，现代服务业发展缓慢，城乡差距明显。

四川省旅游产业区域不平衡性明显，在制定旅游政策规划时，注意政策的倾斜性，应当向少数民族边远地区和农村地区的倾斜。

4.4.4.5　加强国际合作，引进国际旅游企业，加快入境旅游发展

充分发挥四川省旅游资源大省优势，积极打造入境旅游目的地。一是实施旅游服务国际化工程，加强旅游标准化建设，推进旅游管理国际化，促进旅游企业向品牌化和国际化方向发展。二是加强旅游国际交流与合作，引进国际旅游组织、机构和知名旅游运营商、品牌连锁酒店或办事机构落户四川省，将重大旅游项目纳入全省招商引资计划。三是鼓励我省旅游企业积极拓展海外市场，扩大旅游经营范围，创新旅游经营项目。四是推进旅游便利化，充分发挥成都口岸72小时过境免签政策的拉动促进作用，加快旅游国际化进程。①

---

① 四川省商务厅《四川省关于加快发展我省服务贸易发展的意见》。

4.4.4.6　旅游品牌企业创建工程

四川省旅游企业中小企业居多，大企业较少，更加缺乏国际性大型旅游企业，因而四川省旅游企业缺乏国际竞争力，对外旅游服务出口能力不强，在同国际大型旅游企业竞争时处于弱势地位。因此，引导四川省有条件的旅游企业做大做强，为有条件的企业提供必要的资金和政策支持，减少其发展的障碍，牵手四川省旅游企业与国外旅游企业的合作，加强国际交流，为四川省旅游企业的发展添砖加瓦。

4.5　四川省文化服务贸易发展 *

文化贸易包括有形的"文化产品贸易"和无形的"文化服务贸易"。随着经济全球化的发展，文化贸易已经成为国际贸易的重要组成部分。根据世界贸易组织的相关规定，将全球服务分为 12 大类 160 个小类。其中一大类为：娱乐、文化与体育服务，包括娱乐服务；新闻机构；图书馆、档案馆、博物馆及其他文化服务、体育及其他娱乐服务。此外还包括商品服务类别中的印刷、出版及通信服务类别中的视听服务，如电影与录像带的生产与批发、电影放映，无线电与电视、录音等。

根据 2004 年 4 月 1 日国家统计局颁布的《文化及相关产业分类》，可将文化贸易分为：新闻服务、出版发行、影视娱乐等行业在内的文化产品和服务贸易。2012 年，商务部、中宣部、财政部、文化部等十部委联合修订了《文化产品和服务出口指导目录》，文化产品和服务出口包括新闻出版、广播影视、文化艺术和综合服务四大类。

就发展文化贸易而言，按照国家行业管理体制，新闻出版和广播影视由新闻出版与广电部门负责，文化艺术类的工艺美术由工业和信息化部消费品司负责，文化艺术类服务业由文化部负责，而文化服务贸易的政策扶持体系主要由商务部负责制定和实施。在四川省，与文化贸易相关的省级主管机构有外宣、文化、商务、广电新闻出版、旅游、教育、科技、外事、港澳台侨、博览等部门。四川省文化厅作为对外文化交流及对外文化产品与服务出口的省级主管机构之一。实践工作中，四川省文化服务贸易分为两部分：文化艺术类（含演艺、商业艺术展

* 西南民族大学研究生学位点建设项目（2014XWD‑S020101）阶段性成果。

作者简介：唐立云（1989‑　），男，2015 年西南民族大学经济学院硕士毕业；黄毅（1965‑　），女，现为西南民族大学经济学院教授。研究方向：服务贸易。

本部分的数据除特殊说明外数据均来源于中华人民共和国统计局网站、中国服务贸易指南网、商务部《中国服务贸易统计（2015）》和四川省商务厅。

览、艺术品创作与服务、文化休闲娱乐服务），综合服务类（含游戏、动漫、境外文化机构新设、网络文化、文化产品设计服务与数字制作、创意设计、节目出口、文化会展）。

4.5.1 发展文化贸易的重要意义

随着文化在综合国力竞争中的地位和作用日益凸显，增强国家文化软实力和国际影响力的要求也更加紧迫，中共中央十分重视文化"走出去"工作，大力发展文化贸易，加快拓展国际文化市场，推动文化产品和服务出口，可以切实发挥对外文化贸易在加快经济发展方式转变中的重要作用。

中共十七届五中全会提出推动文化产业成为国民经济支柱性产业的战略目标，中共十七届六中全会通过《中共中央关于深化文化体制改革、推动社会主义文化大发展大繁荣若干重大问题的决定》，进一步强调推动文化产业跨越式发展，使之成为新的增长点、经济结构战略性调整的重要支点、转变经济发展方式的重要着力点。中共十八届三中全会通过《关于全面深化改革若干重大问题的决定》，提出了要推进文化体制机制创新，重点发展新型文化业态，规范并完善文化发展与管理体制，提高文化开放水平，建设社会主义文化强国。2014 年国务院印发了《关于加快发展对外文化贸易的意见》，提出要统筹国际国内两个市场、两种资源，加强政策引导，优化市场环境，壮大市场主体，改善贸易结构，在更大范围、更广领域和更高层次上参与国际文化合作和竞争，把更多具有中国特色的优秀文化产品和服务推向世界。四川省发展文化贸易，必将使四川优秀文化产品和服务融入世界大舞台，促进四川省文化产业大发展。

4.5.1.1 有利于促进经济增长，实现外贸结构和文化产业转型升级

文化贸易是社会经济的重要组成部分，通过文化渗透，可以深入到社会生产方式和生活方式的各个环节中，推动经济社会重大变革。发展文化贸易有利于我国文化经济融入世界文化生产链、价值链、供应链和消费链，促使我国文化企业参与国际文化分工，并嵌入国际文化生产体系；有利于改造提升传统文化产业，加快新兴文化产业，实现结构合理，门类齐全，科技含量高、竞争力强的现代文化产业体系，推进文化产业跨越式发展；有利于促进经济结构调整，推进经济发展方式转变，通过文化贸易，促进外贸结构转型升级。

4.5.1.2 推动中华文化"走出去"，提升国家品牌形象及影响力

发展文化贸易，可实现多种文化要素融合，传递不同的价值功能，汇集一定政治价值、经济价值和文化价值。一定经济社会的文化产品和服务所承载的特征依托文化贸易传播和扩散到其他国家和地区，使不同群体能够分享不同文明发展的成果。发展文化贸易，可以推动我国文化"走出去"。随着我国文化产业的蓬

勃发展，文化国际贸易活动日益增加，许多文化产品和服务实现"走出去"，在全世界展示我国文化魅力，同时也产生巨大经济价值，增加进口国对我国文化的认知，提升我国在国际上的文化形象，扩大了我国文化影响力和辐射力。

4.5.1.3　实现向服务型经济转变，协调发展货物贸易和服务贸易

我国已经是世界第二大经济体、第一大出口国和第二大进口国，但货物贸易与服务贸易发展失衡非常严重。一方面货物贸易顺差过大，引起国际上的贸易纠纷；另一方面服务贸易逆差继续扩大。发展文化贸易，不断提高服务贸易的份额，对平衡货物贸易和服务贸易之间的差异无疑是非常必要的。文化贸易推动文化产业的繁荣，不仅实现产业结构升级，更是培养和实现新的经济增长点。文化贸易的发展，有利于突破意识形态的封锁，减少境外对我国的敌对，增强对我国的友好情感，降低针对我国的国际贸易摩擦。

4.5.2　我国文化贸易发展概况

由于经济危机的出现，世界经济增速可能长期低位徘徊，并面临下行的风险，但全球文化贸易形势依然让人惊喜。联合国贸发会议《2008 创意经济报告》的数据显示，在全球文化贸易格局中，发展中国家近十年来表现突出，特别是中国已经成为文化贸易发展增长最快的国家之一。近年来，我国文化贸易发展的主要特点如下。

4.5.2.1　文化产业规模扩大，文化贸易全面提速

"十一五"期间我国文化产业规模不断扩大，增长速度稳步提升，对我国GDP 的贡献率也是节节攀升，文化产业增加值平均增速高于同期国内生产总值的平均增速，而且文化产业增长势头并未受到大环境的影响，2009 年及之后都保持着不错的增长潜力，2012 年我国文化产业增加值达 1.6 万亿元。2016 年上半年对全国规模以上文化及相关产业 4.8 万家企业调查，上述企业实现营业收入3.62 万亿元，比上年同期增长 7.9%（名义增长未扣除价格因素），继续保持较快增长。文化及相关产业 10 个行业的营业收入均实现增长，文化服务业快速增长。其中，实现两位数以上增长的 5 个行业分别是：以"互联网＋"为主要形式的文化信息传输服务业、文化艺术服务业、文化休闲娱乐服务业、广播电影电视服务业和文化创意和设计服务业。其中，东部地区规模以上文化及相关产业企业实现的营业收入占全国的 75.0%。从增长速度看，中部地区增长 12.0%、西部地区增长 9.9%，均高于东部地区 7.1% 的增速，而东北地区继续下降，降幅为7.0%。

4.5.2.2　文化贸易逆差较大

近年来，我国文化贸易总量保持快速增长态势，但文化产品输出仍以有形商

品为主，设计服务、版权等文化服务出口相对较弱，高附加值领域仍是发达国家占据贸易主导地位。2010 年我国核心文化产品进出口总额 143.9 亿美元，同比增长 15.1%，国产影片海外销售总额超过 35 亿元人民币。2014 年上半年我国核心文化产品进出口总额达 98 亿美元，比上年同期下降了 7.3%。我国文化贸易逆差大。

2008 年我国图书、报纸、期刊贸易出口额为 34187.3 万美元，2014 年是 5649.7 万美元，年均增长率为 8.5%；进口额从 2008 年的 24061.4 万美元，增长到 2014 年 28381.6 万美元，6 年间年均增长率为 2.79%。虽然出口增长大大高于进口增长，但贸易逆差仍然巨大。2008 年，贸易逆差为 2.06 亿美元，2014 年贸易逆差为 2.27 亿美元（见表 4-26）。

表 4-26　　　　2008～2014 年我国图书、报纸、期刊进出口贸易额　　　单位：万美元

项目	2008 年	2009 年	2010 年	2011 年	2012 年	2013 年	2014 年
出口额	3487.3	3437.7	3711.0	3905.5	7282.6	6012.4	5649.7
进口额	24061.4	24505.3	26008.6	28373.3	30121.7	28048.6	28381.6
逆差	20574.2	21067.6	22297.6	24467.8	22839.1	22036.2	22731.9

资料来源：《中国统计年鉴（2015）》。

4.5.2.3　文化科技融合受限，文化贸易竞争力较低

由于我国特殊国情，目前服务业开放度相对不足，进一步开放还面临诸多制约，因而文化产业规模化、集约化、专业化水平不高，文化贸易的国际竞争力提升受到极大影响。

另外，我国文化与科技融合近年虽有长足进步，但其意识、深度、广度及方式都还存在很大的发展空间，同时，文化贸易管理体制的条块分割导致部门和行业协同不足，政府在公共文化科技平台的打造上缺位，尚未找到文化科技融合的准确战略路径，引导、扶持、调控、保护、服务等全方位功能发挥尚不足，办法不多。

4.5.3　四川省文化贸易发展概况

近年来，四川省文化产业发展环境不断优化，市场主体不断壮大，文化产品日益丰富，市场体系进一步完善，市场发展活力不断迸发，产业形态不断丰满以及产业链条进一步延伸，总体规模和实力均有显著提升，就全国范围讨论而言，已经跨入了第一线层次行列。

从 2005～2012 年，四川省文化产值从 116 亿元增加到 936 亿元。2012 年文化产值居全国第七位、中西部首位，文化产值占 GDP 比重为 3.92%，比 2011 年提高 0.4 个百分点，文化产业连续多年保持 28% 以上增长，均高于全国平均水平。"十二五"期间，四川省文化产业规模在西部有明显优势，对经济发展的支撑作用也不断增强，特别是演艺娱乐业发展迅速，全省有将近 17000 多家演艺公司，从业人员达 16 万人，2015 年经营收入达 325 亿元，市场总规模位居中西部第一、全国第二。2015 年全省文化相关产业实现增加值超过 1200 亿元，占 GDP 比例接近 4%。作为四川省文化产业核心区的成都，其文化产业增加值占 GDP 超过 5%，是成都支柱产业之一，其在省内的带动效应、龙头效应不断提升，产业链也在不断拉长。

四川省文化创意设计服务也是其文化产业的主要业态之一。文创设计是四川省新兴引导型产业，比传统文化产业发展更快。

4.5.3.1　文化产品贸易：以出口贸易为主，国际市场不断扩大

2005 年以来，四川省文化产品尤其是核心文化产品出口增长趋势良好。全省文化产品出口额度由 2005 年的 116 亿元增加到 2012 年的 936 亿元。2010 年四川省核心文化产品出口 3.26 亿美元，2012 年增长到 7.68 亿美元，年增长率达 54%；艺术品出口年增速达 64%，艺术品出口占核心文化出口的比重近三年均在 80% 以上，2012 年达 97%。近年来文化产品出口有所下降。2013 年核心文化出口 5.62 亿美元，2014 年下降到 3.03 亿美元。文化产品贸易以出口为主，出口占贸易总额的 98% 以上（见表 4-27）。

表 4-27　　　　2012～2014 年四川省核心文化产品进出口基本情况

项目	2012 年	2013 年	2014 年
出口额（万美元）	76038	56203	30318
进口额（万美元）	1272	61	531
进出口总额（万美元）	77309	56814	30849
出口额占比（%）	98.36	98.92	98.28
进口额占比（%）	1.64	1.08	1.72

四川省核心文化出口以视觉艺术品占比最大，达 90% 以上，其次是印刷品，占比 5% 左右（见表 4-28）。

表 4-28　　　　　　　2013 年、2014 年四川省核心文化产品出口构成情况

项目	2013 年		2014 年	
	金额（万美元）	占比（%）	金额（万美元）	占比（%）
印刷品	2768	4.93	2975	5.24
声像制品	18	0.03	93	0.16
视觉艺术品	51234	91.16	51430	90.52
视听媒介	0	0.00	66	0.12
其他	2184	3.88	2236	3.94
合计	56203	100.00	56814	100.00

资料来源：根据四川省商务厅、四川省海关等数据整理得出。

四川省对外文化贸易区域不断扩展，全省与五大洲均有文化交往。2014 年与全球 50 多个国家或地区均有不同形式的文化往来。其中，文化产品出口亚洲最多，占比达 56.7%，其次出口美洲占比达 18.0%，欧洲占 16.6%。

4.5.3.2　动漫游戏贸易：全国领先，服务外包为主，品牌形象有待提升

四川省服务贸易在缺乏沿海、沿边等天然优势的情况下，大力发展信息技术、服务外包、咨询、文化创意等高端服务业。四川省是中国三大数字娱乐、动漫游戏产品消费和产业中心之一，全国 200 多家主要数字娱乐动漫游戏研发企业中，有 60 多家在四川省，其中成都聚集了 50 多家，居全国网络游戏市场第三位。四川省目前聚集的主要动漫骨干企业有：精锐动漫、恒风动漫、中轩数码、视魔映画、风之翼等。恒风动漫的影视作品在越南电视台成功登陆。魔法动画、饺克力动画等一批本土原创动画企业多次斩获国内外行业大奖。成都金山、魔方、数字天空、尼毕鲁等游戏公司则已通过联合开发、授权代理、独立运营等形式将原创网络游戏和手机游戏销往海外。成都力方、麒麟飞图、精英设计等企业的建筑动画、形象宣传等行业动画服务对象基本来自国外，业务遍及中东、欧美等发达国家和地区。

据不完全统计，2011 年四川省动漫游戏接包合同金额超过 3300 万美元。四川省已成为日本、美国重要的动漫游戏外包基地。电脑动画已成为服务外包的重要门类之一。2012 年，动漫游戏出口突破 2000 万美元，增长到 2260 万美元，年增长率 23%。

4.5.3.3　演艺娱乐贸易：资源异质丰富，项目特色突出

四川省演艺娱乐贸易资源丰富，如藏羌彝民族歌舞、川剧、杂技、木偶、皮影、川菜和川茶文化等，其中许多已走向国际市场。文化贸易的国际影响力和竞

争力不断增强，文化贸易和交流项目已经每年超过 200 项，文化贸易收入在全国范围内位居前列。例如，四川省川剧院的《镜花缘》在欧美巡演，以"东方彩灯"品牌享有盛誉的自贡灯贸在美、韩、俄等多个国家举办灯展，在中国香港举办"藏羌彝文化产业推介会"和专题培训活动，四川交响乐团、乐山市歌舞剧团、德阳市杂技团、遂宁春苗杂技团、阿坝州原生态歌舞《藏谜》等众多四川省优秀文化演艺团体纷纷走出国门，足迹遍布全球五大洲，广受赞誉。

4.5.3.4 新闻出版贸易：龙头优势显著，发展差距彰显

四川省新闻出版贸易以新华文轩等龙头企业为引领，"引进"与"输出"并重。一方面，企业积极参加国际展会，扩大与国外出版商、发行商合作的空间，建立多元化进入国际出版市场的运营模式和盈利模式，挖掘发展潜力。另一方面，把握国际文化走势，了解海外文化市场和海外读者的阅读趋势，推动图书实物出口和版权输出并行，使图书输出规模明显增长，逐步扩大市场份额，提高企业外向化能力。在第十八届北京国际图书博览会上，四川省共达成中外版权贸易意向协议 106 项，其中引进 14 项，输出 92 项，版权输出国家包括美国、英国、德国、日本、韩国、马来西亚、泰国、越南等。2011 年国际穆斯林出版机构版权贸易洽谈会上，四川省首次与约旦、伊朗等阿拉伯国家签订了 25 种图书版权输出意向性协议，填补了四川省对阿拉伯国家和地区版权贸易的空白。[1]

然而，与江苏等新闻出版贸易发展较早的地区比较，四川省的差距也十分明显。江苏新闻出版贸易输出地域已由新加坡、中国香港、中国台湾等华人集中的国家和地区，向美、英、法、德等欧美发达国家扩展；输出类型由中医药、少儿、古代艺术向当代经济、社会、教育、生活、思想类图书转变；合作方式发展为版权贸易、合作出版、定向制作、合资合作、成品进出口、海外投资等多种形式，并在欧、美、澳以及东南亚等多个国家和地区举办"江苏书展"。

4.5.4 四川省发展文化贸易的特殊优势

四川省具备文化底蕴基础好的优势，文化消费市场的空间非常广阔，具备加快文化贸易发展的资源条件，需要克服文化贸易发展还不均衡，在全国范围内有号召力的上乘佳作不够丰富等缺陷，要迎头赶上，切实促进文化产业跨越式发展，推动文化产业成为四川省国民经济支柱性产业，努力建成与西部经济发展高地相适应的文化贸易强省。

根据四川省文化贸易发展的现状特点，文化贸易发展的主要资源优势如下：

---

[1] 四川省社会科学院文学研究所．四川文艺年鉴 2013［M］．成都：中国文联出版社．2014.

4.5.4.1 可"走出去"的文化资源潜力巨大

四川省是文化资源大省，许多文化资源都具有走向世界的价值和潜力。

（1）丰富的对外参演资源。川剧、杂技、木偶、皮影、民族歌舞、民族音乐、话剧、地方曲艺、藏戏等都是四川省比较有代表性的演艺资源。

（2）传统特色民间工艺品资源。四川省民间艺术资源丰富。其中在北京奥运会和上海世博会中展出的四川眉山国家非物质文化遗产的青神竹编和具有浓郁民族特色地方特色，具有极佳收藏价值的绵竹年画让人叹为观止；将传统制作工艺与现代科技结合的四川自贡彩灯，国内外反响很好。

（3）美术创作和书法资源。具有浓郁东方神韵和四川特色的美术创作书法作品同样深受外国受众的喜爱，以成都的蓝顶艺术中心和画家村为代表的创作基地大有可为。

（4）美食和茶馆文化资源。四川美食甲天下，美食永远都是全世界谈论的焦点，永远也不会过时，美食的诱惑可以作为出口的攻略；具有巴蜀民风的四川茶馆以及质朴独特的茶馆文化也是丰富世界人民娱乐生活的不错选择。

（5）展览服务和艺术品资源。主要有分布在成都和广汉的"三星堆""金沙"及"三国文物"等与古迹相关的展览服务资源，四川省博物馆汉画像砖、"张大千绘画"的馆藏资源，分布在凉山彝族自治州的"凉山彝族瓷器"和来自遂宁的"遂宁宋瓷"。

（6）原生态民俗文化资源。四川省内的汉族、彝族、羌族和藏族的蜀文化、彝文化、羌文化和藏文化丰富多彩，相互包容，各具特色。有浓郁凉山、甘孜和阿坝风情的地域文化更是特色鲜明，引人入胜。

4.5.4.2 已"走出去"的文化资源逐渐品牌化

在四川省丰富的文化资源中，有一部分经过多年发展，努力与国际市场接轨，已经形成或正在形成品牌，在国内外具有一定的知名度。其中，网络动画、自贡彩灯、杂技演艺和传统演艺可作为"走出去"的品牌发展参考样本。

（1）网络动漫。四川省动漫资源已经打入世界市场。如成都恒风动漫历时四年斥巨资打造的52集3D高清数字动画《星系宝贝》2010年相继成功打入欧洲市场和中东市场，海外发行至意大利、阿尔巴尼亚、乌克兰、科索沃、马其顿等欧洲国家和伊朗、土耳其等中东国家和地区。此外，《星系宝贝》还荣获2011年韩国首尔国际动漫节电视动画片入围奖。

（2）自贡彩灯。自贡彩灯业在其地方政府和文化主管部门的大力扶持下，得到较大发展，逐步形成了围绕彩灯外展的彩灯设计、研制、展览的产业链，带动了相关行业百余家企业，通过在韩国、新加坡、泰国、马来西亚等国的展览，站稳亚洲市场之后，又占领了欧洲、美洲和大洋洲市场。

（3）杂技演艺。四川省杂技通过在北京、上海等窗口城市的长期演出，逐步在外演市场中占据一席之地。德阳杂技团、南充杂技团、宜宾杂技团和成都杂技团每年均有出访演出。作为民营剧团的德阳杂技团已由单纯的演出团体向演出、经纪一体的大型文化企业方向发展。遂宁春苗杂技团的国内外商演不断，足迹遍布美国、法国、马来西亚、英国、日本等国家，为四川省的文化出口创汇做出了很大贡献。

（4）民族演艺。川剧、木偶、皮影和民族民间歌舞、民乐逐步找到传统民族文化与国外演艺市场的契合点。近年来，四川省歌舞剧院、四川省川剧院、四川省大木偶剧院采用了与国外演出经纪机构合作的形式，打造针对国外演艺市场需求的演艺产品，取得了不错的效果。四川省大木偶剧院与美国华纳国际咨询公司签订了10年的合作协议：2007～2016年，美国华纳国际咨询公司将出资全面包装和打造川北大木偶，并将邀请四川省大木偶剧院到美洲进行每年5次以上的巡回演出。这是国外资本和经营理念与四川省传统民族文化资源的结合。这将成为四川省传统民族文化资源转化为文化产品走向世界、开拓国际文化市场的一条可资借鉴的道路①。

4.5.5　四川省文化贸易发展面临的挑战

近年来四川省文化贸易取得了显著的成绩，但也面临着严峻的挑战。四川省文化贸易仍然处于比较初级的起步阶段，与国内外发达地区相比，还存在不小的差距。尤其是四川省文化贸易逆差较为明显，文化贸易进出口增幅相对于四川省对外贸易进出口增幅及所占比例依然很小，与四川省文化资源大省的地位极不相称，与四川省打造文化强省的目标还有一定的距离。

目前，四川省发展文化贸易的主要挑战如下：

（1）总体水平低且区域不平衡。四川省文化贸易存在总体水平低，且贫富差距鸿沟大的问题，有"相对富裕"和"绝对贫困"之分。"相对富裕"的地区主要集中在省会成都和川内文化出口强市自贡，除此之外，川内的大部分地区都基本属于被遗忘的角落，对外文化贸易几乎可以忽略不计，尤其是少数民族聚居区域存在连续几年没有对外文化贸易项目的情形。

（2）缺乏文化贸易骨干企业集群。四川省文化发展产业化程度还比较低，缺乏具备一定国际影响力的龙头企业。以新华文轩为例，近年新华文轩公司以及所属出版社共向海外输出版权230余项，特别是近两年版权输出总量大幅上升，每年版权输出种类均在30种以上。虽然如此，但仅占全国版权输出总量8000种的

---

① 严飒爽，段晓聪. 四川对外文化贸易现状及对策 [J]. 四川戏剧，2008（6）：139-141.

比例不足 1%，影响力还非常有限。

（3）企业实力弱小且相对保守。四川省文化产业相关企业未能制定长远系统的对外发展规划，主动发现商机的洞察力不够敏锐。随着信息时代的到来，扁平的世界越来越成形，经济社会的发展越来越透明化，文化产业的发展也更是如此。川内文化产业涉及单位，需要摒弃其单纯追逐利润的思想。提升文化产业链意识，积极对待开发国外市场中所面临的问题，加强与政府政策的对接和有效配合与反馈，使政府资金支持形成长效机制，真正将文化贸易摆在与货物贸易同等重要的位置上，提升文化企业的核心竞争力，实现文化产业的可持续发展。

（4）市场推广层面自信心有待提升。拥有文化资源的相关部门对文化中国软实力"不自信"。地方的文化即特色的文化，民族的文化即世界的文化。相关文化部门偏好于埋头钻研，内部研究详尽细致，内敛有余，开放不够。片面地放大文化差异的负面效应，没有去真正解放文化产业的生产力。

（5）文化资源转化为品牌有待提高。有资源没有产品的格局已经长期存在。以川剧为例，中华民间特殊技艺令人惊奇，当然对外也会具有相当不俗的吸金能力。可现如今的社会，唯一不变的就是变化，老传统固然经典但不能满足当今大众的"快消费"的追求品位。如何老剧新编新演，有能力的导演编剧和舞美值得翘首企盼。

（6）国际文化市场运作人才匮乏。国际文化市场是世界性的市场经济的有机组成部分之一，对外文化贸易离不开与之相关的高素质人才队伍，人才队伍的建设将直接关系到四川省文化出口产业的前景。既了解四川文化产品、熟悉国际市场各区域消费特征和善于文化产品通道建设的复合型人才的稀缺，将成为对外文化贸易的最大"瓶颈"。虽然四川省高校众多，但与之相关的人才不多。

4.5.6 促进四川省文化贸易发展的对策建议

随着全球化的深入，四川省文化产业与世界融入进程推进，面临各种各样的挑战已不可避免，我们只有深刻地认识到四川省文化贸易仍然还处于起步的初级阶段，才能分析问题，迎接挑战，转化成今后的发展思路。

四川省文化发展应坚持以社会主义核心价值观为引领，坚持弘扬以爱国主义为核心的民族精神和以改革创新为核心的时代精神，围绕"文化强省"的新要求，站位推动"一带一路"和"长江经济带"国家战略，实现文化建设新发展。

根据四川省人民政府关于《四川省"十三五"文化发展规划》要求，努力实现到 2020 年，文化发展环境明显改善，文化产业竞争力明显增强，巴蜀文化影响力不断扩大，公民文明素质和社会文明程度明显提升，文化发展主要指标进入全国第一方阵，如期实现文化小康目标，基本建成文化强省①。具体思路如下：

4.5.6.1　推动文化贸易区域布局合理化

在充分认识到四川省文化贸易总体规模不大和涉及区域分布不均的基础上，切实推广成都和自贡等相对优势区域的成功经验，广泛调动四川省丰富的文化资源，探寻共同的发展路径，挖掘差异化的发展模式，形成汉族区域与少数民族区域的互补发展，各个地方联动发展的合理化文化贸易新格局。

4.5.6.2　"中国创造"导向的品牌文化建设

重点有序发展文化品牌。古巴蜀文化和三国文化为代表的历史文化，可以作为四川地方特色文化底蕴展现的代表，红军长征路线、川陕革命根据地为主要内容的红色文化可以作为中国特色价值观展现的典范，"藏羌彝文化走廊"为核心区域的四川民族文化作为少数民族民俗文化展现的范本，汶川地震恢复重建区域为依托的重建文化作为现代中国精神和四川精神展现的佳作。

有重点地打造培养一些有特色文化品牌，培育重点项目、重点人物、重点工程，培养一批骨干企业，把藏羌彝特色文化产品等四川丰富的文化产品集约化、品牌化，推动其走出国门。

4.5.6.3　政府引领的产学研协同合作

依托国家层面的影响力，为"走出去"积极探索，增加我国文化元素的曝光量。四川省要充分利用国家加强文化战略部署的决心，省政府主导、文化厅主抓、商务厅等相关职能部门联动，文化产业协会负责枢纽中转，高校和研究机构夯实人才建设和产业研究，企业单位充当探路尖兵，通力合作，攻坚克难，集思广益，共同开创四川省对外文化贸易的新局面。政府建立激励机制，为企业搭建出口平台，充分利用国家级的文化服务出口平台，加大对外宣传，为企业创造参与国际交流与合作的机会，促进以出版、动漫为重点的文化服务出口。积极组织文化产品和服务出口企业参加北京"京交会"、香港"授权展"、深圳"文博会"等相关展会。从过去单纯依靠官方组织赴国外演出展览，向以市场为主导，政府提供服务，调动各文化艺术门类和各种民间、社会力量全面自主地进行资源整合，形成优势产品和特色品牌"走出去"的模式转变。迸发民间资本的活力，发展多样化融资渠道，调动全社会发扬四川文化和中华文化的使命感，共筑文化贸易繁荣景象。

4.5.6.4　高端文贸人才的培养引进

四川省政府应加快研究制定并出台文化贸易经营管理高端紧缺人才的认定标准、优惠政策和奖励办法；要积极探索科学培育人才机制，创新模式培养国际

---

①　四川省文化厅官网。

化、应用型、创新性国际文化贸易专门人才；鼓励和扶持高等院校和中等职业学校开设文化贸易经营管理相关专业，与文化企事业单位共建培养基地。培养一批有实际工作能力的文化产业走出去国际运作人才和文化创意人才，并形成人才后备梯队。积极商签双边劳务合作协议，推动学位、培训、执业资格认证等国家间互认，为专业人才和专业服务"走出去"提供便利。

4.5.6.5 增强"走出去"文化的自信

文化"走出去"的重要前提就是要增强"文化的自信"。文化的不自信必然会导致文化的不作为。内求团结，外求发展，沟通交流，互通有无的展示和塑造自身的形象，将全国人民对某种文化形式的喜爱化作"秀文化"的动力，增强出口积极性和执行力。

注重国家和地方层面软环境的营造，文化跨国界展示表现力的聚集。在四川省内举办一系列有针对性的文化节会活动，培养出良好的文化氛围，夯实文化产品的国内群众基础，积极引导和鼓励文化创意行为。增强四川文化走出国门的语言适应能力，须充分调动海外华人侨胞的积极性，尤其是川籍华人，应充当四川文化本土化的翻译尖兵，丰富文化贸易的通道格局，推动民间文化贸易的发展，强化文化传播中的口传效应，为四川文化输出添上浓墨重彩的一笔贡献力量。

4.5.6.6 细分国外文化市场进行差异化营销

国外文化市场大致可以分为欧美市场和亚洲市场，其中，欧美市场是以西方文化为中心的异质文化市场，亚洲文化市场是以东方文化为主导的同质文化市场。不同的文化市场采取有差异的营销方式，如在不同的文化区域寻求有针对性的四川文化产品代理渠道。进行国外市场消费者习惯调研，特别是国外文化消费习惯的剖析将有助于提供文化产品切入的效率。可通过社交媒体的渗透，细化出针对欧美不同地区的文化产品。

4.5.6.7 搭建平台完善文贸促进政策

世界各国都在采取各种手段，尤其是针对性的成立专门机构来鼓励相关产业的出口，探索有效推进文化与科技融合的体制和政策机制。四川省成立专事专办的文化贸易促进机构，可以为文化产业的发展提供组织保障，在参与文化贸易政策制定与执行、协调各部门的工作以及文化贸易的推广上将提供很大的便利。

减少或消除文化贸易壁垒要求我们健全文化贸易法律体系，加强和完善文化立法，在不违背国家和国际层面法律和协定的基础上，制定地方性的政策，完善文化市场管理、文化公共服务等方面的政策法规，制定鼓励文化贸易出口的投资优惠、税收优惠、基金扶持等经济政策；规范文化贸易的市场准入、贸易审批、统计报表、海关出入境、违规处罚等管理体系；推出反垄断、知识产

权保护、劳动保障等一系列配套政策和法律法规，增加透明度，保证文化贸易
有序发展。

4.6 四川省物流服务贸易发展[*]

物流业是复合型服务产业，是国民经济的重要组成部分，涉及领域广，吸纳
就业人数多物流业促进生产、拉动消费作用大，在促进产业结构调整、转变经济
发展方式和增强国民经济竞争力等方面发挥着重要作用。

4.6.1 中国与四川省物流业发展概况

4.6.1.1 我国物流需求平稳增长

进入21世纪以来，中国物流业总体规模快速增长，物流服务水平显著提高，
发展的环境和条件不断改善，为进一步加快发展中国物流业奠定了坚实基础。
2014年我国物流需求趋于平稳，物流企业的物流效率有所提高，但我国经济运
行中的物流成本依然较高。2014年全国社会物流总额213.5万亿元，按可比价格
计算，同比增长7.9%，增幅较上年回落1.6个百分点。2014年社会物流总费用
10.6万亿元，同比增长6.9%，社会物流总费用与GDP的比率为16.6%，增幅
比上年回落0.3个百分点。物流业增加值平稳增长，2014年全国物流业增加值
3.5万亿元，按可比价格计算，同比增长9.5%。①

4.6.1.2 四川省物流快速发展

从2009年以来，四川省物流业发展迅速，尤其在2016年，四川省政府明确
提出要优化现代物流业发展环境，培育壮大一批具备物流综合服务能力的企业。
未来四川省物流业将会获得更大迅猛的发展。

（1）四川省社会物流总额增长较快，工业品物流占绝对优势。根据2014年
全国数据，四川省社会物流总额达到54804.7亿元，占全国社会物流总额的
2.57%（2012年全国社会物流总额达到213.5万亿）同比增长6.86%，增幅较
2013年下降7.58个百分点。

———————

* 2015年度中央高校基本科研业务费专项基金项目"经济新常态下西部民族地区优势产业与生态保护
协调发展研究"（项目编号：2015SZYQN161）相关资料来源于国家发改委网站。

作者简介：罗龙（1988 - ），男，2016年西南民族大学经济学院硕士毕业；张小兰（1971 - ），
女，经济学博士，现为西南民族大学经济学院教授。研究方向：产业经济。

本节数据除特殊标注外，均来源于中国服务贸易指南网和四川省商务厅。

① 中国新闻网.2014年全国社会物流总额213.5万亿同比增7.9% ［EB/OL］. http：//www. chi-
nanews. com/cj/2015/04 - 16/7212282. shtml.

从社会物流总额的构成情况来看，2014 年，四川省工业品物流总额达到 39184.5 亿元，同比增长 7.44%，占社会物流总额的比例基本稳定，由 2013 年的 77.11% 增长到 2014 年的 71.50%，增幅上升 0.39 个百分点。

农产品物流总额达到 5446.7 亿元，同比增长 1.48%，占四川省社会物流总额的比例由 2013 年的 10.47% 下降到 9.94%，增幅回落 0.53 个百分点，近几年基本保持在 10% 左右的水平。进口（包括外省流入）物流总额为 8574.3 亿元，占四川省社会物流总额 15.65%，同比增长 6.76%。

再生资源物流总额为 1220.5 亿元，同比增长 11.01%，占四川省全省社会物流总额 2.23%。

受网购等电子商务快速发展推动，快递等与民生相关的物流发展势头良好，单位与居民物品物流总额为 378.7 亿元，占全省社会物流总额 0.69%，同比增长 19.99%（见图 4 - 18）。

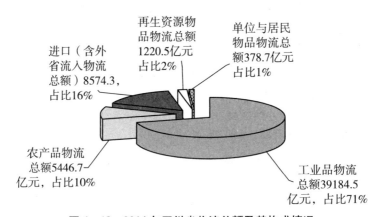

图 4 - 18   2014 年四川省物流总额及其构成情况

资料来源：四川省发改委网站。

（2）四川省近年社会物流总额增幅放缓。物流业的平稳快速发展，为四川省经济又快又好发展提供了快捷通常的物流服务，提高了四川省经济发展的质量和效益，对转变经济发展方式起到了积极的推动作用。根据四川省发改委的数据，四川省 2014 年社会物流总额为 54804.70 亿元，同比增长为 6.86%，2009 年为 28153.9 亿元，年均增长为 16.85%，其中 2010 年增幅最大，达到 23.34%。（见图 4 - 19）近年来四川省社会物流总额增幅放缓，趋于平稳。

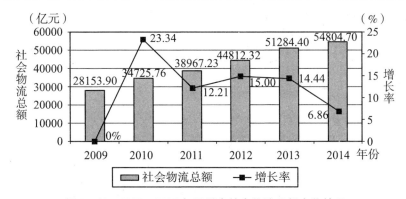

图 4 - 19　2009～2014 年四川省社会物流总额变化情况
资料来源：四川省发改委网站。

（3）社会物流费用居高不下，运输费用是主要成本。社会物流费用，反映了经济运行的成本情况。2014 年四川省社会物流费用达到 5327.3 亿元，占全国社会物流费用总额的 5.03%（2014 年全国社会物流费用总额达到 10.6 万亿），同比增长 7.19%。图 4 - 21 表示四川省 2014 年社会物流费用构成情况，从构成情况来看，受燃油价格下降、道路运量快速增长的影响，四川省运输费用达到 3269.7 亿元，占社会物流费用总额的 61.38%，同比增长 3.45%，较往年有所下降。保管费用为 1571.2 亿元，占社会物流费用总额的 29.49%，同比增长 16%；管理费用为 486.4 亿元，占社会物流费用总额的 9.13%，同比增长 7%（见图 4 - 20）。

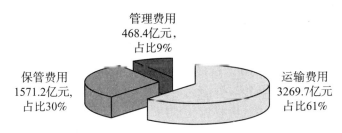

图 4 - 20　2014 年社会物流费用构成情况
资料来源：四川省发改委网站。

（4）社会物流费用增幅平稳，运输成本有所下滑。

第一，社会物流费用总额增幅平稳。2012 年开始四川省社会物流费用增长幅度逐年开始下滑，至 2014 年增幅下降至 7.19%，说明四川省经济快速发展的过程中物流成本有所下降。四川省 2009 年四川省社会物流费用总额为 2814.3 亿元，到 2014 年增长至 5327.3 亿元，年平均增长率为 13.72%，2014 年较 2013 年增长 7.19%，增幅回落 1.89 个百分点。2014 年社会物流费用占 GDP 比重为 18.67%，较去年下降 0.16 个百分点，而 2009 年比重为 19.90%，说明四川省物流效率有所提升（见图 4 - 21）。

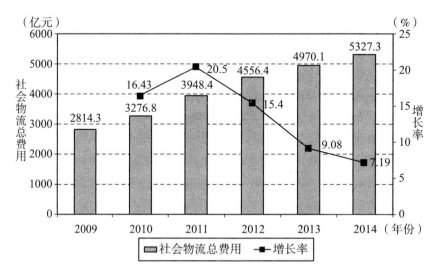

图 4 - 21　2009 ~ 2014 年社会物流费用总额情况

资料来源：四川省发改委网站。

第二，运输费用占比连年下降，保管、管理费用比例上涨。2009 年运输费用为 2003.93 亿元，占社会物流费用总额为 71.20%，到 2014 年运输费用达到 3269.7 亿元，占社会物流费用总额为 61.38%，运输费用占社会物流费用总额比重呈逐年下降的趋势（见图 4 - 22）（说明四川省运输成本，在经济运行中的成本比例逐渐下降，运输效率和效益提高）。

保管费用从 2009 年的 592.81 亿元，提升到 2014 年的 1571.2 亿元，年均增长率 26.26%，保管费用占社会物流比重用 2009 年的 21.1%，稳步提升至 2014 年的 29.49%，年均增长 1.68 个百分点。

管理费用从 2009 年的 217.52 亿元，提升到 2014 年的 486.4 亿元，年均增长率为 17.58%，管理费用占社会物流比重用 2009 年的 7.7%，稳步提升至 2014 年的 9.13%，年均增长 0.24 个百分点。

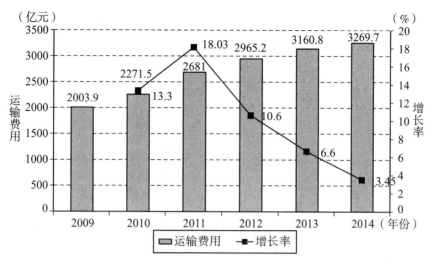

图 4 - 22　2009~2014 年运输费用情况

资料来源：四川省发改委网站。

（5）物流对 GDP 贡献快速提升。物流增加值等于物流产业的总产值扣除中间投入后的余额，反映了物流产业对 GDP 的贡献。2009 年四川省物流增加值为815.74 亿元，提升到2014 年的1586.79 亿元，年均增长率为14.36%，最高增长率为2011 年的23.44%，2014 年增长率为7.84%，较 2013 年增幅回落 3.24 个百分点，物流业增加值有下降的趋势。2014 年物流增加值占全省服务业比重为16.60%，占 GDP 比重为5.60%（见图 4 -23）。

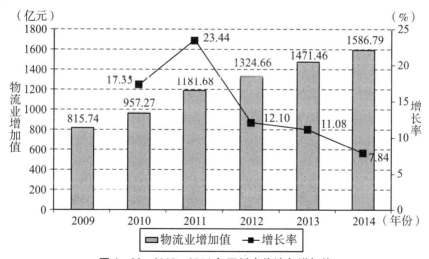

图 4 - 23　2009~2014 年四川省物流年增加值

资料来源：国家发改委网站。

4.6.2　四川省各运输行业发展情况分析

（1）四川省航空运输业发展概况。四川省航空运输业发展迅速，在全国处于相对较高的水平，而成都被誉为"中国航空第四城"，是四川省航空运输的主力军。2014年，成都双流国际机场旅客吞吐量突破3750人次，有望在2015年突破4000万元大关，成为继北京首都、广州白云、上海浦东、上海虹桥机场后，全国第5个、中西部唯一进入"3000万级机场俱乐部"的机场。而四川省内11家机场中，成都双流、广元盘龙、泸州蓝田、绵阳南郊、南充高坪等8家机场旅客吞吐量均较上年有所增加。与同处于西部地区的西部机场集团和云南机场集团相比，四川机场集团的旅客吞吐量和货邮吞吐量均排名西部第一。若加上四川机场集团未管辖的省内其他机场数据，四川省的机场业在西部处于绝对领先地位。

第一，航空旅客吞吐量增长趋于平稳。航空旅客吞吐量是衡量航空运输能力的主要指标之一。四川省旅客吞吐量除在2008年有所下降外，其余各年均保持较快增长。2014年旅客吞吐量达到4317.70万人次，同比增长14.69%，增幅较2013年上升8.89个百分点。其中最低增幅为2008年的 -12.44%，最高增幅为2009年的35.47%，说明四川省航空业从地震的影响中迅速恢复了过来（见图4-24）。

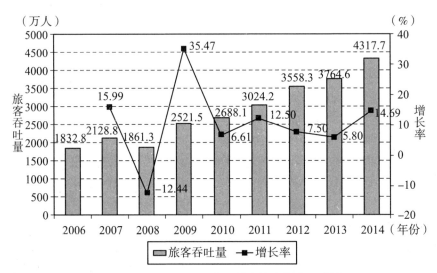

图4-24　2006～2014年四川省航空旅客吞吐量

资料来源：中国民用航空局网站。

第二，航空货邮吞吐量增速放缓。航空货运吞吐量是衡量航空运输能力的另外一个指标。2009 年，四川省货邮吞吐量在地震的影响下，依然有小幅度的增长，较2008 年增加 0.47%。除去 2008 年，2006～2011 年货邮吞吐量增幅都保持在 10% 以上，而在 2011 年以来增幅持续下降，到 2012 年增幅下降到 5%，2013 年出现负增长的情况，2014 年恢复正增长，同比增长为 8.70%，较 2013 年上升 10.59 个百分点，达到 55.33 万吨。说明四川省货邮吞吐能力和货邮市场日趋饱和（见图 4 - 25）。

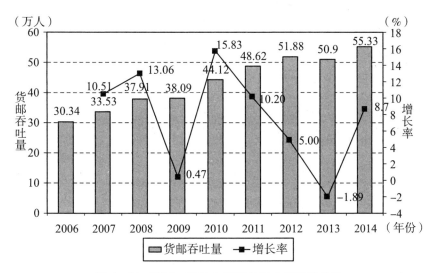

图 4 - 25　2006～2014 年四川省航空货邮吞吐量

资料来源：中国民用航空局。

（2）铁路物流运输发展放缓。铁路建设以加快进出川大通道建设为重点，全面完善成都铁路枢纽功能，截至 2014 年，全省铁路营运里程将达到 3977 千米，全省已形成宝成、成渝、成昆、内昆、达成 5 条铁路干线，三万、小梨、资威、成汶、德天、广岳、广旺、宜珙 8 条铁路支线和 4 条地方铁路组成的铁路路网。2014 年铁路运输货物到达量达到 11800.19 万吨，较 2013 年下降 3.9%，主要原因是受国内宏观经济放缓的影响，煤炭，刚才等"黑货"运输量大幅下降，其中，重点物资到达量靠前的依次是化肥、工业机械、粮食、鲜活产品。2014 年铁路运输货物发送量为 7159.16 万吨，较 2013 年下降 1.7 个百分点，其中，重点物资发送量靠前的依次是水泥、磷矿石、工业机械等。

（3）公路物流情况。第一，较为发达的公路交通网络。四川省公路建设取得了卓越的成绩，截至 2014 年，四川省公路总里程达 31 万千米，居全国第一。其中，全省在建和建成高速公路里程 7200 千米，通车营运高速公路里程突破 5500

千米,西部第一,全国第五。农村公路 29 万千米,居全国第一。第二,公路物流发展迅速。2014 年,全省公路客运量、货运量分别完成 12.6 亿人次和 14.2 亿吨,同比分别增长 2.1%、下降 6.3%,旅客周转量、货物周转量分别完成 630 亿人/千米和 1510 亿吨/千米,同比分别增长 5.2%、18.6%。

快递业完成业务量达到 37940.93 万件,同比增长 55.49%;快递业完成收入达到 47.96 亿元,同比增长 57.64%,其中国内异地业务占总收入的 77%。

(4)水路物流发达。目前四川省共有通航河流 176 条,通航水库、湖泊 147 个,航道总长 11725 千米。内河水运建设方面,广元港红岩作业区一期工程、宜宾港志城作业区重件泊位、南充港化工园区专用码头建成投运。渠江四九滩至丹溪口航道整治工程基本完成。眉山市岷江汉阳航电枢纽建成投运。积极推进岷江港航电综合开发和嘉陵江川境段航运配套工程建设。全省四级及以上高等级航道里程达到 1015 千米,港口集装箱年吞吐能力达到 218 万标箱。

截至 2014 年,水运货运量达到 8361 万吨,同比增长 15.4%;水运周转量达到 154 亿吨,同比增长 24.1%;港口集装箱吞吐量突破 44 万标箱,同比增长 69%。南充港、广安港实现了集装箱运输零的突破。

4.6.3　四川省运输服务贸易进出口现状分析

由于物流服务贸易的数据的缺乏,因此本文以物流服务贸易中最重要的同时占比也是最大的运输服务贸易来分析。

4.6.3.1　四川省物流服务贸易发展基础设施发展快,但物流企业起步晚

(1)基础设施建设加快。四川省的区位优势以及良好的基础设施为物流业的发展创造了有利的条件。四川地处西南、西北交界,与 9 个省(市、区)接壤,具有辐射西南、西北地区的区位优势。近年来,其铁路、公路和航空的建设都得到了长足的发展。截至 2014 年底,四川省综合交通网总里程达到 34 万千米,其中铁路运营里程 3977 千米,公路通车里程 31 万千米,高速公路通车里程 5500 千米,内河 4 级以上高等级航道 1015 千米,民航机场 11 个,形成包括 7 条铁路,8 条高速公路和 1 条水运航道的 16 条出川通道①。2009 年,成都被国务院确定为 21 个全国性物流节点城市之一以及西南物流区域中心城市之一。2012 年,四川省物流行业快速发展,新(增)开 16 条省际公路货运专线、62 条城际货运班车,成都首次迈入“3000 万级机场俱乐部”,行包专列和货运直达班列居西部第一。

(2)物流企业处于成长起步阶段。目前,物流企业多种所有制共同发展,大量私企纷纷涌入物流业,市场主体不断壮大,但企业规模小,以民营企业为主,

---

① 2020 年四川省铁路营业里程将达 6100 公里〔N〕.四川日报,2015-04-27.

"散、小、弱""大而全""小而全"等问题依然突出,不利于物流业健康发展。四川省各类物流企业总数超过1万家,规模以上物流企业只有几百家。第一方物流和第二方物流在市场上占主导地位,第三方物流发展相对滞后,比重不足10%,低于全国平均水平。

近年来,一批国内外知名的物流企业近年来相继在四川设点。以成都为例,已经落户25家外资快递、船运和物流公司(办事处),包括敦豪、UPS、联邦快递等。四川省企业物流成本占企业成本比例较高,而企业降低物流成本的需求与四川现有物流企业普遍较小的规模形成了鲜明对比,从而为四川省物流企业提供了难得的发展机会。随着经济发展及市场的逐渐规范,四川的物流市场将有较大的提升空间。

4.6.3.2 四川省运输服务贸易水平较低,增长迅速

四川物流企业处于成长起步阶段,发展水平较低,从而也就限制了四川省运输服务贸易的发展。四川省运输服务贸易占全省服务贸易比重较低,但是四川省运输服务贸易的发展十分迅速。根据2014年数据全国服务贸易数据,四川省2014年服务贸易总额为1184263.5万美元,其中,进口额为797053.7万美元,出口额为387209.8万美元。2014年四川省运输服务贸易总额为134955.2万美元,其中进口额为123698.0万美元,出口额为11257.2万美元,运输服务贸易占服务贸易总额的11.4%,四川省运输服务贸易的发展还相当不成熟。并且四川省运输服务贸易在全国的地位较低,仍有很大的发展空间和潜力。

4.6.4 四川省物流服务贸易面临的挑战

四川省的运输、仓储、包装等行业已经经历了一定时间的发展,然而作为将几种功能有机结合的物流产业还尚未成熟。从发展状况来看,四川省的物流产业正处于形成阶段。主要存在以下几个方面问题。

4.6.4.1 现代物流意识有待提高

四川省企业表现出对于物流的需求不足,现代物流在企业界的普及程度较小,企业对现代物流的认识比较缺乏。根据有关部门的调查,大部分企业(47%的生产企业和62%的商业企业)在对第三方物流做选择时并没有确切的选择标准。对于大多数企业来说,成本是做选择时的首要考虑因素。占少数的企业在对第三方物流供应商做选择时,将服务质量作为优先考虑的因素。在选择第三方物流时对选择标准透过考虑的企业中,作业质量和提供综合物流服务的能力,成为选择第三方物流的第一标准。这说明,企业已经开始重视物流能能力和物流效率,物流企业在制定服务策略时,不能追求全面,要具有针对性。

4.6.4.2 物流企业规范化水平较低

物流行业是一个新型的行业,近几年发展迅速,一些企业能根据在自身条

件，引进国外经验，与国际物流行业接轨。但省内大多数物流企业依然存在很多管理上的问题：工作质量不高，服务内容有限，服务方式和手段比较原始和单一，服务项目、收费标准随意性较大，物流企业组织规模较小，缺乏必要的竞争实力，物流企业经营管理水平较低，物流服务质量有待进一步提高，绝大多数企业只能提供单项或分段的物流服务，不能形成完整的配套物流服务。

4.6.4.3　物流企业成本居高不下，物流效率低下

2014年，四川省社会物流费用占GDP比重为18.67%，同比下降0.16个百分点，近年来，基本保持在19%左右，虽然社会物流费用占GDP的比率有所下降，但与国内其他省份相比仍然处于较高水平，说明四川省物流企业经济发展的成本较高。

4.6.4.4　物流行业软硬件条件都缺乏

物流行业基础设施、技术装备水平落后，很多企业远不能达到国际标准化组织ISO对国际化物流系统标准做出国际物流企业要求的水准（物流模数、物流托盘化、EDI标准）。物流企业信息化水平低，电子商务的发展滞后，网络和信息技术难以适应现代物流的需要，呈现出重商流、轻物流，重硬件、轻软件，重电子、轻商务的现象。物流专业人才匮乏，我国物流教育刚刚起步。由于物流是涉及运输、仓储、包装、信息等多项服务的集成体系，就要求物流人才要求具有比较综合的知识，不仅要提供以上的服务，还要进行物流方案的策划、咨询、设计，将有限的资源重组。

4.6.4.5　物流市场不成熟和机制不完善

尽管省内各级政府都将物流业的发展作为重要课题，为物流业的发展创造一个良好的生态环境，减轻物流企业发展压力。但由于四川省物流市场起步较晚，散乱无序，现在仍处于起步阶段，市场竞争机制还不能完善，竞争秩序有待规范，现有的物流市场规范制度和规章还不能与市场的发展相适应。

物流产业的形成和发展是一个长期而复杂的过程。首先必须明确四川省物流在理论和实践方面的发展现状，然后从这些实际出发，逐步解决问题，为物流业的进一步发展打良好基础。

4.6.5　四川省物流服务贸易发展对策

四川省物流行业虽然起步较晚，发展水平较低，但是近几年发展十分迅速，应该抓住这一势头，将四川省物流产业做大做强，与国际物流标准接轨。针对四川省物流行业及物流服务贸易发展情况，本文以下几点发展对策及建议：

4.6.5.1　制定相关政策，完善物流市场

物流建设是一个系统的工程，物流的发展必须具有自己的核心能力。规范物

流市场准入标准，鼓励多元化投资主体进入物流行业。同时，在税收政策上给予物流企业一定的优惠政策。考虑到四川省物流行业起步较晚，先出阶段较低，发展还不完善。首先，规范物流市场运作规程，引导市场竞争规范；其次，完善市场监督和调节机制和建立商业信用体系。尽快完善物流市场运作机制和规程、法律规范和建立一个商业信用体系，是提升和完善四川省物流市场发展水平的急需面临的问题。

4.6.5.2　加强物流人才培训

物流人才不足已经是四川省乃至全国物流行业发展的"瓶颈"问题。四川省物流从业人员规模相对较大，但人员素质普遍较低，大专以上学历及有物流教育背景的从业人员少之又少。因此，尽快在更多的中高等职业学校开展物流教育，组织物流企业进行教学交流，加强教学实践，建立物流教学实训基地，加强专业师资队伍建设。

4.6.5.3　大力发展第三方物流，发展现代物流园区

第三方物流的发展将有利于物流的专业化、规模化、合理化，从而提高物流系统的效率和降低物流成本。通过鼓励合资、合作、兼并等方式扩大第三方物流企业规模，形成规模效益。完善政府法规和行为，打破市场束缚，促进第三方物流企业跨行业、跨地区发展，提高服务质量，降低物流成本。

物流园区是物流业发展到一定阶段的必然产物，其在经济发展中的作用越来越大。四川省虽然已建立了物流园区，但水平不高。因此，政府应该加强对四川省现有物流园区特别是成都各个主要物流园区的基础设施建设，在物流园区建设时借鉴德国物流园区建设经验——3P 方法。

4.6.5.4　大力发展航空国际运输服务

加快西部航空枢纽建设，发挥成都"航空第四城"优势，增设更多国际货运航线和国际直飞客运航线，建设成为欧洲、中东连接中国及东北亚地区的中转枢纽，以及面向东南亚的国际门户枢纽。按照《西部综合交通枢纽建设规划》，在川南、川东北、川西、攀西等多个区域形成覆盖全省的航空网络体系。培育具有国际竞争力的大型航空公司；提高航运企业国际货运能力，鼓励航空货运企业与国外物流企业合作，扩展航空货运网络；推动航空物流、航空维修、航空培训等上下游产业链的延伸①。

4.6.5.5　提高企业现代物流管理水平，鼓励"走出去"

引进国际物流企业管理理念，加强企业现代物流认识。企业在提高管理学平方面一定要做到：以客户为导向，提高物流服务质量；优化内部业务流程，实现

①　《2012～2017 年四川服务贸易发展目标和重点产业》。

企业信息化；提升员工素质，优化服务队伍；规范员工职业道德，培养员工的敬业精神和奉献意识；提升员工的学习能力和创新能力，创建学习型组织。鼓励有条件的物流企业"走出去"，与国际接轨，打入国际市场。

4.7 四川省离岸服务外包发展[*]

党的十八大报告指出，要坚持出口和进口并重，强化贸易政策和产业政策协调，形成以技术、品牌、质量、服务为核心的出口竞争优势，促进加工贸易转型升级，发展服务贸易，推动对外贸易平衡发展。中共十八届五中全会提出，要以创新、协调、绿色、开放、共享的发展理念，完善法治化、国际化、便利化的营商环境，健全服务贸易促进体系，有序扩大服务业对外开放。

服务外包产业作为人才密集型的现代高端服务业，具有创新性强、附加值高、资源消耗低、环境污染少、吸纳就业能力强、新业态融合深等优点，对于促进经济结构优化，形成产业发展新支撑、对外贸易新亮点、扩大就业新渠道具有重大作用。四川省地处中国西部，是西南、西北和中部地区的重要结合部，是承接华南华中、连接西南西北、沟通中亚南亚东南亚的重要交汇点和交通走廊，是一个资源大省、人口大省和经济大省。发展服务外包对于四川省加快经济发展方式转变，促进产业升级、参与全球产业分工、提升产业价值链具有重要意义。

4.7.1 四川省离岸服务外包发展概况

4.7.1.1 离岸服务外包的规模

2006 年，四川省成都市被商务部确定为全国第一批服务外包基地城市。2009年，国务院批准包括成都市在内的 21 个城市为中国服务外包示范城市。2016 年，成都市入选国家服务贸易创新发展试点，作为西部唯一入选城市，与其他 9 个省市及 5 个国家级新区一起进入试点。四川省离岸服务外包目前已初步形成以成都市高新区为核心，服务外包知名跨国企业、国内领军企业以及本土企业聚集发展的产业格局。

（1）服务外包企业的发展情况。截至 2014 年底，全球服务外包企业前 100强中已有 21 家落户四川省成都市，其中前 10 强 3 家，前 30 强 9 家。近 50 家跨

* 国家民委人文社会科学重点研究基地西南少数民族研究中心项目"生态脆弱的少数民族地区资源利用现状与路径研究——以四川甘孜为例"（项目编号：2014005）。

作者简介：王莉芳（1989－   ），女，2015 年西南民族大学经济学院硕士毕业。张小兰（1971－   ），女，经济学博士，现为西南民族大学经济学院教授。研究方向：产业经济。

本部分数据除特殊标注外，均来源于中国服务贸易指南网和四川省商务厅。

国集团企业在四川省设立了全球交付中心、共享服务中心或研发中心。而且，中国服务外包十大领军企业已有 6 家在四川省设立分支机构。这些企业机构主要落户于成都市高新区天府软件园，该软件园在由鼎韬产业研究院与中国外包网联合举办的 2014 年"中国服务外包园区十强"评选中蝉联榜首，在 2015 年"全球最佳服务外包园区——中国十强"① 评选中名列第一。

在中国国际投资促进会发起的 2015 年"中国服务外包百家成长型企业"评选中，成都颠峰软件有限公司、成都勤智数码科技股份有限公司、联发芯软件设计（成都）有限公司、马士基信息处理（成都）有限公司、成都力方数字科技有限公司、成都万创科技有限责任公司、成都聚思力信息技术有限公司、成都维纳软件有限公司共 8 家企业进入中国服务外包成长型企业 100 强，份额占全国 21 个示范城市中 100 强企业总数的近 1/10，居西部各省首位。

四川省开展服务外包的企业 2008 年新增 153 家。2009 年受金融危机的影响，服务外包行业发展遇冷，仅新增服务外包企业 47 家，同比下降 69.3%。2010～2012 年，四川省服务外包行业发展转暖，每年新增企业数均在 60 家左右，2010 年新增企业数最多，为 82 家，同比增长 74.47%（见图 4-26）。截至 2012 年底，四川省有千人以上服务外包企业 10 家，离岸执行金额千万美元以上企业 12 家。

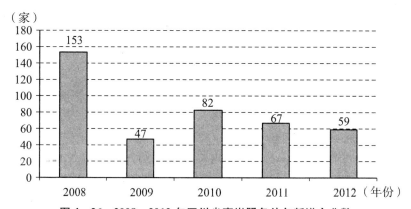

图 4-26　2008～2012 年四川省离岸服务外包新增企业数

资料来源：四川省商务厅提供。

---

① 该活动由鼎韬产业研究院首次联合美国外包服务集团 SIG、欧洲外包协会兼英国外包协会 NOA、俄罗斯外包协会 ASTRA、美洲开发银行 IDB、拉美外包协会 ALES、墨西哥信息技术协会 MexicoIT、印度软件和服务业企业行业协会 NASSCOM 等全球最具行业权威的专业组织机构共同发起。十强名单依次为：成都天府软件园、中关村软件园、上海浦东软件园、大连软件园、中国（南京）软件谷、西安软件园、齐鲁软件园、深圳软件园、厦门软件园和广东金融高新技术服务区。

服务贸易与经济发展

　　成都市开展服务外包的企业从 2008 年的 103 家增长到 2012 年的约 1250 家，五年来企业数量年均增长达 86.64%。2012 年，在商务部系统登记的从事国际服务外包的企业是 384 家，比 2011 年新增 54 家；其中 86 家企业通过 CMMI3① 以上的认证，31 家企业通过 ISO27001 认证，13 家企业通过 ISO20000 认证，经认定的技术先进性服务企业有 60 家（见图 4－27）。

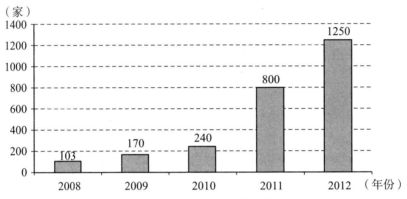

图 4－27　2008～2012 年成都市服务外包企业数量

资料来源：根据国家商务部、成都市商务局网站相关数据整理得出。

专栏 4－2

代表性企业简介

　　维布络信息科技（成都）有限公司于 2008 年在成都市注册成立，是一家外商独资企业，主要经营 ITO 和 BPO 业务，行业类别涵盖信息服务业、金融、零售、能源、卫生健康、运输、政府与教育、制造等。维布络是全球享有盛誉的高科技公司，在全球 54 个国家有超过 12 万的雇员，年收入超过 61 亿美元。它是全球最大的第三方研发服务提供商，拥有 27 年的全球技术服务交付的丰富经验，同时也是全球第一家同时拥有 PCMM5（人力资源能力成熟度五级）和 CMMI5（软件能力成熟度模型集成五级）的公司。维布络首创了业界首屈一指的质量管理方法——"Wipro Way"，集精益生产、持续改进和 CMM（能力成熟度模型）于一体，可以更好地为客户提供业务增值和更稳定可靠的商业预期。

---

　　① 服务外包企业六项国际资质认证包括：开发能力成熟度模型集成（CMMI）、开发能力成熟度模型（CMM）、人力资源成熟度模型（PCMM）、信息安全管理（ISO27001/BS7799）、IT 服务管理（ISO20000）、服务提供商环境安全性（SAS70）。

成都颠峰软件有限公司于 2002 年在成都市高新区注册成立, 是一家私营企业, 主要经营 ITO、BPO 和 KPO 业务, 行业类别为信息服务业。颠峰软件目前是商务部软件及服务外包的重点企业, 科技部的欧美出口试点重点企业, 中国软件外包/出口企业前十强, 中国服务外包企业最佳实践前十强, 是西部最大规模的软件及服务外包公司。颠峰软件在中国设立了以成都为中心的西部全球交付中心和以上海—花桥为中心的长三角全球交付中心, 在美国纽约设立了 sofmit corp. 分公司, 在日本东京建立了成熟稳定的运营团队, 并在欧洲、东南亚等地成功进行市场拓展。颠峰软件通过了 CMMI 软件能力成熟度认证, 信息安全管理 ISO27001 和 ISO9001 国际质量体系认证, 以严格的服务规范流程来保障服务交付的质量。

资料来源: 四川省商务厅提供。

(2) 离岸服务外包产业的从业人员。2014 年, 四川省服务外包从业人员超过 17 万人, 其中大学以上学历占 74%。四川省离岸服务外包的从业人员 2008 年新增 22897 人, 2012 年新增 49236 人。2008~2012 年的五年间, 2010 年的新增从业人员数量同比增长最快, 为 2009 年的 216.36%; 2012 年的新增从业人员数量最大, 同比增长 132.23% (见图 4-28)。

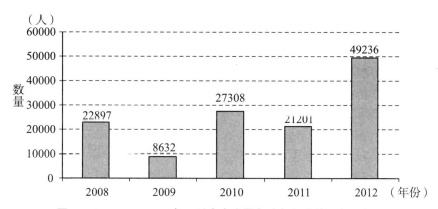

图 4-28 2008~2012 年四川省离岸服务外包新增从业人员数量
资料来源: 四川省商务厅提供。

2013 年正式发布的《成都服务外包产业发展报告 (2012)》显示, 截至 2012 年底, 成都服务外包产业共有从业人员 18.08 万人, 他们从事着研发、生产、应用、管理及市场营销、教育及人才培养、信息技术服务等工作, 成为成都服务外包产业发展的有生力量。

报告还显示,成都市服务外包外语人才中,英语人才占67%,日语人才占11%,9%为韩语人才,三种语言已占全部语言人才的近90%;其他小语种人才比较稀缺。

报告指出,服务外包从业人员以大学及以上学历的人才居多,且整体素质呈现逐步提升趋势。其中,1%拥有博士学历,17%拥有硕士学历,62%拥有本科学历,12%拥有专科学历,剩余的8%拥有其他学历。

(3)离岸服务外包合同额。据统计,2008~2014年,四川省服务外包合同额年均增长72.5%,2014年达20亿美元。2013年,四川省服务外包离岸合同签约金额16.98亿美元,同比增长约72.10%;离岸执行金额10.64亿美元,同比增长约45.90%。离岸服务外包合同签约金额逐年增加,执行金额也不断提高(见表4-29和图4-29)。

表4-29　　　　　2008~2013年四川省离岸服务外包合同金额情况

年份	离岸合同签约金额		离岸合同执行金额		执行额占比（%）
	总额（万美元）	增长率（%）	总额（万美元）	增长率（%）	
2008	9261.39	—	4507.67	—	48.67
2009	16940.00	82.91	10314.00	128.81	60.89
2010	41586.30	145.50	25764.00	149.80	61.95
2011	61320.00	47.45	46772.00	81.54	76.28
2012	98664.45	60.90	72901.43	55.87	73.89
2013	169801.52	72.10	106363.19	45.90	62.64

注:2008年的数据是根据2009年的同比增长率计算得出。
资料来源:四川省商务厅提供。

2012年,成都市服务外包离岸合同签约金额达9.86亿美元,同比增长61.17%;离岸执行金额约7.28亿美元,同比增长56.22%。2012年,成都市离岸执行金额超过1000万美元(含1000万美元)的企业有15家,比去年增加了3家,其累计离岸执行金额约占全市执行总额的71.67%,逐步显现出本地领军企业的规模效应。2014年,成都市服务外包离岸合同执行金额达11.99亿美元。

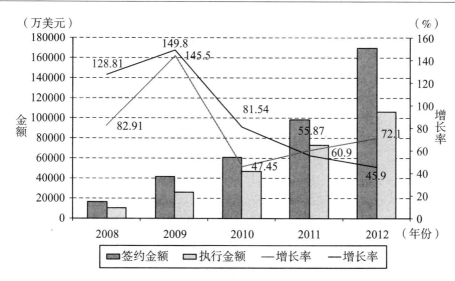

图 4 - 29　2008 ~ 2013 年四川省离岸服务外包合同金额及增长率

资料来源：四川省商务厅提供。

4.7.1.2　离岸业务类型构成

据统计，2012 年，四川省签订软件出口合同 1234 个，其中信息技术外包合同 1083 个；软件出口合同总金额 5.84 亿美元，其中信息技术外包合同总金额 5.56 亿美元；软件出口合同执行金额 4.99 亿美元，其中信息技术外包执行金额 4.75 亿美元。2013 年，KPO 成为四川省离岸服务外包的最大增长点，以动漫及网游设计研发、医药和生物技术研发及测试、产品技术研发、工程设计等为主的 KPO 合同额同比增长近 1.6 倍，占总额比重已超过 50%。

从图 4 - 30 可以看出，2012 年，成都市的服务外包离岸业务类型构成中，ITO[①] 仍然是主体业务类型和优势领域，约占全市离岸合同金额的 49.61%；KPO 业务增长快速，同比增长 110.35%，已达到全市离岸合同金额的 44.46%，成为成都服务外包向价值链高端延伸的重要趋势；BPO 业务作为成都的新兴优势领域，逐年稳步增长，约占全市离岸合同金额的 5.93%。但是，就 2013 年 1 ~ 8 月的统计数据而言，KPO 已成为成都服务外包业务的优势领域，KPO 合同金额 5.21 亿美元，占全市离岸合同金额的 64.94%；ITO 业务合同金额 2.59 亿美元，

---

① 服务外包按业务类型分为信息技术外包（ITO）、业务流程外包（BPO）和知识流程外包（KPO）。ITO 服务内容包括软件研发及外包、信息技术研发服务外包、信息系统运营维护外包。BPO 服务内容包括企业内部管理服务、企业业务运作服务、供应链管理服务等。KPO 是指位于发包商流程价值链高端的高知识含量的外包业务，例如知识产权研究、产品技术研发、工业设计、分析学和数据挖掘等。

占全市离岸合同金额的32.23%；这一业务结构变化体现出成都市服务外包产业向价值链高端延伸的趋势。

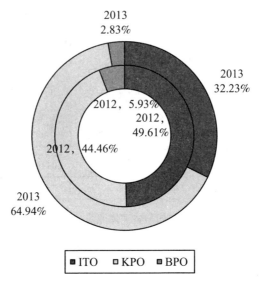

图4-30 2012年和2013年1～8月成都市承接离岸外包的业务领域分布

资料来源：根据成都市商务局网站相关数据整理得出。

4.7.1.3 离岸市场发展情况

2012年，四川省软件出口以美国为目的地的合同金额为2.76亿美元，是最主要的软件出口目的地。软件出口合同金额紧随其后的是四川省对日本的软件出口，金额为0.68亿美元。与四川省签订的软件出口合同金额在1000万美元以上的地区或国家，按合同金额从大到小排列，依次是中国台湾、中国香港和法国。

从洲别来看（见图4-31），北美洲是四川省的软件出口最大贸易伙伴，其他主要出口地依次是亚洲、欧洲、南美洲（开曼群岛）和大洋洲（澳大利亚）。

就成都而言，美国一直是成都承接离岸外包业务中最大的发包国。2012年来自美国市场的外包业务约占成都市离岸服务外包合同金额的35.82%。欧洲为10.39%，日韩市场仅为7.60%；亚洲（不含印度、日韩、我国港澳台地区）地区约占全市离岸业务的20.65%，非洲市场占比约为15.18%，成为成都开展国际离岸外包业务的重要新兴目标市场。另外，我国港澳台地区的外包业务约占全市离岸外包业务的7.97%，印度市场的外包业务约占1.26%，其他地区占1.13%（见图4-32）。

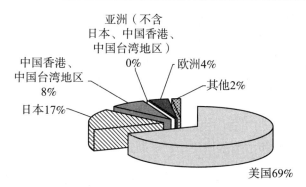

图 4 – 31   2012 年四川省承接离岸服务外包业务的发包地分布
资料来源：四川省商务厅提供。

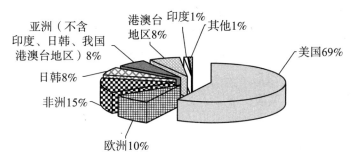

图 4 – 32   2012 年成都市承接离岸服务外包业务的发包地分布
资料来源：根据成都市商务局网站相关数据整理得出。

4.7.2   四川省离岸服务贸易外包相关政策

四川省、成都市以及以高新区为代表的区级政府部门，近年来不断完善各级政策支持体系，拓展政策领域，深化政策落实，并积极加强各级政策的联动效应。

4.7.2.1   省级扶持政策

根据《四川省内贸流通服务业发展促进资金管理办法》四川省外经贸扶持政策的规定，企业开展对外承包工程的，可按营业额对项目的设计咨询费及人员出国费给予适当补贴；对于省内注册企业，在中国出口信用保险成都营业管理部办理了短期出口信用保险业务，并缴纳保费的企业，可以直接获得资金支持。四川省商务厅在《关于做好 2011 年服务贸易资金项目申报工作的通知》中，提出对境外市场开拓、技改项目、研发项目、"走出去"项目等四类业务进行不同程度的补贴，最高可达 70%。

依据 2014 年《国务院关于促进服务外包产业加快发展的意见》的精神，四川省政府结合实际,《四川省人民政府关于促进服务外包产业加快发展的实施意见》指出,要从加大财政支持力度、落实税收优惠政策、加强金融服务和提升便利化水平四个方面进行政策支持,实施服务外包影响力提升工程和竞争力提升"515工程"①,推进垂直行业释放外包,推进区域布局多点发展,推进国际市场多元发展,推进服务外包创新发展,推进服务外包人才培养和引进。

2016年通过的"四川省国民经济和社会发展第十三个五年规划纲要"提出,要加强公共服务平台和示范基地建设,不断提高创新能力,扩大产业规模,促进服务外包离岸业务与在岸业务协调发展,重点培育软件信息技术、动漫游戏、文化创意、中医药等高附加值服务外包产业。

4.7.2.2 市级扶持政策

根据成都市人民政府《关于促进成都服务外包发展的若干意见》(2007)、《关于促进高端服务业发展的意见》(2013)等文件精神及有关财政专项资金管理规定,成都市对服务贸易与商务服务的平台建设、载体建设、产业促进、招商引资和重大活动等符合条件的项目给予专项资金支持。

2012年成都市对市级服务外包政策进行了适当调整,重点支持以服务外包为主业的企业加快做大做强,增加了支持具备一定条件的服务外包企业经过3年的努力,成为本地人员规模及离岸业务规模实现"双三千"的行业龙头企业的内容。同时,全市制定了《成都市中长期人才发展规划纲要》,出台了《成都市引进高层次创新创业人才实施办法》。设立高层次创新创业人才专项基金,并发布《成都服务外包产业人才发展报告》白皮书和《成都市服务外包产业人才"十二五"规划》。

4.7.2.3 成都市高新区扶持政策

高新区在市级高层次创新创业人才的政策方向指引下,专门出台了《成都高新区鼓励高层次人才进区创新创业实施办法》。同时,高新区在2012年特别发布《成都高新区加快移动互联网产业发展的若干政策》,引导和扶持移动互联网产业的发展。

4.7.3 四川省离岸服务外包的发展优势及面临的挑战

4.7.3.1 发展优势

四川省承接服务外包面临重要机遇,具备比较优势。

(1)有利的发展环境。城市定位、产业结构、区位优势以及政府的大力倡

---

① "515工程"是指,培育50家省级服务外包重点企业、扶持10家省级服务外包重点人才培养机构、打造5个省级服务外包基地。

导，为服务外包产业发展提供了有利的发展环境。服务外包示范城市成都市"两枢纽、三中心、四基地"①的城市定位为服务外包产业的发展提供了有利的市场环境和必要的基础设施。2013 年，四川省的服务贸易进出口总额达 101 亿美元，首次突破百亿美元大关，同比增长 49.6%，占全省对外贸易比重上升至 13.5%；其中，服务出口同比增长 56.4%，进口同比增长 42%，均高于全国平均增速。服务贸易进一步优化结构，成为本省重要的支柱产业和经济发展引擎。四川省占据中国中西部市场的重要战略位置，对外资吸引力强，近年来吸引外商直接投资势头迅猛，截至 2015 年底，世界 500 强企业中已有 299 家在四川省设立了企业、分支机构或代表处。

（2）较强的综合成本优势。四川省的综合成本相比东部沿海地区有较大优势，主要体现在人力、土地、租金、税收等方面。据英国经济学人智库发布的 2016 年全球生活成本调查报告，中国香港为全球第二贵城市，上海、深圳、大连、北京、苏州、广州、天津等地区均位于排行榜前六十。成都市相较于国内一线城市在生活成本方面有较强的比较优势，再加上舒适的人居环境与工作氛围，成都市的服务贸易从业人员流动率低于一线城市。四川省劳动力成本相对较低，土地和租金成本相比一线城市处于较低水平。此外，四川省为服务外包企业设立及企业发展提供了优惠的税收政策及资金扶持。

（3）充裕的人力资源。四川省教育资源丰富，初步建立了政府政策引导，高等院校、职业技术学校和企业组成的服务外包人才培训体系，人员稳定性较其他地区高。截至 2015 年底，四川省有高等院校 109 所，在校大学生（含大专生）138.8 万人，年毕业人数 36.2 万人。四川大学和电子科技大学的软件学院列入了 35 所国家级示范性软件学院行列。一批国家和地方的重点大学都设有电子信息工程、计算机科学与技术、金融、物流等服务外包相关专业，为服务外包企业提供不同层次，不同职位的人才。

由成都市商务局指导，成都服务外包行业协会牵头建设的成都服务外包人才培训与产业实践公共平台，将产业、企业、高校、众多培训机构、个人（学生）等独立的主体进行整合，通过人才的挖掘、培养、评估、持续服务等环节，提升服务外包人才素养。该平台已于 2013 年 9 月底正式投入运营。

（4）品牌与相关荣誉。2012 年，四川省成都市正式通过"中国软件名城"的验收，成为全国首批第三个获此殊荣的城市。在由中国国际广播电台国际在线主办的"2012 中国城市榜"评选活动中，成都市以高票当选十大"最中国创意

---

① 两枢纽是指交通枢纽和通信枢纽，三中心是指物流和商贸中心、金融中心及科技中心，四基地是指高新技术产业基地、现代制造业基地、现代服务业基地和现代农业基地。

名城"第二名。在由鼎韬服务外包研究院和中国外包网共同发起的，中国首个针对服务外包城市的评估活动——"2012年度中国服务外包城市投资吸引力评估"中，成都市分获"2012年中国服务外包城市投资满意度排名"第一名和"2012年中国服务外包城市投资吸引力综合排名"第二名。

2013年，全球服务外包创新峰会在成都市召开。成都巅峰软件、维纳软件分别凭借智慧旅游解决方案以及服务外包综合商社创新模式荣获"2013中国服务外包产业创新实践商业模式创新奖"。这些品牌都是四川省进一步深入发展离岸服务外包，打造"四川制造""四川服务"的重要基础。

4.7.3.2 面临的挑战

（1）中高端人才缺乏。一方面，四川省服务外包产业正处于快速发展阶段，对从业人员的需求旺盛；另一方面，四川省服务外包产业吸纳的中高端人才数量有限；这就造成中高端管理和研究人员的数量不能满足行业需求，制约了服务外包产业的深入发展。从整体来看，虽然四川省在人力资源综合成本上具有较强的竞争力，但服务外包产业发展面临着人才"瓶颈"：从业人员中，技术水平高、外语能力强、项目管理经验丰富的复合型人才较少；中小型企业缺少能够引领外包团队的中级技术和管理人员，更缺少熟悉客户的语言和文化背景、精通国际外包行业规则、具有开拓国际市场能力的高级人才。

（2）成本上升压力明显。随着四川省经济水平的快速提升，劳动力成本、房产价格、交通成本均处于上升通道，成本上升的趋势在成都市较为明显，对服务外包企业的经营带来了相当的压力。全球著名的人力资源咨询机构"ECA国际"发布的2015全球生活费用指数排名显示，中国大陆的城市排名分别为：上海（8）、北京（9）、广州（14）、深圳（18）、大连（26）、青岛（32）、成都（35）、天津（36）、苏州（39）、西安（41）、南京（42）、重庆（45）、武汉（47）、厦门（50）。成都市的排名较2012年大幅上升，排名超过天津、重庆、苏州，生活成本的上升会削弱成都市对服务外包企业和人才的吸引力。

（3）行业品牌形象有待提升。目前服务外包对外推广的品牌基本以天府软件园为载体，对四川省整体服务外包行业品牌的打造力度不够，有待建立统一的四川省服务外包品牌形象及标识体系。在由中国外包网和鼎韬服务外包研究院共同发起的"中国服务外包园区十强"评选中，成都市天府软件园在2014年和2015年连续获得第一。四川省可以此为契机，打造优势服务外包业务品牌，树立行业领先形象，同时大力推广宣传省内的其他服务外包产业园区，塑造四川省离岸服务外包的整体品牌形象，提升四川省整个服务外包行业的竞争力。

（4）国际市场拓展能力较弱。目前，四川省的大部分离岸服务外包业务来自于跨国公司在成都的分支机构或大型服务外包承接商的分包。四川省本土企业尚未与国际外包发包商建立直接的、深入的战略性合作关系，并没有实现真正意义上的"走出去"，其开拓国际市场、直接承包国际外包的能力有待加强。此外，四川省本土服务外包企业业务增长虽然迅速，但业务规模普遍偏小，在全国的知名度不高，影响力有限，不利于承接国际外包，存在陷入恶性循环的风险。

4.7.4　促进四川省离岸服务外包产业发展的对策建议

4.7.4.1　拓展国外项目引进方式

为了寻求更广泛的国际交流与合作，提升四川省服务外包产业的国际知名度和影响力，增加服务外包企业的业务规模，企业必须和政府、行业协会等机构携手合作，积极拓展丰富多样的国外项目引进方式，共同建立和维护固定且有效的项目引进渠道。

政府相关部门和行业协会要积极组织省内企业参加国际上的行业知名展览活动和会议，例如美国 Gartner 外包峰会、香港国际资讯科技博览会、中日软件及服务外包产业大会、中印服务外包合作论坛、国际动漫展等。同时，要组织好相关企业参加国内的重点行业和地区的招商推介活动，例如中国服务外包领军者年会、中国（北京）国际服务贸易交易会、中国（大连）国际软件和信息服务交易会、中国国际服务外包合作大会、中国校企合作服务外包及软件人才培养高峰论坛、服务贸易年会等。

四川省服务外包企业、服务外包行业协会及政府相关部门要积极建立并维护与国外投资促进、服务贸易代表、行业联盟、行业协会等机构的合作关系，通过多种渠道，积极推介本土企业，合理引进国外项目。此外，要完善对已入驻四川的大型企业所提供的服务，积极争取这些国内外大型企业在四川建立服务外包相关的交付中心和研发中心。同时，也可通过提高这些企业对"四川服务"的满意度，来拓展"四川服务外包"的市场。

4.7.4.2　提升四川服务外包的国际知名度

四川省已成为继长三角、珠三角、环渤海湾地区之后的中国第四个区域经济带，也是西部地区信息产业的核心地带。2013 年 6 月，《财富》全球论坛在四川省成都市召开，全世界的目光聚焦成都，让成都走向了世界。2013 年 9 月，全球服务外包创新峰会同样在成都召开，这为成都的服务外包发展带来了更大的发展契机。在成都走向国际的同时，要不遗余力地推广四川省除成都市以外的服务外包产业园区，针对各产业园区不同服务外包的产业特点，着力向外界推介其服务外包发展机遇和市场潜力，提升四川省服务外包行业的知名度和品牌影响力，打造"四川服务外包"的品牌，让世界走进四川。可以通过与影视媒体、行业协会、网络平台等专业机构合作，制作关于已落户四川的服务外包企业的成功案例的宣传片，来提升四川服务外包的国际知名度。

4.7.4.3　提高营销水平，细化市场推广策略

目前，成都市服务外包产业的支柱行业包括软件开发、通信技术研发、游戏动漫、工程设计等，集中了产业 67.32% 的人才。其次是数据中心、系统集成、医药研发、财务会计、呼叫中心、IC 设计等外包服务先导行业，人才占比 27.58%。最后是以 IT 基础设施外包为主的新兴行业，人才占比为 5.1%。

确定营销策略时，要区分行业特点，针对服务外包支柱业务、先导业务、新兴业务等细分市场制定推广策略。软件开发、通信技术研发等支柱行业在营销推广时，可适当加大广告宣传投入比例，用以树立比较成熟的行业品牌和良好的知名度。数据中心、系统集成等先导行业可以加大研发投入，以增强服务外包接包能力；鼓励创新，落实政策和资金支持，促进行业做大做强。IT 基础设施外包等新兴行业在宣传推广时，注重服务外包的质量和创新点，以品质求生存，以信誉求发展。

4.7.4.4　重视人才的引进和培育

统计显示，2012 年，全国服务外包人才平均流动率为 15%，并且各个年龄段的流动率不同，尤其以 22～28 岁的人才流动率最高，达到 35%。成都本土的服务外包人才流向一线城市的平均流动率为 11%，低于全国水平。人才过于频繁的流动，会造成服务外包企业的稳定性下降，增加用工成本，不利于产业发展。

因此，一方面，要完善全省的服务外包人才引进机制，制定产业人才引进计划，重点引进服务外包行业领军人才、有在海外或沿海城市服务外包行业从业经验的中高端人才。另一方面，要留得住人才，鼓励企业提供员工长期发展的职业上升空间和培训机会，建立绩效考核及人才奖励体系。

此外，要加强高校和企业的合作，努力培养满足企业需要的专业对口人才。鼓励四川省各类院校加强培养服务外包人才，增加服务外包培训机构的数量并提升培训质量，引导培养机构与服务外包企业合作培训人才。支持企业在职培训，组织企业中高级人才去国外的先进服务外包企业访问学习，组织国内外专家、行业领军人物来四川培训交流。

4.7.4.5　培育龙头企业

积极支持企业获取服务外包行业相应的资质认证。对通过 CMMI 和 PCMM（人力资源能力成熟度模型）、IT 服务管理（ISO20000）、信息安全管理（ISO270001/BS7799）和服务提供商环境安全（SAS70）等认证的企业，给予一定的资金支持。

对具有一定规模或发展潜力的接包企业，要给予相应的政策支持，帮助企业做大做强。同时，加强政府和企业的沟通，认真听取企业的意见和建议，积极帮

助企业解决困难。支持重点企业通过多种方式融资，积极拓宽中小企业的融资渠道。

鼓励企业加强品牌建设，提高自主创新能力，发展拥有自主知识产权的关键核心技术。引导和帮助服务外包企业建立知识产权保护和管理制度，提高知识产权保护意识。促进接包企业与市场营销和管理咨询公司合作，宣传推广企业品牌。

4.8　四川省技术服务贸易发展[*]

在科技兴贸战略指导下，四川省积极贯彻落实国家和省的技术引进扶持措施，科技兴贸取得了新进展，全省技术贸易水平有了一定的提高。2015 年，面对复杂严峻的经济形势和多重困难叠加的特殊挑战，在党中央、国务院的坚强领导下，四川省委、省政府带领全省各族人民主动适应经济发展新常态，积极采取一系列"稳增长、促发展、调结构、惠民生"的政策措施，全省经济呈现总体平稳、稳中有进的运行态势，2015 年高新技术产业实现总产值 13500 亿元，比上年增长 10.4%，其中规模以上工业总产值 11500 亿元。年末在川国家级重点实验室 13 个、省部级重点实验室 280 个，国家级工程技术研究中心 16 个、省级工程技术研究中心 152 个[①]。技术转让方式以技术咨询和服务为主，日本、美国、中国香港是最主要的技术转让来源地。四川企业通过技术引进，特别是引进后的消化吸收再创新，显著提升了企业的技术实力和国际竞争力。

4.8.1　四川省技术贸易基本情况及特点

4.8.1.1 科技创新发展迅速

近年来，四川科学技术发展迅速。2015 年四川省全年共申请专利 110746 件，获得授权专利 64953 件，其中，申请发明专利 40437 件，获得授权的发明专利 9105 件。实施专利项目 10109 项；专利权质押融资金额 20.4 亿元。2015 年末有认定高新技术企业 2707 家；国家级农业科技园区 9 个；国家创新型（试点）企业 26 家，其中创新型企业 14 家，创新型试点企业 12 家；省级创新型企业 1623

　＊ 2015 年度中央高校基本科研业务费专项基金项目"经济新常态下西部民族地区优势产业与生态保护协调发展研究"（项目编号：2015SZYQN161）。

　作者简介：杨帆（1989－　），男，2016 年西南民族大学经济学院硕士毕业。张小兰（1971－　），女，经济学博士，现为西南民族大学经济学院教授。研究方向：产业经济。

　本部分数据除特殊标注外，均来源于中国服务贸易指南网和四川省商务厅。

　① 2015 年四川省国民经济和社会发展统计公报，四川日报，2016 年 02 月 25 日．

家，其中，试点企业 490 家、培育企业 1107 家；有重点产业技术创新联盟 30 个，其中，国家试点联盟 2 个、国家重点培育联盟 1 个、国家备案联盟 7 个。全年共登记技术合同 11262 项，成交金额 295.8 亿元。完成省级科技成果登记 2303 项[①]。科学技术创新逐渐成为四川省经济新的增长点。

4.8.1.2　新兴技术产业初具规模

2015 年，四川省积极培育新模式新业态新产品。大力发展新兴产业，加快发展以集成电路、网络与信息安全、卫星导航、大数据、云计算、物联网等为重点的新一代信息技术，制定推进大数据、云计算实施意见，研究设立大数据交易中心。制定实施五大高端成长型产业和战略性新兴产业年度方案，加大五大新兴先导型服务业培育力度，着力推进省领导联系指导的 50 个服务业重大项目建设。围绕建设先进制造强省目标，认真实施"中国制造 2025"四川行动计划，大力发展智能电网设备、核能装备与技术应用、通用航空、轨道交通装备、机器人等先进制造业，启动实施制造业创新中心建设、高端装备创新研制、智能制造等一批重大工程，加快组建四川产业技术研究院，筹建新兴产业创投基金、中国制造 2025 四川高端装备和智能制造基金。从表 4 - 30 可以看出，2014 年，专利权利使用费和特许费为代表的技术贸易在四川省服务业进出口中排名第 8，表明新兴技术贸易已经初具规模。

表 4 - 30　　　　　　　2014 年四川省服务业进出口总额　　　　　　单位：万美元

服务业种类	出口总额	进口总额	进出口总额	排序
运输服务	11257.2	123698.0	134955.2	4
旅游	86150.1	464509.9	550660	1
通信服务	475.6	184.5	660.1	11
建筑服务	93129.3	49996.5	143125.8	3
保险服务	392.3	29153.8	29546.1	7
金融服务	24.4	8306.6	8331	9
计算机和信息服务	134493.3	18939.7	153433	2
专利权利使用费和特许费	1663.4	21530.6	23194	8
咨询	27309.2	38470.2	65779.4	6
广告宣传	1801.1	854.2	2655.3	10

---

① 2015 年四川省国民经济和社会发展统计公报，四川日报，2016 年 02 月 25 日.

续表

服务业种类	出口总额	进口总额	进出口总额	排序
电影音像	131.2	80.0	211.2	12
其他商业服务	30382.7	41329.8	71712.5	5

资料来源：根据四川省商务厅统计资料整理。

4.8.1.3　技术引进形式多样

四川省技术引进方式以技术咨询、技术服务为主，四川省技术引进形式包括专利技术许可和转让；成套设备、关键设备、生产线技术引进；专有技术的许可和转让；计算机软件；与技术引进相关联的商标许可；涉及专利、专有技术的许可和转让及技术咨询的合资、合作生产；其他方式的技术进口（见图4－33）。

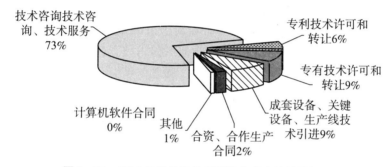

图4－33　2014年四川省技术引进方式占比统计概况

4.8.1.4　技术引进和出口国别地区多样化

2013年，亚洲为四川省技术引进的最主要市场，四川省向亚洲其他国家和地区进口技术达4.8亿美元，占四川省技术进口总额的66.9%。日本、韩国、美国、中国香港和德国为四川省技术进口前五大来源地，分别占四川省技术进口总额的31%、26%、23.9%、7.5%和5%。技术引进来源国（地区）集中在发达国家（地区），按合同额大小，前五位依次是：日本1.98亿美元，增长284.8%；美国1.82亿美元，增长114.1%；中国香港7727万美元，增长19.4%；德国6333万美元，增长43.6%；法国3578万美元，增长446.5%。

2013年，四川省向亚洲其他国家和地区出口技术2.7亿美元，占四川省技术出口总额的62.5%。印度、中国台湾、开曼群岛、美国和英属维尔京为四川省技术出口前五大目的地，分占四川省技术出口总额的35%、27%、14%、14%和3%（见图4－34）。

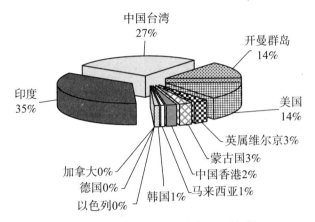

图 4 - 34　2013 年四川省技术出口目的地概况

4.8.1.5　技术进口主体以国企为主

2013 年, 四川省外商投资企业进口金额达 4.04 亿美元, 占全省技术进口总额的 56.3%。其中, 四川现代汽车从韩国现代进口技术超 1.7 亿美元, 汽车产业布局与招商引资带来的 "后技术贸易效应" 显现。国有企业仍为技术贸易中坚力量, 四川省国企 2013 年技术进口达 2.19 亿美元, 占四川省技术进口总额的 30.5%。

国有企业签订技术进口合同 67 份, 金额 2.52 亿美元, 增长 219.13%, 占技术进口总额的 39.39%; 外资企业签订合同 247 份, 金额 2.27 亿美元, 增长 5.1%, 占总额的 35.44%; 民营企业签订合同 177 份, 金额 1.51 亿美元, 增长 175.57%, 占总额的 23.63%; 其他企业签订合同 3 份, 金额 990.47 万美元, 下降 81.42%, 占总额的 1.55%。国有企业中, 东电集团东方汽轮机公司技术引进金额 1.08 亿美元, 攀钢集团技术引进金额 6668 万美元。外资企业中, 华川雅马哈摩托部品技术引进金额 3116 万美元, 宁江昭和汽车零部件技术引进金额 2998 万美元, 和记黄埔地产 1323 万美元。民营企业中, 万华房地产 1457 万美元, 大洋贸易 1392 万美元。

4.8.1.6　技术出口行业逐渐增多

技术出口向制造业技术、通信设备、计算机制造业、电力燃气及水的生产供应业聚集 (见图 4 - 35)。2013 年, 制造业成为四川省技术进口最大的行业, 进口金额合同备案达 5.67 亿美元, 占全省 2013 年技术进口总额的 79%, 同比增长 23.7%。同期, 铁路运输业与软件业分别出口技术 1.9 亿美元和 1.72 亿美元, 分别占四川省技术出口总额的 44% 和 40%。其中, 中铁二院对孟加拉国的轨道设计技术出口合同额达 1.8 亿美元, 成为四川省单笔技术出口额最大的合同。索贝数码、聚思力、音泰思、维塔士等计算机信息服务企业利用电子信息方面的先进技术开展技术出口服务，使软件业成为我省技术出口的支柱产业。

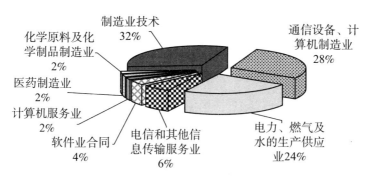

图 4-35 2013 年四川省技术出口行业概况

4.8.1.7 民营企业技术进出口增长显著

2013 年，四川省外商投资企业出口金额达 2.16 亿美元，占四川省技术出口总额的 50%，同比增长近 3 倍。同期，国有企业技术出口超 1.9 亿美元，占四川省技术出口总额的 46%，为中铁二院对孟加拉国和格鲁吉亚的两份轨道设计技术出口合同拉动。

4.8.2 四川省技术贸易存在的问题

尽管四川省技术贸易取得了不少成绩，但也存在着制约着四川省技术贸易发展的问题。

4.8.2.1 对国际技术贸易的法规规则缺乏深入的了解

由于目前四川省很多企业对国际技术贸易的必要性及其特殊性，复杂性和程序性缺乏了解，对国际技术贸易的法规规则缺乏深入的了解和分析，因而参加技术贸易的程度低或在国际技术贸易中屡屡处于被动地位，使一些高新技术的价值没有得到有效的发挥，造成技术无形资产的严重流失。很多企业在国内申请专利的同时在国外申请专利的比较少，由于专利权具有地域性，就使得专利技术不能参加国际技术贸易，不能有效地发挥能量，取得最大的经济效益。

4.8.2.2 技术贸易水平有待提高

技术引进的目的是提高产品附加值、加强创造创新能力、改变产品结构。四川省技术贸易的层次较低，技术的科技含量有待提高，企业对技术创新缺乏足够的认识和必要的投入。从合同金额上看，四川省技术引进主要集中于交通运输设备制造业、电器机械及器材制造业、黑色金属冶炼制造业、通信设备制造业。四川省参与国际技术贸易的产品大多附加值较低，竞争力弱。在技术服务中，以涉及产品外围服务，或技术的初级开发为主，离产品的核心技术有一定的距离，成为国外公司的打工者。有些企业引进技术不注意审查引进技术是否具有有效的知识产权，使一些已经失效或已经落后的不具有经济效益的技术被引进，造成资金的浪费。

4.8.2.3 技术贸易对象多元化有待提升

四川省技术出口目的地共 12 个国家和地区依次是：印度、中国台湾、开曼群岛、美国、英属维尔京、蒙古国、中国香港、马来西亚、韩国、以色列、德国、加拿大。技术引进合同金额排在前 5 的国家和地区依次是：日本、美国、中国香港、德国、法国。从技术引进国别来看，集中在少数几个国家和地区。四川省的技术引进国主要是美国、日本和欧盟等少数国家和地区，这种技术引进的格局容易造成对这些国家的技术依赖。同时，一旦这些技术来源国政治经济形势发生任何波动，都会对我国的技术引进造成影响，使我国处于被动状态。

4.8.2.4 技术贸易与发达地区有差距

四川省技术贸易总量全国排名较后，与技术贸易发达地区差距较大，技术贸易占服务贸易的比重较小。国有企业和民营企业的技术贸易数量和金额占全省技术贸易的比重偏低。仅以专利权利使用费和特许费进出口为例（见表 4-31），2014 年四川省专利权利使用费和特许费出口额是 1663.4 万美元，而北京是23703.6 万能美元，仅有北京的 7.02%；2014 年四川省专利权利使用费和特许费进口额是 21530.6 万美元，最高的广东专利权利使用费和特许费进口额是515893.6 万美元，仅相当广东的 4.17%。

表 4-31　　2014 年全国各省（自治区、直辖市、计划单列市）专利权利使用费和特许费进出口情况　　单位：万美元

省（市、区）	出口	进口	省（市、区）	出口	进口
北京	23703.6	284570.5	河南	207.4	2961.4
天津	1099.3	15400.1	湖北	105.1	40602.8
河北	29.8	4490.1	湖南	658.1	11374.1
山西	9.4	1784.7	广东	18250.8	515893.6
辽宁	156.2	92414.7	深圳	11613.8	39004.4
大连	46.6	569.1	海南	222.1	1173.2

续表

省（市、区）	出口	进口	省（市、区）	出口	进口
吉林	265.2	12645.6	重庆	25.3	236160.5
黑龙江	53.3	6868.5	四川	1663.4	21530.6
上海	6571.3	471522.2	内蒙古	104.7	6411.3
江苏	4338.1	314111.6	广西	340.6	5239.5
浙江	873.9	53425.1	贵州	4.3	347.6
宁波	119.1	11659.2	云南	43.5	1543.2
安徽	491.7	10828.1	西藏	0.5	0.1
福建	1167.8	35506.2	陕西	821.1	17228.3
厦门	394.9	0.1	甘肃	273.6	1813
江西	33.5	7689.3	青海	0.3	47.2
山东	817.1	53622.7	宁夏	22.1	555.6
青岛	131.1	24.3	新疆	211	4668

资料来源：根据四川省商务厅统计资料整理。

4.8.2.5　贸易主体在技术贸易活动中各自为政，难以形成集团优势

集团化是现代大生产的要求，也是技术贸易的一大趋势。目前，四川省的技术贸易主体从总体上看，没有形成有机体系，技术力量弱小，市场条块分割现象比较严重。四川省有些出口企业为了自身的利益，在国际技术贸易活动中，各自为政，难以形成集团优势。有些企业甚至在同一国外市场上进行恶性竞争。

4.8.2.6　开发创新有待加强

技术开发和创新不足，注重技术设备的引进，忽略技术引进后的消化吸收，以及在此基础上的开发、研究与创新。部分企业技术创新机制不健全，研发投入不合理。

4.8.3　四川省技术贸易未来发展思路

近年来，国际竞争越来越偏重于专利、知识产权的竞争，四川省应突出计算机和信息技术服务、医药研发等主导产业技术方向及重点，完善相关配套政策法规，加强产业技术基础，提高产业技术水平，增强产业技术创新能力。

拓宽企业技术引进信息渠道，鼓励引进国外先进适用核心技术。引导企业积极开展技术引进消化吸收再创新，提高企业自主创新能力。鼓励企业在计算机和

信息技术服务、医药研发等优势领域的技术出口。

4.8.3.1　发展优势领域

结合省内产业转型升级需要，加快发展科技服务和技术贸易，逐步提高专利技术许可占技术引进总额的比重，引导企业进行技术引进消化吸收再创新。企业根据经营情况、技术水平，引进急需的技术，实现技术力量整合，参与国际竞争，增强企业技术竞争力。

提升核心技术自主研发能力，四川省技术引进已经从全盘技术引进转移到了核心技术引进，高新技术出口产品的核心技术多数掌握在外方手中，使得我方受制于人。四川省在引进技术的同时，应加强消化、吸收，加大科研投入，增强核心技术的研发能力。加强产学研联盟、行业间合作，提升国际竞争力。

4.8.3.2　金融服务支持

积极开展技术引进和消化吸收再创新的金融服务，引导和鼓励风险投资机构加大对中小企业消化吸收再创新项目的支持。适当放开外资参与，外资参股有利于带动企业技术引进，学习国外先进管理经验。加大自主知识产权产品技术的宣传力度，积极鼓励企业参加国内外技术贸易展会、技术研讨会、出口推介和洽谈会。政府为企业技术引进当参谋，提供咨询、信息服务，组织专家对有关信息进行评估。

4.8.3.3　鼓励技术出口

推动技术出口，鼓励科技型企业"走出去"，利用产业的海外转移，把成熟和实用的技术推向国际市场。及时掌握世界上先进技术的发展趋势，技术引进后尽快吸收，再研发创新，增强自身核心竞争力。目前已有多家国内企业在海外设立研发机构，涉及通信、家电、IT、食品、医疗器械、汽车等多个行业。同时，国内研发机构和大学等已越来越多地接受境外企业和外国政府的委托，进行合作研究、合作开发，并形成了新的技术贸易方式。

着力培养技术出口示范机构，帮助企业走出国门跨国经营，提升技术出口能力；鼓励研发机构和大学与国外企业合作研究。

4.8.3.4　加强技术贸易人才培养

加大对技术贸易人才的培养力度，大学开设相关课程，加大对技术贸易高级人才的培养力度，在一些有条件的大学设立国际技术贸易硕博士点，或是在相关专业实施相关方向的培养计划。加大学历教育的同时，开展国际技术贸易的非学历教育，进行国际技术贸易经纪人培养认证，开设国际技术贸易高级经理人培养班。重视人才引进，从技术贸易先进国家或国内地区引进高端人才，提高人才待遇，改善人才生活工作条件，为人才提供施展才能的平台。

4.9　四川省其他新兴领域服务贸易发展*

其他新兴领域主要指的是保险、金融、教育、医疗、环保等领域。在四川省服务贸易快速发展的情形下，新兴服务贸易也实现了快速增长，其在国民经济中的重要性日益加强，其国际影响力不断加强，新兴服务贸易现在已经成为世界各国服务贸易竞争的新焦点和经济增长的新动力，四川省应抓住这一有利时机，大力发展其他新兴领域服务贸易。

4.9.1　其他新兴领域服务贸易发展概况

随着我国经济的快速发展和对外开放的进一步扩大，保险、金融、医疗、教育和环保等新兴领域实现了快速发展，四川省在这些新兴领域也取得了显著的发展成果。

4.9.1.1　保险行业发展概况

（1）全国发展概况。近年来，随着国民经济的持续、快速发展，为保险业的发展提供了良好的外部环境。2014 年全国保费收入突破 2 万亿元，保险业总资产突破 10 万亿元，保险业增速达 17.5%。财产险保费收入 7203 亿元，同比增长 16%；人身险保费收入 1.3 万亿元，同比增长 18.2%。另一方面保险结构调整向好。与实体经济联系紧密的保证保险同比增长 66.1%，与民生保障关系密切的年金保险同比增长 77.2%，保障性较强的健康保险同比增长 41.3%。同时行业经营效益也显著提高。保险资金运用实现收益 5358.8 亿元，同比增长 46.5%。保险资金投资收益率 6.3%，综合收益率 9.2%，比上年分别提高 1.3 个和 5.1 个百分点。[1]

（2）四川省发展概况。2014 年，四川保险业围绕"三人发展战略"，抓住新一轮西部大开发，建设成渝经济区、天府新区等重大机遇，找准服务全省发展大局的切入点，坚持稳中求进、改革创新，实现了四川保险总体运行态势稳中有进。

2014 年四川省全年保费收入突破千亿元大关，达到 1060.78 亿元，同比增长

　　* 国家民委人文社会科学重点研究基地中国彝学研究中心项目"资源环境约束下少数民族地区发展低碳经济与生态文明研究——以四川省凉山彝族自治州为例"（项目编号：YXJDY1410）。

　　作者简介：高寒冰（1992 - ），男，2016 年西南民族大学经济学院硕士毕业。张小兰（1971 - ），女，经济学博士，现为西南民族大学经济学院教授。研究方向：产业经济。

　　本部分的数据除特殊标注外，均来源于中国服务贸易指南网和四川省商务厅。

　　① 东方财富网.2014 年全国保费收入突破 2 万亿元，保险业总资产突破 10 万亿元，保险业增速达 17.5%［EB/OL］. http：//guba.eastmoney.com/news，000627，144424495.html.

15.97%，居全国第5位，较2013年上升2位。2014年四川省共有保险法人机构3家，省级保险公司76家，在筹省级保险公司5家，各级保险分支机构4829家，保险从业人员21.27万人，上缴税收20.3亿元。保险风险得到有效防范，农业保险、大病保险、责任保险等关系国计民生的重点险种有效发展，全省保险业服务能力进一步提升。

四川省保险行业机构健全，主要包括保险公司、专业保险中介法人机构以及保险兼业代理法人机构。2014年末，全省共有保险公司76家，按业务性质分，有产险公司33家，寿险公司38家，养老险公司3家和健康险公司2家；按资本国别属性分，有中资公司59家，外资公司17家。全年原保险保费收入1060.6亿元，比上年增长16.0%。其中，财产险原保险保费收入395.5亿元，增长18.7%；人身险原保险保费收入665.2亿元，增长14.4%。全年支付各项赔款和给付373.9亿元，增长18.9%。其中，财产险赔款支出206.4亿元，增长18.4%；人身险赔付支出167.6亿元，增长19.5%。

四川省有保险专业中介法人机构85家，其中，代理、经纪、公估机构分别为72家、7家和6家。分支机构290家，其中代理、经纪、公估的分支机构分别为237家、48家和5家。保险兼业代理机构11147家，其中，银行、邮政、车商、其他类分别为5757家、2702家、1750家和938家（见表4-32）；从事保险销售的保险营销员约有13万人。

表4-32　　　　　　　　　　2014年保险机构数量　　　　　　　　　单位：家

机　　　构		数量
保险公司	财产险公司	33
	人寿险公司	38
	养老险公司	3
	健康险公司	2
专业保险中介法人机构	保险代理机构	72
	保险经纪机构	7
	保险公估机构	6
保险兼业代理法人机构	银行	5757
	邮政	2702
	车商	1750
	其他	938

资料来源：《中国保险中介市场报告（2014）》。

2014 年，四川省全省累计实现保险保费收入合计 1060.6 亿元。其中，财产保险业务保险保费收入 371.7 亿元，占 35.1%；寿险业务原保险保费收入 688.9 亿元，占 65.0%。人身险中，健康险业务保险保费收入 75.5 万元，意外险保险保费收入 29.8 亿元，寿险收入 583.6 亿元。同年元保险赔付支出 373.9 亿元，其中，财产险支出 195.9，占比 52.4%；人身险支出 178.0%（见表 4 - 33 和图 4 - 36）。

表 4 - 33　　　　　　　　　四川省 2014 年保险业经营数据　　　　　　　　单位：亿元

原保险保费收入			原保险赔付支出		
总额		1060.6	总额		373.9
1. 财产险		371.7	1. 财产险		195.9
2. 人身险	（1）人身意外伤害	29.8	2. 人身险	（1）人身意外伤害	9.4
	（2）健康险	75.5		（2）健康险	28.5
	（3）寿险	583.6		（3）寿险	140.1
	合计	688.9		合计	178.0

注：（1）"原保险保费收入"为按《企业会计准则（2006）》设置的统计指标，指保险企业确认的原保险合同保费收入。（2）"原保险赔付支出"为按《企业会计准则（2006）》设置的统计指标，指保险企业支付的原保险合同赔付款项。（3）原保险保费收入、原保险赔付支出为本年累计数。（4）上述数据来源于各公司报送的保险数据，未经审计。

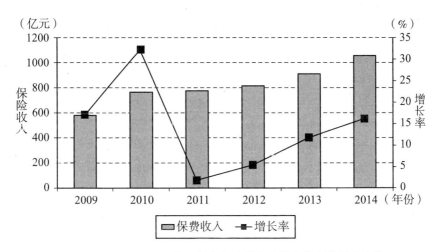

图 4 - 36　2009 ~ 2014 年四川省保险收入总量变化和增长率变化

4.9.1.2　金融行业发展概况

（1）全国发展概况。近年来，我国国民经济持续快速增长，消费需求增长，城乡居民收入逐步提升，使得金融行业劲头强劲，总体发展平稳。

截至 2014 年末，2014 年人民币存款增加 9.48 万亿元，余额为 113.86 万亿元，同比少增 3.08 万亿元；我国外汇储备余款为 3.84 万亿美元，仅比 2013 年增加 200 亿美元。2014 年人民币贷款增加 9.78 万亿元，同比多增 8900 亿元。分部门看，住户贷款增加 3.29 万亿元，其中，短期贷款增加 1.06 万亿元，中长期贷款增加 2.23 万亿元；非金融企业及其他部门贷款增加 6.48 万亿元，其中，短期贷款增加 1.40 万亿元，中长期贷款增加 3.83 万亿元，票据融资增加 9574 亿元。12 月份人民币贷款增加 6973 亿元，同比多增 2149 亿元。月末外币贷款余额 8351 亿美元，同比增长 7.5%，全年外币贷款增加 582 亿美元。[①]

而 2014 年贷款呈现以下几个方面特点。第一，企业中长期贷款增速明显回升。2014 年末，全部金融机构本外币企业及其他部门贷款余额同比增长 12%，增速比上年末高 1.1 个百分点。第二，小微企业贷款增速回升。年末主要金融机构及小型农村金融机构、外资银行人民币小微企业贷款余额同比增长 15.5%，增速比上年末高 1.3 个百分点，比同期大型和中型企业贷款增速分别高 6.1 个和 4.8 个百分点，比各项贷款增速高 1.9 个百分点。第三，工业和服务业中长期贷款增长明显加快。第四，农村、农户和农业贷款增速减缓。第五，房地产贷款平稳较快增长，其中的房地产开发贷款增速明显上升。

（2）四川省发展概况。四川省初步形成了银行、证券及其他金融机构并存，功能逐步完备，运行较为稳健的金融体系，成为中西部地区金融机构数量最多、种类最齐全、开放程度最高的省份。截至 2014 年末，金融机构本外币各项存款余额 53935.75 亿元，比年初增加 5813.70 亿元，同比少增 720.76 亿元。按可比口径计算，本外币存款余额同比增长 12.08%。分币种看，人民币各项存款同比少增，外汇各项存款同比多增。人民币各项存款余额 53282.03 亿元，比年初增加 5614.76 亿元，同比少增 911.62 亿元。按可比口径计算，人民币存款余额同比增长 11.78%，高于全国平均水平 2.70 个百分点。外汇各项存款余额 106.83 亿美元，比年初增加 32.24 亿美元，同比多增 28.72 亿美元。截至 2014 年末，金融机构本外币各项贷款余额 34750.72 亿元，比年初增加 4330.88 亿元，同比多增 226.89 亿元。按可比口径计算，本外币各项贷款余额同比增长 14.69%（见图 4-37）。分币种看，人民币各项贷款同比多增，外币各项贷款同比少增。人民币各项贷款余额为 33884.06 亿元，比年初增加 4220.83 元，同比多增 269.86 亿元，按可比口径计算，人民币各项贷款余额同比增长 14.70%，高于全国平均水平 1.10 个百分点。外汇各项贷款余额 141.64 亿美元，比年初增加 17.54 亿美

---

① 人民网．2014 年人民币存款增加 9.48 万亿同比少增 3.08 万亿．

元，同比少增 10.53 亿美元。

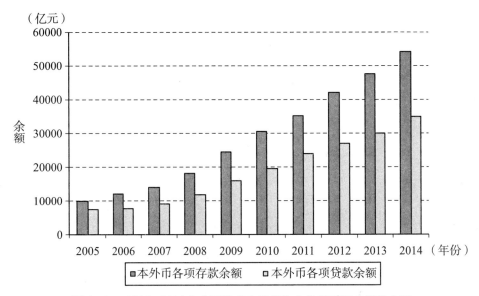

（亿元）

图 4-37 2005～2014 年末四川省金融机构本外币各项存贷款余额

分期限看，短期贷款同比少增，中长期贷款和票据融资同比多增。本外币短期贷款余额为 10971.10 亿元，比年初增加 755.05 亿元，同比少增 1158.17 亿元。本外币中长期贷款余额为 23000.72 亿元，比年初增加 3306.02 亿元，同比多增 1156.02 亿元。本外币票据融资余额 624.39 亿元，比年初增加 200.35 亿元，同比多增 180.25 亿元。

第一，四川省银行业。到 2014 年末，全省 234 家各类银行业金融机构总资产已达 6.91 万亿元，同比增长 12.6%，增速较上年回落 4.2 个百分点。全年依法纳税超过 263 亿元。吸收各类存款余额 5.29 万亿元，发放各类贷款余额 3.5 万亿元。全年新设法人机构 4 家及一级分行 4 家；机构网点和从业人员分别增加 316 个、7883 人；中小法人银行业机构快速成长，资产占比上升 3 个百分点；小型农村金融机构资产总额同比增长 37.2%；信托、财务公司资产总额同比增长 26.8%；外资银行分支机构资产总额同比下降 7.8%。银行业经营环境发生变化，其盈利能力面临挑战，净息差 3.9%，与上年基本持平；资产利润率 1.4%，较上年下降 0.2 个百分点；资本利润率 42.3%，较上年下降 8.8 个百分点。

2014 年四川省金融机构本外币各项存款余额 5.39 万亿元，比年初增加 5813 亿元，同比少增 721 亿元，余额同比增长 12.1%，增速较上年下降 3.6 个百分点。从趋势上看，下半年存款增长明显放缓，其中 7 月和 10 月呈负增长。随着存款偏离度管理政策效应显现，存款波动性减弱。受经济下行因素影响，企业经营活力下降，资金流转效率降低，导致单位存款同比少增1215.8亿元；受居民可支配收入增幅回落，以及理财产品、互联网基金、股票市场等分流影响，个人储蓄存款增长动力不足，储蓄存款余额比年初增加2785亿元，同比少增445亿元。分机构看，中资全国性大型银行和全国性中小型银行各项存款同比少增，区域性中小型银行各项存款同比多增。中资全国性大型银行本外币各项存款比年初增加1938.89亿元，同比少增729.34亿元，其中，全国性四家大型银行比年初增加1320.28亿元，同比少增878.93亿元。中资全国性中小型银行比年初增加891.41亿元，同比少增573.40亿元。中资区域性中小型银行比年初增加1998.89亿元，同比多增568.56亿元。农村信用社比年初增加704.55亿元，同比少增45.85亿元。

2014年末，四川省金融机构本外币各项贷款余额3.48万亿元，较年初增加4330亿元，同比多增227亿元，余额同比增长14.7%，处于2012年以来15%左右的窄幅波动区间，总体呈现平稳增长态势。人民银行积极运用货币政策工具，实施信贷政策引导优化信贷投放结构。重点项目融资保障进一步增强，全省500项重点建设项目贷款新增978亿元，占同期各项新增贷款的22.6%。"小微企业金融服务提升工程"和"万家千亿"培育计划成效显著，小微企业本外币贷款余额同比增长21.8%，高出各项贷款增速7.1个百分点。金融扶贫惠农工程深入推进，涉农贷款余额同比增长15.1%，其中农户贷款继续较快增长，余额同比增长21.7%，快于全部贷款增速7个百分点；金融机构与1702户新型农业经营主体建立金融服务主办行制度，贷款余额增长29.6%；四川省以秦巴山和乌蒙山为代表的集中连片特困地区67个县贷款余额同比增长17.7%，高于全省各项贷款增速3个百分点。

第二，四川省证券业。根据四川省证券与期货协会统计，2014年末有证券公司4家、期货公司3家、证券投资咨询公司3家、证券公司分公司19家、基金公司分公司12家、证券期货营业部336家。年末有证券投资者账户800.3万户，全年累计实现证券交易额6.3万亿元，比上年增长57.2%。

2015年6月12日四川资本市场迎来重要时刻，随着四川日机密封件股份有限公司企业代表在深交所敲响上市钟挂牌深交所创业板，四川A股上市公司满百家。四川省A股上市公司数量居中西部第一、全国第七。2014年以来，川企上市呈加速态势，以每月2~3家的速度登陆A股市场。上市加速为川企发展注入强劲动力，2015年上市的10家川企，累计融资超49亿元。省政府金融办相关负责人认为，四川省资本市场队伍壮大的背后是四川经济的腾飞。截至2014年四川GDP已达2.85万亿元，经济体量的壮大孕育出更多优秀企业走向资本市场。

新的上市企业折射出四川产业格局的转型升级。过去上市企业主要集中在传统优势产业，2014 年上市的企业既有传统优势企业，也有五大高端成长型产业和五大新兴先导型服务业企业，体现了四川省产业发展的新亮色。

政策利好加上产业支撑，为四川省证券业的发展带来了蓬勃的动力。未来 5 年，四川省将抓住难得的历史机遇，引导辖区企业逐步改变过度依赖股权融资、不重视债券融资的思想观念，积极支持四川省重点产业、重点建设项目的上市公司发行债券融资；督促辖区上市公司提高质量，规范运作，增强信用等级，提高效益，增加现金流，在此基础上综合利用公司债、可转债、分离交易可转债等多种工具，以及公开发行、定向发行等多种方式实现债券融资。

4.9.1.3 教育行业发展概况

（1）全国发展概况。2014 年，我国高等教育有普通高校 92 所，在校普通本专科学生 99.11 万人，研究生 6.52 万人；成人高校 22 所，在校生 27.41 万人。高等教育毛入学率达 22%。全省现有各级各类学校 3.73 万所，在校学生 1876.89 万人，教职工 90.08 万人。178 个县（市、区）基本普及九年义务教育，"普九"人口覆盖率 99.64%，青壮年非文盲率保持在 98%，人均受教育年限 7.82 年（见图 4-38）。①

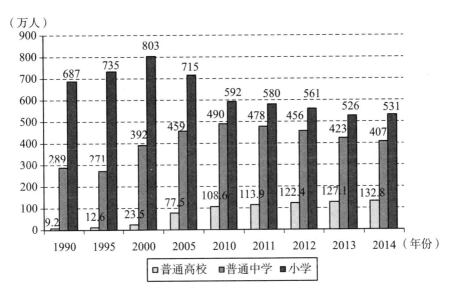

图 4-38 1990~2014 年四川省各类学校在校学生数

---

① 根据《中国统计年鉴（2015）》与《四川统计年鉴（2015）》整理而得。

（2）四川省发展概况。在"走创新之路，建教育强省"的总体思路下，四川省注重以人为本，注重改革创新，进一步推动教育事业持续健康协调快速发展，大力实施科教兴川和人才强省战略。2014 年末共有各级各类学校 2.5 万所，在校生 1512.0 万人，教职工 99.7 万人，其中专任教师 82.7 万人。年末共有小学 6959 所，招生 93.0 万人，在校生 531.3 万人，小学学龄儿童入学率 99.2%；初中 3901 所，招生 83.5 万人，在校生 258.3 万人；特殊教育 122 所，招生 2432 人，在校生 1.1 万人；普通高中 732 所，招生 49.8 万人，在校生 149.0 万人；中等职业教育 568 所，招生 48.3 万人，在校生 119.5 万人。职业技术培训机构 4539 个，职业技术培训注册学员 234.4 万人次。年末共有普通高校 107 所。普通本（专）科招生 40.9 万人，增长 8.5%；在校生 132.8 万人，增长 4.5%；毕业生 33.9 万人，增长 6.3%。研究生培养单位 38 个，招生 2.8 万人，在校生 8.8 万人，毕业生 2.5 万人。成人高等学校 16 所，成人本（专）科在校生 40.3 万人；参加学历教育自学考试 66 万人次。①

4.9.1.4 医疗行业发展概况

（1）全国发展概况。医疗作为人的基本需求，具有明显的刚性特征，医疗卫生支出往往随着居民收入的增长优先得到满足。近年来，随着国家经济的持续发展、人民生活水平的不断提高，以及人们健康意识的提升，我国的就医人次和住院人数持续增长。根据中国卫生统计年鉴数据显示：随着国民经济的不断发展，我国用于医疗服务的卫生总费用快速增长，2013 年全国卫生总费用预计达 31661.5 亿元，是 1990 年卫生总费用的 42.36 倍，2013 年全国卫生总费用占 GDP 的比重为 5.57%。持续增长的医疗需求促进了我国医疗卫生市场的快速持续发展。根据卫生部的统计数据，截至 2014 年 2 月底，全国医疗卫生机构数量达 97.5 万个，较 2005 年增加 9.28 万个。目前全国的医疗卫生机构中：医院 2.48 万个，基层医疗卫生机构 91.63 万个，专业公共卫生机构 3.05 万个，其他机构 0.32 万个。② 随着我国医疗卫生支出的不断增长，未来我国医疗机构的数量仍将保持一定增长。

（2）四川省发展概况。③2000～2015 年是四川省医药卫生投入最多、发展最快、成效最大的 5 年，也是人民群众得实惠最多的 5 年，医药卫生事业的发展为全省经济社会发展和全面建设小康社会做出了重要贡献。

2014 年末，四川省医疗卫生机构 80104 个，其中医院 1802 个，基层医疗卫生机构 75137 个；床位 45.2 万张，卫生技术人员 45.2 万人，其中执业医师 14.6

---

①③ 《四川统计年鉴（2014）》。
② 《中国统计年鉴（2013）》。

万人，执业助理医师 3.5 万人，注册护士 16.9 万人。妇幼保健机构 202 个，执业医师和执业助理医师 0.5 万人，注册护士 0.7 万人；乡镇卫生院 4575 个，执业医师和执业助理医师 3.5 万人，注册护士 2.0 万人。

2014 年新增省级卫生城市（县城）11 个；农村自来水普及率、卫生厕所普及率分别比上年提高 2.7 个和 3.3 个百分点。全年甲、乙类传染病发病率 198.9/10 万人。新型农村合作医疗制度覆盖全部涉农县（市、区），全年参合率 99.3%。住院费用实际补偿比提高到 63.3%。基本药物上网采购率 99.2%。法定传染病报告发病率连续 8 年低于全国平均水平。孕产妇死亡率、婴儿死亡率和 5 岁以下儿童死亡率持续下降，分别降至 24.4/10 万人、7.99‰和 9.55‰。四川省卫生基础设施的落后面貌得到较大改变，城乡医疗卫生服务体系基本建成。

儿童免疫规划接种率连续 5 年达到 90% 以上，甲乙类传染病发病率连续 4 年低于全国平均水平。艾滋病、结核病、乙肝、血吸虫病等重点传染病和地方病防控工作得到加强；爱国卫生运动深入开展，卫生城市创建位居全国前列；全省基层妇幼卫生服务能力不断增强，孕产妇死亡率持续下降，婴儿死亡率连续 3 年低于全国平均水平；建立起食品、学校等公共卫生日常监管工作机制；成功应对人禽流感、甲型 H1N1 流感、三聚氰胺等一系列重特大突发事件；及时有效开展"5·12"汶川特大地震、玉树地震和舟曲特大泥石流灾害医疗卫生救援工作。

过去几年来，通过医疗体系建设、对口支援、医院等级评审、"医疗质量万里行"和医院管理年等活动的开展，四川省城乡医疗服务水平不断提高。"十一五"末，全省医疗机构年诊疗量为 2.01 亿人次，入院总人次数达 1062.7 万人次，分别比"十五"末增长 36.73%、127.28%，其中农村和社区医疗服务量增幅更大[①]。

4.9.1.5 环保行业发展概况

（1）全国发展概况。全球环保产业每年以 10% 增长率的快速发展，成为各个国家十分重视的"朝阳产业"。面对日益恶化的生态环境，我国加大了污染治理力度，对环保投入不断加大，促进了我国环保行业的繁荣发展。经过 30 多年的努力，我国环保行业总体规模逐步扩大，产业领域不断扩展，整体水平不断提高，初步形成了包括环保产品设计、生产、工程、环保服务等门类齐全的产业体系，成为我国国民经济不可或缺的新兴产业。"十一五"以来，国内环保投资逐年增加，对污染治理设施运行费用、环保产业、GDP 增长、就业等方面具有较为显著的拉动作用，"十一五"期间我国环保投资达 1.54 万亿元。

据测算，目前全国环保产业从业单位约 3.5 万家，从业人员近 300 万人，产

---

① 四川省家统计局. 四川统计年鉴［M］. 北京：中国统计出版社，2015.

业收入总额近 10000 亿元。随着环保投资力度的进一步加大，我国环保产业将迎来更为广阔的发展空间。未来五年，全国环保产业总体规模进一步扩大，环保产业在未来一段时期将保持年均 15%～20% 的增长速度。预计环保装备出口额年均增长 30% 以上，预计 2015 年突破 100 亿元。随着国家环境保护力度的进一步加大和环保产业政策的日趋完善，环保产业快速发展，业领域不断拓展，技术和产品结构逐步优化升级，这将进一步促进污染治理设施运行维护服务业的发展[①]。

（2）四川省发展概况。2014 年，全年四川省工业节能节水资金支持节能项目 44 个，支持节水项目 11 个，支持循环经济、高效节能环保技术装备产业化、绿色能源等低碳示范项目 29 个，支持清洁生产（灰霾防治）项目 4 个。

全年安排环保专项资金 8.8 亿元，81 户重点工业污染企业按期完成治理任务，涉市城市污水处理率为 84.4%，垃圾处理率为 96.0%，32 条重点小流域污染治理全面展开，依法划定了城市集中式饮用水水源保护区 273 个，农村建制乡镇的集中式饮用水水源保护区 2770 个。完成工业污染治理项目 240 个，完成投资 23.3 亿元（含企业投资）。年末四川省自然保护区 168 个，面积 8.4 万平方千米，占全省土地面积的 17.35%。全年通过国家级生态县（区）验收 3 个，通过省级生态县（市、区）验收 4 个。

4.9.2 其他新兴领域服务贸易发展面临的挑战及存在的问题

目前从全国以及四川来看，服务贸易还集中在传统服务贸易上，而在金融、保险、教育、医疗、环保等技术密集的新兴服务行业，仍处于初级发展阶段，这些领域发展相对滞后。

4.9.2.1 保险服务贸易面临的挑战

（1）四川省保险服务贸易仍有较大差距。2014 年，四川省保险服务贸易特别是保险服务出口增长迅速，进出口总额从 2011 年的 2530.6 万美元增长到 2014 年的 29546.1 万美元，增速达到 11.67%。其中，出口 392.3 万美元；进口 29153.8 万美元，从而实现行业顺差。但与其他省市比较，四川省保险服务贸易仍然显得比较落后，2014 年北京保险服务贸易出口额是 298120.6 万美元，四川省仅相当于北京的 0.13%；2014 年北京保险服务贸易进口额是 405525.5 万美元，四川省只相当于北京的 7.19%，从而可见，四川省保险服务贸易与其他发达省份相比，仍有相当大的差距（见表 4 - 34）。

---

① 国家统计局. 中国统计年鉴 [M]. 北京：中国统计出版社，2014.

表 4-34	2014 年四川省服务业进出口总额		单位：万美元	
服务业种类	出口总额	进口总额	进出口总额	排序
运输服务	11257.2	123698.0	134955.2	4
旅游	86150.1	464509.9	550660.0	1
通信服务	475.6	184.5	660.1	11
建筑服务	93129.3	49996.5	143125.8	3
保险服务	392.3	29153.8	29546.1	7
金融服务	24.4	8306.6	8331.0	9
计算机和信息服务	134493.3	18939.7	153433.0	2
专利权利使用费和特许费	1663.4	21530.6	23194.0	8
咨询	27309.2	38470.2	65779.4	6
广告宣传	1801.1	854.2	2655.3	10
电影音像	131.2	80.0	211.2	12
其他商业服务	30382.7	41329.8	71712.5	5

资料来源：根据四川省商务厅统计资料整理。

（2）保险服务贸易基础薄弱。首先，第三产业占国民经济的比重低，并且服务业的发展结构失衡。服务贸易虽然增长速度较快，产业结构不合理，发展不平衡。目前，服务业的优势仍主要集中在传统的服务业如旅游业、远洋运输等劳动密集型部门和资源禀赋优势部门，在全球贸易量最大的金融、保险、通信等技术密集和知识密集型的服务业，服务总量少且占市场份额小，劣势明显。

（3）国际竞争环境复杂多变。在国际金融危机背景下，全球市场需求急剧萎缩，贸易融资环境恶化以及部分贸易保护主义措施导致各经济体的贸易出现同步萎缩，并进一步恶化了全球经济形势。尽管全球经济正逐渐走出金融危机的阴霾，但世界各国贸易保护主义的冲动并未消退，国际服务贸易中以国家安全为借口的限制、针对商业存在和自然人的限制、贸易政策的普遍适用问题、行业限制等壁垒措施普遍存在，且有继续扩大的趋势。此外，人民币升值压力的长期存在会带来人民币汇率的不稳定，使得对汇率比较敏感的服务贸易领域将产生较大波动。

（4）产品结构单一，专业人才匮乏。险种开发无论从速度、数量还是从质量上都不能满足市场需求。伴随着全新的、供人们精神享受和物质享受商品的出现，新的风险也应运而生。此外，随着新体制、新规则的制定，新环境的出现，也将产生许多新的风险因素。如责任风险、信用风险等。面对风险种类的迅速增加，保险业所提供的险种却十分有限。例如，在寿险行业中，各大公司都在拼命争夺、抢占少儿险市场；在财产险上，各公司的竞争也主要集中在财产、车辆、货物运输等少数几个大险种上。当前国内的人才培养机制与金融行业的发展速度不相适应，因此在一定程度上造成金融人才的供需脱节，制约了保险服务贸易的发展。

4.9.2.2　金融服务贸易存在的问题

（1）四川省在全国居中游水平，与沿海地区相比仍有差距。2014年，上海、北京、山东、广东和深圳位列全国前五名，北京、上海和广东均为逆差。2014年，上海金融服务出口额达到42552万美元，进口额达到158645万美元，超过北京成为全国第一，四川金融服务出口总额为24.4万美元，进口总额为8306.6万美元。可见四川金融服务贸易与沿海地区相比，仍有很大差距。

（2）四川金融服务贸易增长显著，但规模有待提高。2014年，四川金融服务贸易进出口总额从2011年的3636.6万美元增长到2014年的8331万美元，增速为43.7%。增长强劲，逆差额为8282.2万美元。

（3）四川省金融服务业面临着巨大的挑战。从国际上看，国际金融危机虽在持续但最为严重的阶段已经过去，尽管如此世界经济复苏的基础仍比较薄弱。从国内来看，当前面临的深层次问题并没有得到根本性解决，国内内需回升的基础还不平衡，民间投资和内生增长动力尚待强化，持续扩大居民消费、促进经济发展方式转变和经济结构优化的任务还很艰巨。从组织体系看，中小金融机构发展不足，银行业对民营资本的市场开放仍有空间。从服务领域看，农村金融服务需要强化。对民营经济、中小企业的金融服务仍不足。金融机构开拓国际市场力度不足，支持企业"走出去"的金融服务需要加强。

4.9.2.3　教育服务贸易存在的问题

（1）教育立法不够完善。在中国的经济立法中，教育服务贸易立法相对而言是较薄弱的环节，在相当一部分领域，法律处于空白状态。与此相对应，我国教育服务贸易法律框架也处于雏形阶段，其结构远未定型，存在的问题也相对较多。具体地说，主要有以下几个方面：我国缺乏一部统帅整个教育服务贸易的基本法律；教育服务行业尚缺乏基本的行业性法律；对整个教育服务业的法律规范和保护有待加强；现行法律与GATS规范之间的冲突。

（2）教育行政化导致中外合作教育机构成本增加。冗长复杂的审批程序和手续给寻求以中外合作办学形式在我国境内提供教育服务的外国教育服务提供机构造成不必要的时间和资源浪费，由此产生高昂的成本。

（3）政府对教育服务监管不够严格。质量是教育服务的核心，直接涉及个人的前途和发展。学生愿意花费较高的代价就是希望能够在将来的人力资源市场上获得比其他学校学生更大的竞争优势。低劣的教育质量不但给他们造成金钱损失，更使他们丧失了无法弥补的发展机会。地方政府虽支持当地高校与海外教育机构合作办学，但对合作办学机构的办学活动和教育质量没有严格监督。

（4）教育领域不公平竞争加剧。公立学校与民办学校之间的不公平竞争客观存在。公立教育机构利用地方政府的各种政策扶持、资金和人才优势通过控制资源维持竞争优势。民办学校则处于劣势，没有政府的资金支持，缺乏资金渠道，招生数量也受到限制。另一方面，外国教育服务机构通过中外合作办学的形式进入四川省教育服务市场，利用资金和资源优势谋求规模和连锁经营，获取高额利润，而教育公益性的法律规定使他们享受税收优惠。民办教育机构的生存空间受到进一步的挤压。

4.9.2.4　医疗服务贸易存在的问题

（1）医药卫生资源不足不优。四川省医药卫生最突出的问题是"发展不足、发展滞后"，医药卫生资源总量不足、质量不高，多项重要资源指标明显低于全国平均水平，有的甚至低于西部平均水平，尤其是县级和县以上优质医疗资源更为缺乏，亟待增加和提升。民族地区、边远山区、革命老区医疗卫生机构条件差、人才素质欠佳、缺医少药状况尚未根本解决。

（2）体制机制有待加快完善。随着医药卫生体制改革逐步向纵深推进，制约医药卫生事业发展的体制机制和结构性问题日益凸显；卫生投入稳定增长机制尚未形成，投入政策在不少地区仍难以落实；医药卫生管理职能过于分散，难以形成合力统筹利用卫生资源；公立医院改革深层次矛盾逐步显现，维护其公益性的体制机制尚未健全，基本医疗服务均等化任重道远；"以维护健康为中心"的医学模式尚未形成，卫生发展方式亟待转变。

（3）食品药品安全形势严峻。现有监管力量与食品药品安全要求不相适应，技术支撑体系与担负职责任务不相匹配，执法装备水平与安全保障要求不相协调；食品医药产业发展水平不高，核心竞争力不强，产品结构不合理，集约化程度较低；药品研发投入不足，创制新药能力不强，同质化竞争突出；药品流通秩序不够规范，临床用药不尽合理，安全事件"燃点"降低；影响食品药品安全的相关因素呈现多样化、复杂性和不确定性，安全风险仍然较大。

4.9.2.5　环保服务贸易存在的问题

（1）总体技术水平偏低。我国环保产业虽然发展迅猛，但是中国环保服务业的发展水平与发达国家相比还存在较大差距。目前，全球环保服务市场主要集中在美国、西欧和日本，核心技术和关键设备也是掌握在发达国家手中。

（2）结构不合理。根据 2014 年四川省统计年鉴数据，2014 年中国环境服务业从业人员约有 26.68 万人。从我国环保服务贸易产业内部发展结构来看，中国环保服务的出口以环境保护技术与产品开发和环境工程设计与施工为主。其中，环境保护技术与产品开发服务的出口以水污染防治技术相对领先，环境工程设计与施工中空气污染防治相对领先。委托监测和环境影响评价存在一定的发展潜力，但固体废物处理处置没有任何出口潜力和出口优势。调查结果表明，中国环境服务的进口远远大于出口。

（3）高端环保服务缺乏。随着全球和我国环境日益恶化，对环保服务的市场需求日益强劲，但国内环保企业短期内难以及时满足这种迅速出现的需求，尤其是循环经济、资源节约、可再生能源发展、固体废物处理等高端需求将会出现较大缺口。所以我国对环保服务的进口将进一步迅速增加。

4.9.3 四川省其他新兴领域服务贸易发展对策建议

4.9.3.1 保险服务贸易发展对策

（1）提高监管水平，防范风险。要提高保险业监管水平，加强国际保险监督合作。一是加强偿付能力监管的制度建设加大对违法违规机构的处罚力度，切实保护投保人的利益。二是加强保险资金运用监管积极探索与保险资金运用渠道相适应的监管方式和手段，及建立动态的保险资金运用风险监控模式。三是加强与国际保险监督管理协会的合作。继续深入、广泛地学习国际保险监管的先进经验，加快与国际惯例接轨的步伐，逐步实现保险业监管的国际化。

（2）建立与国际惯例相吻合的市场环境，实现保险投资多元化。与国际惯例相吻合的市场环境包括适应市场今年国际体质的企业组织形式、保险公司经营状况的基本评价指标、保险公司的评估机构、竞争原则、税收政策等。积极发展资本市场，实现保险投资多元化。调整对资本市场的政策。从整体上看，要重点发展包括寿险基金在内的机构投资者。其次，逐步扩大寿险公司进入资本市场的业务范围，放开投资业务和允许级直接经营证券业务。

（3）进一步拓宽保险资金投资渠道，优化保险公司资产配置。目前投资渠道拓宽的"13条"新政已经正式推出10条，预计其余规定也将尽快推出，这些政策的实施和落实也将是2013年保险业的重点工作之一。投资渠道将得到全面拓宽，保险资金将取得长期稳定收益，这将促进保险业务的健康可持续发展，也将对保险公司于商业银行、信托公司以及证券公司间的各项业务带来深刻的影响。

（4）加快保险产品创新，培育发展保险人才。随着市场竞争主体的增多和保险的国际化程度进一步加强，推动保险市场进入深层次的结构调整期。保险公司将更加关注自身核心竞争力的培育，发展模式逐渐由"数量扩张型"向"速度与效益并重型"转变，由外延式向内涵式转变，在效益优先的基础上逐步实现保险公司主营业务的理性回归。在今后的保险产品创新中，保险公司将更多关注产品的市场增长效益和经济效益，那些既能带来迅速增长，同时又有相对稳定收益的产品将获得较快增长。特别是随着保险市场主体组织调整与组织创新深入推进，综合性经营与专业化运营双向发展战略，将为未来产品创新注入新的驱动力。保险人才作为保险业发展的第一资源对于提升保险服务竞争力有着决定性作用，现阶段保险人才建设中存在的人才储备不足、整体素质不高、人才流动不规范等问题。培养发展保险人才显得尤为重要。

4.9.3.2 金融服务贸易发展对策

（1）建立强有力的工作推动机制，完善相关政策措施。应尽快出台分类分级优惠政策，在继续大力引进金融机构总部、区域总部、功能总部和分支机构的同时，引进、培育国内外知名的会计、资产评估、信用评级、律师事务所等金融中介，继续发展证券投资咨询、保险经纪、代理、专业理财服务等中介服务机构，重视引入为金融机构提供数据处理、客户服务、票据处理灾难备份、研发等服务的专业服务外包公司，以及银行自助设备制造、综合信息管理系统和专项业务系统开发等辅助企业产业，形成金融业及关联服务业相互支持融合发展的完整产业链。出台相关政策支持金融城、产权交易所等重要载体建设，支持金融市场的发展。如在支持金融城建设方面，可以明确引导金融机构总部向金融城集中，通过各种途径对金融城进行宣传推荐，设立金融城招商专项基金，建立税收返还长效机制等，支持金融城的建设。充分发挥金融业发展专项资金的引导作用，加大金融业政策支持力度。出台相关政策，鼓励和引导金融创新，向中央申请金融改革试验区，争取在金融市场建设和准入、机构设置、产品开发、服务创新等方面进行改革试点。

（2）以高端金融服务为依托，打造西部财富中心。引导金融机构大力发展高端金融服务，构建专业化、个性化、高质量、深层次财富管理的服务平台，实现银行与证券、保险、信托、教育咨询、税务规划等合作经营，为聚集在四川的中高端投资者提供全方位的综合财富管理服务。加大对高级人才的引进力度，建议设立专门人才引进基金，完善金融人才培养机制，引导国际知名的金融培训、资格认证机构开展高端金融人才教育培训、在线资格考试与认证等业务。充分利用"中国（成都）金融理财节"等平台，加大宣传力度，同时积极扩大金融开放与合作，加强与北京、上海、中国香港和东南亚等地区的金融交流，促进驻蓉金融机构与境外金融机构开展战略合作，提升驻蓉金融机构提供高端金融服务的能力。

（3）以金融外包及高端后台服务为核心，拓展金融产业链。充分利用成都IT行业发展迅速、人力资源丰富的优势，加快建设金融服务集中发展园区。及时出台相关优惠政策，拓宽金融外包服务企业投融资渠道。推动政策性担保公司积极为中小服务外包企业提供短期贷款的担保。鼓励风险投资、民间资本和外商投资服务外包产业。推动和促进本地科技信息企业与国内外大型服务业外包企业的交流和合作。大力吸引跨国金融企业的全球或区域后台服务中心落户成都，加强与各保险公司、证券公司、基金公司总部的沟通，争取其在成都设立资金营运管理中心、数据处理中心和灾备中心等，积极引进国际知名的会计、审计、法律服务等与金融相关的中介服务机构，把成都建成全国一流的金融中介服务中心。支持金融机构同第三方支付机构合作，大力推进电子商务发展，重点扶持已获取第三方支付资格的成都摩宝、四川商通、现代金融控股等企业做大做强。

（4）加快金融人才的培养，尽快实现与国际金融市场接轨。随着大量外资金融机构入驻四川，对于高水平的金融服务业人才培养迫在眉睫。要充分利用川内高校众多，教育体系完善，科研力量雄厚的优势；采取重点发展、全面兼顾和金融服务与研发齐头并进的方针；全力打造高水平的金融服务业人才，提高金融服务业者的数量和质量，以满足川内金融市场的需求。

引导金融机构结合四川发展实际，在风险可控的前提下，加快金融创新步伐，借鉴、引进和开发适销对路的金融产品，通过个性化、差异化的产品创新战略来满足不同层次的金融需求。鼓励金融机构结合扩大内需政策和四川经济特色创新，细分客户市场，将业务延伸到重点产业链和特色产业集群中，加大对四川高新技术、优势资源等优势产业、重点项目和重点企业的支持力度，增强对服务业融资支持，改进对中小企业金融服务的手段和方式。保持灾区金融工作的主动性和持续性，引导金融机构增强对灾区金融服务的针对性和有效性，合理摆布资金，优化信贷结构，满足灾区发展振兴的合理资金需求。加强工作协调，强化激励约束机制，创新农房重建贷款管理模式，合理延款公司资本金结汇试点，继续开展中资企业外保内贷业务试点，充分运用短期外债额度，拓展企业资金来源。简化融资性对外担保管理手续，支持有条件的企业在境外融资。进一步推动跨境人民币业务，大力推广人民币外债、协议融资等信贷融资。

4.9.3.3 教育服务贸易发展对策

（1）提高四川省教育服务的竞争力。随着全球化深入发展，教育、人才竞争日渐加剧，越来越多的国家开始重视发展教育服务，着力打造国际性教育服务中心，争夺国际教育资源。总的来看，越来越多国家和学校加入到教育国际化行列，教育服务市场竞争进一步增加，四川省教育服务必须要提高竞争力，才能在国际教育服务中占有一席之地。

（2）抓住快速发展的机遇。由于人口众多、经济持续快速发展、购买力稳步提升，中国已经成为当今世界各国推广教育服务的主要目标市场。中国教育服务面临快速发展的机遇，一方面，这是由于中国经济继续较快增长，国际教育消费支付能力进一步提高。另一方面，在全球经济危机中，中国成为众多欧美学校实施教育服务出口战略的主要目标市场，越来越多国际知名教育、科研资源将通过多种合作形式进入中国。同时。来华学习的外国学生人数，和中国教育机构开展的境外办学，也将保持稳步增长的态势，四川省必须抓住这有利时机，大力发展四川省的教育服务。

4.9.3.4　医疗服务贸易发展对策

（1）加大医疗服务的范围。由于居民生活水平的提高，人口老龄化进程的加快，疾病流行模式的变化，医疗保健需求将迅速增加，医疗卫生服务业正处于快速的发展阶段。现阶段，多数城镇居民已经基本解决衣、食和基本生活用品的问题，正在向着改善居住条件、出行条件和提高生活质量的阶段过渡。随着工作压力增大，生活节奏加快，使城市居民要求得到更加方便、快捷、舒适、人性化的和有尊严的医疗卫生服务，并产生了对健康咨询、心理咨询、健康体检、慢性病防治、调整亚健康状态、人体功能康复和临终关怀等卫生服务的需求。精神卫生服务、口腔保健服务、医学美容服务等卫生服务需求将大幅度增加。同时对服务环境、服务态度、服务程序等也会提出更高的要求。人口老龄化的到来将对老年卫生服务和社区卫生服务产生更大的需求，也将促使社区护理服务的发展。四川省医疗服务也要随之扩大服务范围。

（2）发展多种形式的医疗卫生服务。随着我国医疗服务的对外开放，使四川省医疗卫生服务业面临国内外的挑战。四川省现在已经基本形成以公有制医疗机构为主体，多种所有制形式并存，各类医疗机构公平竞争、共同发展的医疗服务业的新的产业布局。随着各种不利于医疗机构公平竞争的法规和规章的废除，医疗服务市场的竞争环境将日趋公平，竞争机制将更加完善，市场机制在配置卫生资源中的作用将得到较为有效的发挥。通过竞争与协作，各种所有制形式和不同经营方式的医疗机构之间将会逐步明确和调整各自的服务功能和服务的目标人群，从而提高医疗服务业的整体效益。这将有利于四川省医疗服务业的质量、效率和服务水平的整体提高，使居民得到更加方便、价廉和优质的医疗卫生服务。

（3）实施动态性调整的区域卫生规划。四川政府应抓住改革开放的机遇，以医疗服务业的对外开放促进对内开放。区域卫生规划不应成为部门垄断和保护落后的工具，各地的区域卫生规划应当给民营医院以发展的空间，促进国内医疗服务市场的竞争。四川政府宏观调控政策和微观管制措施都要从创造公平有序的竞争环境出发，发挥市场机制在配置卫生资源上的作用，促进多种所有制医疗机构并存的格局进一步形成，推动四川省医疗卫生服务的全面发展。

（4）加强监管。完善相关法律法规和规章，严格实行医疗机构、医护人员、临床药师和临床新技术的准入制度。政府应通过执法，打击各种形式的非法行医活动；查处各类医疗机构的超范围诊疗活动。对于条件不配套、技术水平不够而随意扩大诊疗范围、开展高新技术项目医疗机构，要从保护消费者健康权和生命安全的高度，责其停止营业。政府还应加强对国有医院和民办非营利性医疗机构的监管，监督其是否真正非盈利，是否承担了国有医院和非营利性医院应当承担的社会责任。这些监管包括服务价值、服务收费、服务内容、服务数量、服务质员、财务状况、资产安全等。

4.9.3.5　环保服务贸易发展对策

（1）支持环保服务贸易发展。目前全球环保服务市场主要集中在美国、西欧和日本。我国环保服务市场份额相对较小，我国与发达国家之间环保服务能力和水平存在较大的差距。一方面，受国际金融危机的影响，全球经济持续低迷，2012年世界经济不稳定性更突出，国际贸易和全球发展总体环保趋于复杂、严峻，全球经济下行的风险明显加大，各国纷纷寻找经济新的增长点。相比之前，发达国家更愿意转让环保服务技术；另一方面，随着环保保护和可持续发展理念深入人心，对环保要求日益提高，发展中国家环保服务发展需求增加，同时发展环保服务业也将拉动发展中国家的经济增长，因而消除或减少环保服务技术转让障碍的尝试越来越多，国际社会签署的蒙特利尔议定书、维也纳公约等一系列环保公约均对环保技术转让有所关注。由此可以预见发展环保服务业和服务贸易将成为全球经济新的增长点。四川省要抓住机遇，大力支持环保服务贸易的发展。

（2）深化环保服务科技的投入与引进。在"十三五"期间，国家对环保科技领域的投入有了更为显著的增加，国家将重点支撑垃圾处理、硫脱硝等领域，加大投入研发焚烧烟气控制系统、渗滤液处理等垃圾处理技术、大型工业装置除尘、烟气脱硝等大气污染控制技术等污染治理技术。在国内投资加大、国际技术转让加强的背景下，四川省要借助对外贸易的平台，在引进、消化、吸收发达国家先进环保技术的同时，通过融资、合资生产和自主创新等方式，加快先进环保技术推广和本土化的进程，争取开发出具有自主知识产权的各项环保科学技术。

第5章

四川省服务贸易城市发展专题研究[*]

四川省21个市州结合自身优势和特点，发展各具特色的服务贸易，正逐步形成错位发展、优势互补的区域服务贸易体系，争取到2017年，形成以成都市为核心，多市（州）协同发展，区域分工协作、优势互补、均衡协调的服务贸易发展格局。

四川省服务贸易城市发展专题报告基于"1 + X"的战略思路，主要分析成都、德阳、绵阳、自贡、乐山、遂宁发展服务贸易的有利条件和重点目标，并概括描述其他城市（雅安、内江、宜宾、南充、眉山等）发展服务贸易的潜在优势和增长机遇。

5.1 成 都 市^{**}

5.1.1 成都市服务贸易发展概况

随着经济全球化发展，服务贸易的发达程度已经成为衡量经济社会现代化水平的重要标志。成都作为我国重点发展服务贸易的14个示范基地之一以及四川省服务贸易核心区域，近年来，显示出了巨大的发展潜力。

5.1.1.1 服务贸易进出口总额及结构分析

2012年，四川省服务贸易总额66.5亿美元，其中，出口总额35.7亿美元，进口30.7亿美元，而成都是四川省服务贸易核心区域，服务贸易总额到达55.8亿美元，比上年同期增长15%，占全省服务贸易总额的83.9%。其中，服务贸

* 西南民族大学研究生学位点建设项目（2014XWD – S020101）阶段性成果。本部分的数据除特殊说明外均来源于四川省商务厅。

** 作者简介：张泽义，西南财经大学经济学博士（在读），西南民族大学经济学硕士。主要研究专业和方向：区域经济、国际服务贸易等。刘彤，经济学博士，西南民族大学经济学院副教授。主要研究专业和方向：国际服务贸易等。

易出口额28.8亿美元，占全省服务贸易出口总额的80.7%，服务贸易进口额27亿美元，占全省服务贸易进口总额的87.9%。

2014年，成都服务贸易总额到达75.4亿美元，比上年同期增长50.3%，占四川省全省服务贸易总额的81.4%。其中，服务贸易出口额51.6亿美元，同比增长50.3%，占全省服务贸易出口总额的84.4%，服务贸易进口额23.8亿美元，同比增长50.2%，占全省服务贸易进口总额的75.8%。

2015年成都服务贸易总额首次超过100亿美元，同比增长17.6%以上，服务外包离岸执行金额14亿美元，同比增长16.8%，其中技术贸易占比达90%，在计算机和信息服务、文化和娱乐服务等新兴领域具有较强竞争优势和较大发展潜力。

服务贸易结构不断优化，在2012年成都服务贸易进出口总额中，计算机和信息服务、其他商业服务、建筑安装和劳务三大领域，占全市的比重超过85%，其中计算机和信息服务所占比重超过50%；技术贸易快速增长，国有企业和外资企业是技术进出口主力。

5.1.1.2 主要服务贸易企业现状分析

2012年四川省全省具有服务贸易实绩企业3078家，成都2794家，占全省企业总数的90.77%。表5-1和表5-2是2012全省服务贸易进口和出口前20位企业情况，其中进口企业成都占了19家，出口企业全部属于成都地区。

表5-1　　　　　2012年四川省全省服务贸易进口前20位企业情况　　　单位：万美元

序号	单位名称	进口	同比（%）
1	四川宏达（集团）有限公司	25202	-6.96
2	四川航空股份有限公司	20360	61.49
3	四川宏达国际经济合作有限公司	14827	32.41
4	中海兴业（成都）发展有限公司	12225	8912.95
5	天威新能源控股有限公司	11478	150.00
6	四川宏华石油设备有限公司（德阳）	11329	645.10
7	东方电气集团国际合作有限公司	10718	-29.97
8	四川一汽丰田汽车有限公司	9763	7.63
9	成都欣华欣化工材料有限公司	8838	22.27
10	中国成达工程有限公司	7728	-0.77
11	立邦涂料（成都）有限公司	7601	200.00
12	东方电气股份有限公司	6505	95.46

续表

序号	单位名称	进口	同比（%）
13	成都伊藤洋华堂有限公司	5368	361.06
14	成都神钢建设机械有限公司	3558	-15.29
15	成都城市燃气有限责任公司	3484	13.38
16	成都明旺乳业有限公司	3444	176.00
17	成都航空有限公司	3412	25.30
18	成都建筑材料工业设计研究院有限公司	3181	80.28
19	川铁国际经济技术合作有限公司	2920	76.02
20	内江市川威特殊钢有限公司	2419	594.09

资料来源：四川省商务厅。

表 5-2　　　　2012 四川省全省服务贸易出口前 20 位企业情况　　　　单位：万美元

序号	单位名称	出口	同比（%）
1	英特尔产品（成都）有限公司	116611	-16.70
2	四川宏达（集团）有限公司	23227	-14.46
3	成都谷昌矿业投资有限公司	18590	2562.04
4	中国石油集团川庆钻探工程有限公司	16850	-38.73
5	成都欣华欣化工材料有限公司	13794	75.78
6	四川宏达国际经济合作有限公司	11681	11.43
7	中国成达工程有限公司	10981	-20.35
8	成都建筑材料工业设计研究院有限公司	9586	181.42
9	中国出口信用保险公司营业部成都业务处	8837	—
10	东方电气集团国际合作有限公司	6494	293.48
11	东方电气股份有限公司	5180	259.78
12	四川国际航空发动机维修有限公司	5125	142.33
13	川铁国际经济技术合作有限公司	4570	12.90
14	四川航空股份有限公司	2263	388.98
15	叠拓信息技术（北京）有限公司成都分公司	1879	8.14
16	四川省机械设备进出口有限责任公司	1661	70.91
17	赛门铁克软件开发（成都）有限公司	1655	30.00

序号	单位名称	出口	同比（％）
18	四川永联信矿业有限公司	1628	－42.01
19	联发芯软件设计（成都）有限公司	1625	249.43
20	明瑞电子（成都）有限公司	1452	55.65

资料来源：四川省商务厅。

5.1.2　成都市服务贸易发展优劣势分析

在成都建设成为开放型的区域中心和以经济功能为主的综合型国际化城市进程中，发展服务贸易是打造具有全球比较优势、全国速度优势、西部高端优势的西部经济核心增长极，充分实施开放战略的必然选择。根据成都市的资源禀赋条件分析，发展服务贸易的主要优势和劣势说明如下。

5.1.2.1　成都市服务贸易发展的优势

成都市发展服务贸易的优势包括：重点产业的发展基础良好、服务贸易企业成长迅速、进出口及服务贸易规模增长强劲、服务业发展迅猛及服务需求扩大、总体经济发展形势良好等。

（1）服务贸易的重点产业发展基础良好。成都发展服务贸易的重点产业涉及：软件、服务外包、文化贸易、旅游贸易，其产业基础较为扎实，发展势头良好。具体分析如下。

第一，软件。成都拥有国家软件产业基地、国家信息安全产业基地、国家软件出口创新基地等11个国家级产业基地，2010年，全市软件和信息技术服务业主营业务收入1002亿元。2011年达到1309亿元，占全国的比重超过5％，在全国副省级城市中列第3位，软件业务出口超过7亿美元。全市累计认证软件企业948家，CMM/CMMI三级及以上认证企业73家，信息系统集成资质证企业137家，通过ISO20000认证（有效期内）的企业5家，通过ISO27001认证（有效期内）的企业18家。主营业务收入超过亿元的企业近120家，软件业务收入过亿元的企业近90家，国内上市软件企业5家，涉软上市企业19家。国家规划布局内重点软件企业7家，国家火炬计划骨干软件企业6家，全国服务外包20强企业2家。全市软件服务业从业人员总数超过20万人，占全国的比重超过5％，是软件人才高度集聚的中心城市。

2012年，软件和信息技术服务业实现主营业务收入1701.5亿元，同比增长32.1％，产业增加值占全市GDP比重达6.8％；软件业务收入1272.9亿元，同比增长27.1％，占西部地区软件业务收入的47.7％，产业规模居15个副省级城市第4位，为中西部之首。成都正在成为软件和信息技术服务业企业的主流聚集区和产品提供地。成都市软件和信息技术服务业企业呈现出规模化、高端化发展特征，认证企业数量、从业人员持续增加。2012年，全市累计认证软件企业1103家，新增155家；累计登记软件产品4709个，新增940个。软件企业和软件产品分别占全省总数的91.7%和97.5%，从业人员规模约23万人。在软件业务收入中，软件产品收入实现503.1亿元，同比增长31.4%，占比仍然远超其他行业领域。此外，产业结构优化升级效果较为显著，呈现出明显的"服务化"趋势：2012年，信息系统集成、信息技术咨询服务、数据处理运营服务和IC设计分别实现收入218.1亿元、161.9亿元、303.4亿元和44.5亿元，占软件业务收入比例57.2%。在"两化融合"的持续带动下，嵌入式系统软件呈现较为突出的增长态势，实现收入41.9亿元，同比增长达到87.5%。

2013年，全年软件服务业实现主营业务收入2091.1亿元，同比增长24.3%。其中，软件业务收入1550.8亿元，同比增长21.8%，约占西部地区软件业务收入的50%，稳居中西部之首。2013年成都软件服务业共有从业人员逾24万人，具体从事研发、生产、应用、管理及市场营销、教育及人才培养、信息技术服务等相关工作。据统计显示，目前全国软件服务业的人才平均流动率为15%，成都本土的软件服务业人才，流向沿海发达城市的平均流动率仅为12%，低于全国平均水平。

天府软件园已成为成都软件与信息服务产业的核心聚集区。2005年正式投入运营以来，已经吸引了包括IBM、SAP、NEC、EMC、GE、Garmin、Philips、Maersk、Siemens、Ericsson、Dell、Wipro、DHL、PwC、NCS、华为、阿里巴巴、腾讯、宏利金融等400余家国内外知名企业入驻，其中，外资企业占比40%，33家财富世界500强落户，行业100强68家，园区人员超4万人。园区已形成软件服务外包、软件产品研发、通信技术、数字娱乐、移动互联网、共享服务中心等几大产业集群，并成为国内外知名软件和信息服务企业在中国战略布局的首选地，以及国内外软件产业资源汇聚的焦点。天府软件园获得了"2015年度全球最佳服务外包园区——中国十强"（自2012年以来已连续4年入选）。

第二，服务外包。成都作为全国"服务外包示范城市"之一和西部地区服务外包领军城市，把承接跨国公司服务外包成为发展中国家利用外资，扩大服务贸易，参与经济全球化的新途径。目前正以承接国际服务业转移为着力点，加快建设承接服务外包产业转移的能力，努力成为国际服务外包产业大规模转移的重要承接地和国内服务外包产业由东向西转移的主要目的地。

总体情况：2012年成都市服务外包产值达445亿元，实现服务外包离岸合同签约金额9.86亿美元，同比增长61.17%；离岸实际执行金额7.28亿美元，同比增长56.22%，增幅均高于全国平均增幅，连续三年实现45%以上的高速增长

（见图5-1）。

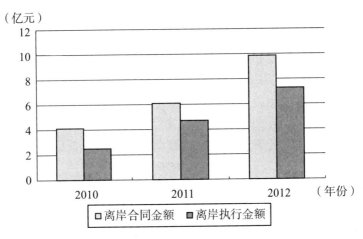

图5-1　2010～2012年成都离岸业务情况

资料来源：成都市服务外包行业协会简报。

　　服务外包企业呈现聚集效应：成都服务外包示范城市建设稳步推进，知名跨国企业、国内领军企业及本土企业聚集发展效应呈现。全球服务外包前十强的埃森哲、IBM、维布络以及全球服务外包前100强中的18家落户成都；中国服务外包十大领军企业有6家在成都设立了分支机构；超过40家跨国集团在成都设立了全球交付中心、共享服务中心或研发中心。2012年以来，大展集团、博朗软件、德勤会计师事务所、美国肯耐珂萨外包中心、U-can株式会社、普华永道服务中心等一批重点服务外包项目相继落户成都，目前成都已初步形成世界500强及知名跨国公司、国内著名服务外包企业和本地众多成长型企业共同构成的服务外包产业集群。在"2012中国服务外包百家成长型企业"评选中，成都索贝数码、颠峰软件、力方科技、音泰思等9家企业进入中国服务外包成长型企业100强，占全国的近1/10。截至2012年年底，在商务系统登记的从事国际服务外包业务的企业已达394家，相比2011年新增54家。全市通过CMMI3以上认证的企业86余家，通过ISO27001认证的企业31家，通过ISO20000认证的企业13家。共认定技术先进型服务企业60家，认定数量全国领先。成都获"2012年中国服务外包城市投资满意度排名"第一名及"2012年中国服务外包城市投资吸引力综合排名"第二名。

　　服务外包人员：成都市服务外包从业人员约19万人，全市有近150家各类院校及培训机构向服务外包行业持续输送各类人才。全市共认定服务外包人才培训机构33家，构建了由政府、行业协会、院校、专业培训机构、企业组成的多元、立体、线上和线下互动的人才培养体系，培训项目主要涉及研发、测试、数字媒体、呼叫中心、数据处理等方面。据不完全统计，2012年培训规模达3.1万人以上，为产业基础人才提供了较为充分的保障。

第三，文化贸易。以文化为内容的游戏动漫外包业发展势头良好，在全国具有较强的综合实力，游戏动漫研发和设计外包一直是成都市着力推动的服务外包重点垂直细分领域。经过近年来的不断推动，加上成都在传统游戏领域的综合实力，以及大量的技术队伍和创作题材储备等良好基础，目前成都在移动游戏领域已形成一定的规模和优势。主要以尼毕鲁、仟之游、数字天空、触控科技等新兴企业为代表，依托安卓（Android）等主流开发平台进行游戏题材创作和实施外包，并通过苹果商店、亚马逊等电子商场渠道以及智能手机厂商内嵌等渠道进行市场的积极拓展。成都已被文化部授予"国家动漫游戏产业振兴基地"，被国家新闻出版总署授予"国家网络游戏动漫产业发展基地"。

组织企业申报国家文化出口重点企业和重点项目。2012年，积极组织企业申报2011～2012年度商务部国家文化出口重点企业和重点项目，成都索贝数码科技股份有限公司、成都炎龙科技有限公司、四川精锐动画有限公司、成都精英设计制作有限公司、成都金山互动娱乐科技有限公司共5家成都企业入选国家重点企业，其中，后4家是四川省仅有的获得商务部文化出口奖励资金的企业，共获得130万元资金奖励。

第四，旅游贸易。成都是"中国文化名城"和"中国最佳旅游城市"，是一座有近150年建都史的历史文化名城，拥有武侯祠、杜甫草堂、永陵、望江楼、青羊宫、文殊院、明蜀王陵、昭觉寺等众多历史名胜古迹和人文景观。从表5－3可以看出2014年成都共接待入境旅游人数197.8万人，同比增长12.11%，旅游外汇收入7.4亿美元，同比增长8.87%。

表5－3　　　　　　　　　2014年成都市旅游经济指标完成情况

指标名称	数值	同比（%）
接待总人数（亿人次）	1.86	20.01
旅游总收入（亿元人民币）	1663.37	25.01
入境旅游人数（万人次）	197.8	12.11
旅游外汇收入（亿美元）	7.4	8.87
国内旅游人数（亿人次）	1.84	20.11
国内旅游收入（亿元人民币）	1616.95	25.80

资料来源：成都市旅游局。

（2）成都服务贸易企业成长迅速。成都的服务贸易企业发展迅速，特别是服务外包企业。2012 年，成都服务外包企业超过 800 家，全市服务外包总产值超过 445 亿元人民币，同比增长 26.7%。离岸服务外包合同金额和执行金额均居西部第一。

全球服务外包前十强的 IBM、埃森哲、维布络以及全球前 100 强中的 18 家落户成都，中国服务外包十大领军企业已有 6 家在成都设立分支机构，超过 40 家跨国集团企业在成都设立了全球交付中心、共享服务中心或研发中心。在 2012 年度中国服务外包城市投资吸引力评估中，成都获投资满意度排名和投资吸引力综合排名第一和第二。成都产业聚集和示范效应已经彰显，将有利于知名服务贸易企业的引进。

"2012 年中国服务外包领军企业及成长型企业"显示，成都索贝数码、颠峰软件、力方科技、音泰思等 9 家企业进入中国服务外包成长型企业 100 强，占全国的近 1/10，比 2011 年增加 3 家。这 9 家企业是：成都索贝数码、成都颠峰软件、成都力方科技、中国成达工程公司、成都聚思力信息技术、成都维纳软件、音泰思计算机（成都）、新蛋科技（成都）、成都建材设计院。

专栏 5 - 1

成都索贝数码科技股份有限公司稳健发展

索贝是国内广播电视设备行业最大规模的提供系统技术解决方案和实施系统集成的专业化大型企业，其"电视台网络共享系统"产品技术全球领先，已在包括中央电视台在内的多家电视台应用。截至 2011 年年底，公司净资产超过 3.6 亿元，2001～2011 年这 10 年间，公司销售收入的年平均增长率为 40%，净利润年平均增长率为 25%。公司在产品开发、技术创新、技术服务、高新技术应用等诸多方面位于行业领先地位，获得了高速、稳健的发展。

目前，索贝数码的产品、方案和服务已经被各级电视台和各类专业用户单位广泛采用，用户总数已超过 5000 家，获得了广大用户的高度信赖和认可。2015 年成都索贝荣获"第十届中国广电行业品牌盛会"十大制播民族品牌，并正式进军教育市场，致力于推动高校教育学科与全媒体特别是新媒体技术的融合，提供更多更好的教育产品以及解决方案。

资料来源：成都索贝数码科技股份有限公司官网，http.//www.Sobey.com。

（3）成都服务业需求及服务贸易进口增长强劲。一个国家需求的特性，将会直接影响该国企业在世界市场上的竞争优势。而对服务贸易的国家竞争优势来

说，需求条件则是影响服务贸易竞争力的一个决定性因素。图 5-2 所示，成都经济连续多年保持稳步快速的增长势头，2012 年成都地区生产总值达到 10056.6 亿元人民币，比上年增长 8.9%，人均 GDP70019 元人民币，比上年增长 8.0%。2008~2014 年成都 GDP 年平均增长率为 16.78%。随着经济改革的不断深入，GDP 增长速度的不断加快，居民的消费水平将持续上升，对服务的需求也将不断增加，带动服务贸易进口的增加。

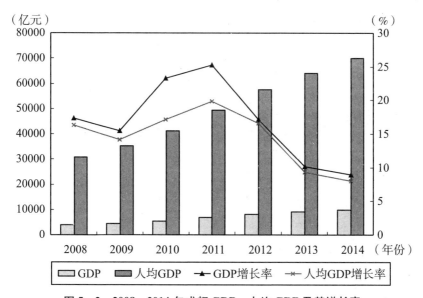

图 5-2　2008~2014 年成都 GDP、人均 GDP 及其增长率

资料来源：《四川省统计年鉴》。

（4）成都市服务业不断发展壮大。随着国际和国内服务贸易的发展，成都作为四川省经济发展的增长极，服务业规模不断扩大，快速发展。表 5-4 所示，成都服务业产值从 2008 年的 1814.17 亿元增加到 2014 年的 5124.7 亿元。并且从图 5-3 中看出服务业对经济增长贡献率不断提高。

表 5-4　　　　　　　　2008~2014 年成都地区生产总值和服务业产值

年份	地区生产总值		服务业产值		服务业占比（%）
	总额（亿元）	增长率（%）	总额（亿元）	增长率（%）	
2008	3900.99	17.35	1814.17	14.46	46.51
2009	4502.6	15.42	2233.03	23.09	49.59

续表

年份	地区生产总值		服务业产值		服务业占比（%）
	总额（亿元）	增长率（%）	总额（亿元）	增长率（%）	
2010	5551.33	23.29	2785.34	24.73	50.17
2011	6950.58	25.21	3479.42	24.92	50.06
2012	8138.94	17.10	4025.22	15.69	49.46
2013	9108.9	10.20	4574.2	8.8	50.2
2014	10056.6	8.9	5124.7	8.6	51.0

资料来源：《四川省统计年鉴》。

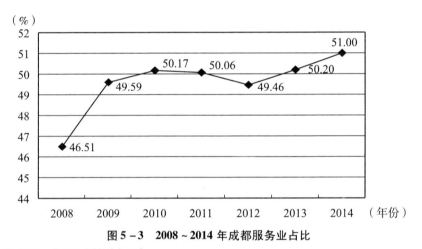

图 5 - 3　2008 ~ 2014 年成都服务业占比

资料来源：《四川省统计年鉴》。

另外，从表 5 - 5 可以看出 2012 年成都服务业产值占全省服务业产值的 47.59%，其余各市州服务业总产值比重还不到 10%。全省的服务业大部分集中在成都，为其服务贸易的发展提供了更大的机会和空间。

表 5 - 5　　　　　　2014 年四川省各市州服务业产值及其比重　　　　　单位：亿元

市（州）	服务业产值	占全省服务业产值比重（%）
成都	5124.7	47.59
自贡	315.42	2.93
攀枝花	204.42	1.89

市（州）	服务业产值	占全省服务业产值比重（%）
泸州	340.95	3.17
德阳	411.46	3.82
绵阳	526.92	4.89
广元	200.44	1.86
遂宁	224.62	2.09
内江	263.12	2.44
乐山	352.16	3.27
南充	398.85	3.70
眉山	260.81	2.42
宜宾	378.12	3.51
广安	284.17	2.64
达州	364.78	3.39
雅安	131.67	1.22
巴中	165.76	1.54
资阳	284.27	2.64
阿坝	85.23	0.79
甘孜	78.59	0.73
凉山	371.57	3.45

资料来源：《四川省统计年鉴》。

（5）成都总体经济发展势头良好。成都是国家区域中心城市，国家首批历史文化名城，中国最佳旅游城市，西南地区的经济文化和国际交往中心，交通、通信枢纽及最大航空港，也是中国内陆最大的城市之一。

经济发展势头良好。从图5-4中看出，2014年全市实现地区生产总值（GDP）10056.6亿元，比上年增长8.9%。其中，第一产业实现增加值370.8亿元，增长3.6%；第二产业实现增加值4561.1亿元，增长9.8%；第三产业实现增加值5124.7亿元，增长8.6%。按常住人口计算，人均生产总值70019元，增长8.0%。第一、第二、第三产业比例关系为3.7∶45.3∶51.0。

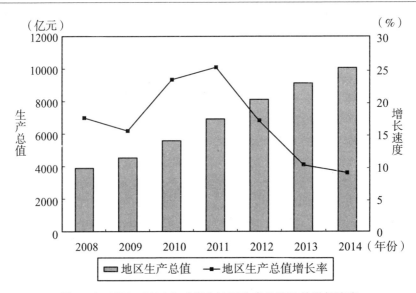

图 5 - 4 2008 ~ 2014 年成都市地区生产总值及其增长速度

资料来源:《成都市统计年鉴》。

交通枢纽地位突出。成都铁路枢纽战略地位重要,是西南最大的综合性铁路交通枢纽。成渝铁路、宝成铁路、成昆铁路、达成铁路、遂成铁路五条电气化铁路干线在成都交会。成都铁路枢纽定位为继北京、上海、广州、武汉之后的全国第五大枢纽。目前,成都已经开通了 138 条国内航线,48 条国际(地区)航线,其中国内城市通达率排名全国第二,仅次于北京。2015 年,成都双流国际机场年旅客吞吐量首次突破 4000 万人次达 4220 万人次,同比增长 12%;排名较 2014年上升一位,仅次于北京首都、上海浦东和广州白云机场,成为中国内地第四大繁忙机场。

国际交往活跃。成都积极统筹建设国际区域性交通通信枢纽、优化提升宜人城市国际品质、构建具有国际竞争力的创新型城市,大力推进成都国际化城市建设、加快融入全球城市体系的区域性国际交往中心。积极牵头承办"澳大利亚文学周活动""中法文化之春""2011 成都国际友城周""2011 成都泰国风情节""第九届东亚论坛""世界财富论坛"等活动,提升了成都在国际国内的影响力。成都是设立外国领事馆最多的中西部城市,成为继上海、广州之后的领馆第三城。美国、德国、法国、韩国、新加坡、泰国、巴基斯坦、斯里兰卡、菲律宾以及澳大利亚等国在成都设有领事馆。同时负责两地经济、贸易交流联系的外国商会等涉外机构也纷纷落户成都,德国商会、澳大利亚贸委会、荷兰贸促会、奥地利联邦商会、法国香槟—阿登大区等 17 家商会在蓉设立办事处。

5.1.2.2　成都市发展服务贸易的劣势分析

成都市发展服务贸易的劣势主要体现为对服务贸易认识不够、产业基础、高端人才资源方面。

（1）对服务贸易的重视程度有待提高。相比货物贸易，地方政府对新兴服务贸易驱动经济发展的意义认识尚不够充分，在推动服务贸易发展方面的创新性还不足。企业开展服务贸易意识和主动寻找发掘服务贸易机会的能力也有待加强。

（2）服务贸易的产业基础比较薄弱。服务贸易具有广阔的内涵和外延，涉及很多领域，按照商务部制定的《服务贸易"十二五"发展规划》，其中确定的服务贸易重点领域有 30 个。从成都市的情况看，服务贸易相关产业存在门类不全，除少数行业已具备一定的规模外，如旅游服务、信息技术服务、对外劳务合作和承包工程、航空运输服务、铁路运输服务、文化艺术服务、邮政和快递服务、住宿餐饮服务等，其他产业发展的基础还比较薄弱，参与国际市场竞争的渠道和产品十分有限。

（3）相关服务产业中高端人才短缺。服务贸易相关的产业大多属于知识密集型或智力密集型产业，需要各类人才特别是中高端人才的支撑。尽管成都市各类高校和专业培训机构每年可以提供大量的专业人才，但熟悉行业经营业务、营销渠道和国际惯例等的中高端人才仍然紧缺，需要引进和培养。

5.1.3　成都市服务贸易发展的机遇与挑战

目前，成都正深入实施"全域开放"战略，根据"建设开放型区域中心和国际化城市"的重大要求，立足于发挥好西部地区"交通主枢纽、产业主支撑、城市主引擎、开放主阵地"的重要功能，发展服务贸易正是扬长避短利用资源禀赋优势、充分实施对外开放战略的重要方向，面临前所未有的良好发展机遇，当然也受制于现有发展环境的制约和日趋激烈的市场竞争，更需要直面挑战，强化发展服务贸易在促进外向型经济发展的相对优势和战略主导地位。

具体而言，成都市发展服务贸易的主要机遇和挑战因素分析如下。

5.1.3.1　成都市发展服务贸易的主要机遇

（1）国际区域合作不断扩大。随着发达经济体的复苏，服务贸易需求预期将有所扩大。特别是签署的 CEPA 补充协议推出 65 项服务贸易开放措施，ECFA 框架下签订的《海峡两岸服务贸易协议》双方共开放服务贸易承诺 144 条，将推进与港台在服务贸易领域的合作。中国正式宣布参加美国主导的服务贸易协定（TISA）谈判，也将对中国服务贸易改革形成倒逼机制，服务贸易市场准入及政策环境有望进一步放宽。上海自贸区建设，将成为我国进一步开放服务贸易领域、实行投资前国民待遇和负面清单管理模式的试验田。

（2）服务贸易企业生存环境改善。一方面，我国产业升级推动劳动力向服务业加速转移，为服务贸易发展提供了较充足的劳动力资源。随着科学技术的进步，推动第一、第二产业劳动生产率不断提高，同时推动新兴服务业快速发展，第一、第二产业的劳动力必然向第三产业转移，特别我国城镇化和工业化战略的深入实施，劳动力的转移也将加速进行，必将为发展服务贸易提供充足的劳动力资源。另一方面，国家已把加快服务贸易发展作为促进我国经济结构和外贸结构调整的战略措施。中国已成为全球制造业大国，货物贸易领域反倾销、反补贴、关税壁垒、绿色壁垒和技术性贸易壁垒愈演愈烈，制造业高速发展也带来环境、资源等压力。对此，国家宏观政策正向低污染、低能耗、高就业、高附加值的服务贸易领域倾斜。商务部会同有关部委制定了《服务贸易"十二五"发展规划》，提出到 2015 年全国服务贸易进出口额达到 6000 亿美元的目标，年均增长超过 11%，明确了 30 个重点培育发展的领域，商务部还会同有关部门制定了《文化产品和服务出口指导目录》。目前，WTO 反补贴尚未涉及服务贸易领域，商务部在服务外包、文化贸易等方面的扶持政策也在逐年加强。

（3）服务贸易规模优势相对突出。成都市服务贸易规模在中西部城市优势较为明显。2012 年，成都市服务贸易进出口总额达 55.8 亿美元，占全省的 83.9%。从规模看，成都市的服务贸易进出口额已接近或超过大多数中西部省（区）的服务贸易进出口额，例如，2012 年湖北省的服务贸易进出口额为 57.6 亿美元、江西省为 19.9 亿美元、湖南省为 29.05 亿美元，2011 年云南省为 25.7 亿美元。

（4）服务贸易扶持政策力度较大。在现代全球经济中，政府不可能通过其政策扶持创建出竞争性产业，但政府可以创造一个公司能够获取竞争优势的环境。政府在服务贸易发展的初期对于保障服务贸易的快速发展起到了重大的作用。

2016 年国务院印发《关于同意开展服务贸易创新发展试点的批复》，成都成为西部首个国家服务贸易创新发展试点城市，试点地区重点对服务贸易管理体制、发展模式、便利化等 8 个方面的制度建设进行探索，国家层面上给予五大政策保障：加大中央财政支持力度，对试点地区进口国内急需的研发设计、节能环保和环境服务等给予贴息支持；完善税收优惠政策，在试点地区扩大技术先进型服务企业认定范围，经认定的技术先进性服务企业，减按 15% 税率缴纳企业所得税；落实创新金融服务举措，鼓励金融机构大力发展供应链融资、海外并购融资、应收账款质押贷款和融资租赁等业务；设立服务贸易创新发展引导基金，为试点地区有出口潜力、符合产业导向的中小服务企业提供融资支持服务；对试点地区经认定的技术先进型服务企业，全面实施服务外包保税监管模式。

成都市政府为支持服务贸易的发展，先后出台了《成都市人民政府关于促进成都服务外包发展的若干意见》《成都高新技术产业开发区加快软件产业发展的优惠政策（试行）》《成都市鼓励软件产业发展的政策意见》《关于印发〈成都市服务外包业发展专项资金管理暂行办法〉的通知》以及配合四川省人民政府出台的《关于加快发展服务外包产业的意见》，制定了一系列推进服务外包产业快速发展的财政、税收、投融资、政府采购、人才培养、产业集聚发展、扶优扶强等方面的优惠政策和配套措施。

2008 年成都高新区提出打造"天府新城"，"天府新城"定位是以软件及服务外包产业为主导的科技商务新城。"天府新城"建设将采取政府引导，市场运作的手段，制定完善的配套政策体系，充分调动各方力量投资建设这座新城。力争 3～5 年内，成都城南出现一个具科技、商务、国际、时尚、宜居五大元素的新城。天府新城作为成都发展核的重要组成部分，将打造成为区域性总部商务中心、金融中心、会展博览中心和以服务外包、软件等为主导的现代服务业基地，辐射引领西部的经济发展。

2012 年 6 月，成都口岸获批对 45 个国家持有第三国签证和机票的外籍人士实行 72 小时过境免办签证政策，免签期间可在成都市行政区域内活动。成都成为继北京、上海、广州后，获得国务院批准实施 72 小时过境免签政策的第 4 个城市，也是我国中西部获准实施此项政策的首个城市。这将极大方便国际商旅人士来蓉考察、洽谈、旅游，促进了成都国际经贸合作、出入境旅游等，提升成都的国际化形象。

为鼓励和支持成都文化贸易企业通过境外展会走向国际市场，推动一批具有较强实力的成都文化贸易企业在发达国家和我国港、澳、台地区开拓市场。近年来，组织相关企业参加了美国 E3 电子娱乐游戏展览会、德国科隆游戏展、东京动漫展等国家展会，对公共展位、宣传费用等给予全额支持，对团组中企业的人员费用给予 60% 的支持。发布了支持境外重点服务外包展会及产业推广活动目录，其中，针对文化出口的国际展会占了 50% 以上，对企业参加目录中所列展会的人员费用给予 60% 的支持。2012 年，按照省商务厅服务贸易资金申报工作要求，组织召开相关企业培训会，就境外市场开拓项目、技改项目、研发项目、"走出去"项目的申报条件和时限进行了专门的说明，积极组织文化贸易企业在内的相关企业进行申报，支持企业发展。成都兴斯普数字媒体软件有限公司开发的《千海传奇》游戏软件在欧美地区顺利运营，获得境外市场拓展支持 8 万元；该公司研发的 3D 网络健身游戏软件《极限划船》和成都精英设计制作有限公司关于动漫技术、影视技术与旅游产业相结合的动画研发项目，分别获得 30 万元和 50 万元支持。

5.1.3.2　成都市发展服务贸易面临的挑战

劳动力成本及原材料价格大幅上涨、人民币升值、金融危机和欧债危机等诸多国际国内不利因素对全市外贸企业带来巨大压力，特别对制鞋、服装等劳动密集型企业影响尤为明显，较多企业经营处于亏损边缘。

同时，我国新能源产品、无缝钢管等诸多产品遭国外"双反"调查，对部分商品出口带来严峻挑战，导致新能源产品等类企业出口大幅下降。

5.1.4　成都市服务贸易发展的总体思路

基于成都市在四川省服务贸易体系中的核心地位，继续加强成都市服务贸易首位城市建设，发挥其技术密集、人力资本密集的资源优势，重点发展信息技术外包、业务流程外包、动漫、软件、医药研发和金融服务，形成相关服务贸易重点产业的集聚发展态势。具体发展思路如下。

5.1.4.1　加强成都市服务贸易首位城市建设

充分发挥成都市人才、物流、信息、资金等方面的集中优势和交通、研发、设计服务等行业的集群优势，大力发展资本—知识密集型现代服务贸易。争取到2017年，成都服务贸易总额达到150亿美元。一是继续推动计算机信息服务、软件出口、服务外包、动漫游戏、医药研发、对外建筑安装及劳务承包服务等优势项目发展，建成中西部服务贸易核心城市。二是充分发挥现代服务业优势，加大金融、保险、广告、咨询、商贸、旅游、运输等服务领域的对外开放力度，扩大现代服务业利用外资规模，吸引更多跨国公司地区总部、投资性公司、研发中心落户。三是积极发展会展服务，鼓励外商投资会展业，吸引国际会展公司及国外机构举办各类展会，进一步完善会展配套服务，逐步形成集产品展示、经贸洽谈、商务采购、专业论坛、文化交流、旅游观光为一体的国际会展名城。

5.1.4.2　重点发展计算机信息服务

发挥成都IT产业第四极优势，大力发展计算机信息服务。一是积极发展基于互联网、物联网、云服务、移动互联的新兴服务产业，优化产业结构。二是加强成都市国家软件出口创新基地、国家软件产业基地建设，发挥产业集聚区示范效应，培育一批计算机信息服务出口重点企业。三是加强国际合作，推进企业、市场、人才和环境的国际化进程，拓展高端业务，促进计算机信息服务与其他产业融合互动发展。

5.1.4.3　巩固扩大建筑安装及劳务承包服务

继续巩固和扩大成都在对外建筑安装及劳务承包服务领域的优势，挖掘在川央企境外工程项目服务潜力，突出龙头带动作用，鼓励企业提升附加值较高的设计、咨询和技术服务类承包项目比例。一是大力支持工程项目承包服务企业开拓海外市场，带动成套设备、机电产品等相关物资出口及对外劳务合作，积极为企业提供相关信息服务，建立健全专业化、科学化、市场化的市场拓展和项目管理服务体系。二是帮助企业提升国际经营及管理水平，培育一批熟悉海外工程承包规则、熟悉国际惯例的专业人才和复合型人才，形成一批专业组织优化明显、特点突出、技术实力雄厚、国际竞争力强的大企业、大集团。三是在巩固传统国际劳务市场的基础上，大力培育新的劳务品种，提升对外劳务合作层次。

5.1.4.4　推进发展特色旅游服务

充分发挥成都旅游资源优势，积极打造入境旅游目的地。一是实施旅游服务国际化工程，加强旅游标准化建设，推进旅游管理国际化，促进旅游企业向品牌化和国际化方向发展。二是加强旅游国际交流与合作，引进国际旅游组织、机构和知名旅游运营商、品牌连锁酒店或办事机构落户成都，将重大旅游项目纳入招商引资计划。三是鼓励旅游企业积极拓展海外市场，扩大旅游经营范围，创新旅游经营项目。四是推进旅游便利化，充分发挥成都口岸 72 小时过境免签政策的拉动促进作用，加快旅游国际化进程。

5.1.4.5　完善加强运输服务

全面加强基础设施建设和软环境建设，完善大通关体系建设，推进物流运输服务发展。一是依托成都"航空第四城"，培育发展航空货代企业，打造亚欧航空货物转运中心，建设西部航空货运枢纽。二是依托青白江蓉欧快铁，发展铁路货运快速通道，建成西部铁路集装箱吞吐量第一的国际"无水港"。三是发挥成都综合保税区政策优势，加强物流模式的创新，大力发展国际采购、国际中转、国际分拨以及国际配送业务。

5.1.4.6　健全技术贸易促进体系

健全技术贸易促进体系，加大技术引进和创新的扶持力度。一是结合产业转型升级需要，加快发展科技服务和技术贸易，逐步提高专利技术许可占技术引进总额的比重，引导企业进行技术引进消化吸收再创新。二是积极开展技术引进和消化吸收再创新的金融服务，引导和鼓励风险投资机构加大对中小企业消化吸收再创新项目的支持。二是推动技术出口，鼓励科技型企业"走出去"，利用产业的海外转移，把成熟和实用的技术推向国际市场。四是加大自主知识产权产品技术的宣传力度，积极鼓励企业参加国内外技术贸易展会、技术研讨会、出口推介和洽谈会。

5.1.4.7　扶持扩大文化贸易

深入挖掘文化产业潜力，突出特色，错位发展，打造文化出口品牌产品和龙头企业。一是以国家文化产业示范基地、动漫游戏基地以及文化产业园区为载体，打造对外文化品牌。二是搭建文化"走出去"平台，形成以创意设计、文化旅游、印刷出版、影视传媒、会展广告、工艺美术、演艺娱乐和动漫游戏为代表的服务贸易新增长点。三是确立文化"走出去"方针，扩大国际文化市场占有率，鼓励文化企业积极参加国内外展会，支持文化企业通过境外投资、合资、参股和兼并控购等多种方式"走出去",扩大文化企业国际影响力。

5.1.4.8 拓展其他新兴领域服务

推动金融、保险、教育、医疗等服务贸易领域的对外开放合作。一是积极稳妥推进金融和保险服务对外开放进程,吸引外资金融机构在川设立地区总部及后台业务、产品研发、客户服务、数据备份中心,创新金融产品,发展境外金融服务和外汇风险管理、综合理财等,扩大进出口货运险和国际再保险业务。二是进一步提高教育开放水平,加强境内外高校、机构合作,吸引来川外国留学生数量稳步增长。三是加快发展医疗和生物医药服务,推动医疗服务领域的国际交流与合作,积极拓展海外中医药服务项目,鼓励企业采用现代信息技术等手段开展医疗和健康服务,承接国际医药研发服务外包。

5.1.4.9 大力发展其他商业服务

积极扩大以分销、检测维修、广告、调研、展览、会展服务等为主的其他商业服务出口。一是充分发挥成都市综合保税区作用,鼓励技术先进型企业积极开展对外维修检测服务,对国外来检来修设备进出口在报关、税收等方面予以特殊政策支持。二是扩大专业服务业领域的对外开放,积极推动会计、法律、广告代理、检测认证、品牌价值评估等专业服务对外交流合作,培育一批知名品牌企业。三是大力发展会展服务,发挥西博会、糖酒会等知名展会品牌效应,引导有国际影响力的高端会议落户,打造一批集产品展示、商务采购、专业论坛、旅游观光为一体的综合会展业发展平台。四是推动商贸服务转型升级,建设一批集展贸直销、电子商务、信息发布、物流配送、融资结算等服务于一体,面向国内外市场的服务平台。

5.2 德 阳 市[*]

5.2.1 德阳市服务贸易发展总体情况

德阳服务贸易产业规模小,尚处于起步阶段,在市委市政府的大力支持下,认真贯彻执行国家有关政策,采取积极有效措施加快服务贸易发展,着力推进服务外包和文化贸易产业发展,以培育产业扶持企业为抓手,实现服务贸易从无到有、从弱到强。

从图 5-5 中可以看出 2012 年德阳服务贸易进出口总额 69614 万美元,占全

* 作者简介:张泽义,西南财经大学经济学博士(在读),西南民族大学经济学硕士。主要研究专业和方向:区域经济、国际服务贸易等。刘彤,经济学博士,西南民族大学经济学院副教授。主要研究专业和方向:国际服务贸易等。

省的 11.2%，占比居全省第二位。其中，出口 25310 万美元，占 7.6%；进口 44304 万美元，占 15.5%。

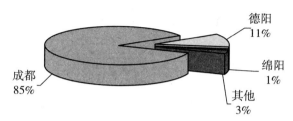

德阳
11%

绵阳
1%

其他
3%

成都
85%

图 5-5　2012 年各市州服务贸易在四川省占比

2014 年，德阳服务贸易总额到达 95594 万美元，比上年同期增长 37.3%，占全省服务贸易总额的 10.3%。其中，服务贸易出口额 65016 万美元，同比增长 121.3%，占全省服务贸易出口总额的 10.6%，服务贸易进口额 39578 万美元，同比降低 10.7%，占全省服务贸易进口总额的 12.6%。

德阳市立足本地实际来发展服务贸易，重点打造服务外包和文化贸易产业。

5.2.1.1　实现服务外包独立发展的突破

以地方特色产业为依托，实现服务外包独立发展的突破。宏华石油、东方电机、威德福、特变电工等企业的水电、石油成套设备、线缆产品出口占了本地区出口的较大份额，这些设备的安装调试及后期维护都是发展服务外包产业的有利条件。积极鼓励和支持企业打破以往涉及服务的条款多以商品买卖合同附件形式加以约定的旧有模式，有效地利用产品合同与购买方协商服务贸易相关条款，订立服务贸易独立合同，鼓励有条件的企业在国内外设立技术中心，开展单独的服务外包经营活动，并且要从服务单个企业向服务涉及产品的整个行业发展。同时，近年来新能源、新材料、节能环保产品的开发逐渐成为德阳产业发展新的增长极，其中涉及风能开发、新型电池等产品的技术支持与后期维护都将是德阳加快发展服务外包产业的有利契机（见表 5-6）。

表 5-6　　　　　2012 年德阳服务贸易企业进出口额及其增长率（前 8 位）

单位名称	出口		进口		进出口	
	金额（万美元）	同比（%）	金额（万美元）	同比（%）	金额（万美元）	同比（%）
四川瑞麟食品股份有限公司	0		833	5779	833	5779

单位名称	出口		进口		进出口	
	金额（万美元）	同比（%）	金额（万美元）	同比（%）	金额（万美元）	同比（%）
广汉市锦程石油机械有限公司	46	69	2102	115	3568	
德阳东佳港机电设备有限公司	0	7	2269	8	2330	
四川宏达股份有限公司	0	19	1859	19	1859	
四川威德福石化装备有限责任公司	5	114	1097	118	1145	
特变电工（德阳）电缆股份有限公司	0	25	1048	25	1048	
四川亭江新材料股份有限公司	0	8	1015	8	1015	
四川宏华石油设备有限公司	1233	408	11329	645	12562	612

5.2.1.2 重点支持文化贸易产业，积极培育潜力企业

推荐德阳市杂技团加入全省文化出口重点企业名录，连年在项目、技术、设备等方面给予大力支持，并在政企、银企对接上搭建便利平台，全方位为企业提供服务，其《神话金沙》项目赴日本、阿联酋、越南等多国演出，已成为德阳市文化出口大户。组织市杂技团及其"环球飞车"项目成功申报商务部等四部委的国家文化出口重点企业和重点项目。同时，将德阳歌舞团作为文化出口潜力企业重点培养，支持他们走出国门，现已与韩国以及我国港、澳地区开展多层次交流活动，为其开展文化出口奠定坚实基础。

专栏 5 - 2

德阳市杂技团发展潜力日益显现

德阳市杂技团始建于 1980 年，国家文化出口重点企业。目前已发展成为拥有下属 5 家子公司、7 个演出团体的全国知名的民营文艺团体。历年来，获得文化部、中宣部、文化厅、商务部授予的诸多荣誉，并在全国各种杂技比赛中多次获奖。

该团连续 19 年进驻北京市朝阳剧场公演，都获得了极大成功，长期受邀至法国、波利尼西亚、俄罗斯、日本、保加利亚、韩国、英国、美国、意大利、澳大利亚、斯里兰卡等地区商演，并派出分团常年驻美国、韩国、日本演出，派出的巡演团走遍了美国的 40 余个州、城市地区。为发展中国传统艺术，增进各国友谊，促进我国文化产业的国际贸易做出了积极贡献。被列入"2011 ~ 2012 年度国家文化出口重点企业和重点项目目录"。

2015 年 6 月 6 日，德阳市杂技团与柬埔寨加华综合企业集团达成协议，双方将共同投资 1 亿元人民币，在柬埔寨吴哥窟景区打造一座大型现代化综合表演剧场。该剧场作为德阳首个海外文化合作项目，将以柬埔寨的民俗文化村为整体运营平台，以演艺剧场为文化宣传及推广窗口的核心，将运营民俗文化村的景区管理、剧院演出、酒店管理、艺术培训学校、旅游文化商品等综合文产项目为一体。目前，德阳杂技团正在以柬埔寨的民俗文化和吴哥窟历史文明为背景专项创作一台舞台剧目，暂定名《辉煌吴哥》。德阳市杂技团也在筹划借此项目将柬埔寨的优势资源"引进来"，例如，优质稻米、木材制品、橡胶制品及其他相关文产及商贸项目等。

资料来源：德阳市杂技团有限责任公司，http：//www.chinazjt.com.cn。

5.2.2　德阳市发展服务贸易面临的重大机遇

世界服务业国际转移、我国对发展服务贸易的大力鼓励以及快速发展的货物贸易都为德阳提供了重大机遇，当今的国际和国内环境都为德阳发展服务贸易提供了良好的环境。

5.2.2.1　金融危机促使服务业大规模国际转移

后金融危机时代促使以信息技术外包和业务流程外包等服务外包为代表的服务业加速转移，已成为不可逆转的新一轮全球产业革命和产业转移趋势。服务业的大规模转移进一步推动世界经济向服务经济转型，促使服务业告别传统的地缘导向发展模式，进入全球配置资源的时代。本轮国际金融危机刮倒了众多欧美企业，很多跨国公司海外扩张更为谨慎，寻求人才、资源、成本、环境等比较优势更为突出的发展中国家的二、三线城市。目前95%的全球财富1000强企业已经制订了业务外包计划。到2020年全球离岸服务外包市场将达1.65万亿~1.8万亿美元，这为德阳积极发展国际服务贸易提供了难得的机会。

5.2.2.2　中国鼓励发展国际服务贸易

中国巨大的服务需求为现代服务业对外开放提供了良好的市场动力条件。我国政府相继颁布了多部开放服务业的法规、规章，涵盖了金融保险、贸易分销等诸多领域。还与我国香港、澳门以及新西兰等地区和国家签署了开放度更大的贸易协定。大幅提升内地与香港地区服务贸易开放程度，将进一步放宽服务机构者的标准，充实贸易投资便利化的内容，切实扩大CEPA受惠面，在"十二五"末，实现内地和香港地区服务贸易自由化。与此相适应，德阳的"一三五八"发展战略的推进，为现代服务业对外开放提供了发展的空间。

5.2.2.3　货物贸易的发展和高新技术的运用推动服务贸易的跟进

德阳市货物贸易"十一五"高速健康发展，进出口总额年均增长50%，连续5年保持全省地级市第一，带动了与货物贸易相关联的运输、保险、国际结算等的飞速发展。特别是高新技术的广泛应用，使原先"不可贸易"的服务转化为"可贸易"的服务，为德阳重大装备制造向规模化和专业化发展，分离服务与生产活动，最后为发展成为新的服务贸易提供了条件，将加快科技人员的国际流动，促进科技人员以自然人移动的方式开展跨国服务贸易。国际服务贸易不断发展，有利于加快德阳建设四川现代服务业基地的进程。

5.2.3　德阳市发展服务贸易的对策建议

2012年德阳的服务贸易实现了跨越式发展，今后必须要抓住国际、国内机遇，突出重点，有效利用外资，为服务贸易营造良好发展环境。

5.2.3.1　突出重点，加大服务贸易出口

德阳服务贸易出口的发展战略应按照"深度挖掘、重点培育、特别关注"三个层次进行。"深度挖掘"重大装备制造行业中的自主知识产权、自主品牌、专有技术等，是德阳服务贸易出口的潜力所在；"重点培育"服务外包业务和境外承包工程等，是德阳发展服务贸易的优势；"特别关注"特色文化、教育、旅游、分销和咨询服务等，把广汉三星堆、绵竹年画、什邡书法、德阳杂剧、文化旅游等全方位地推向国际市场，进一步扩大德阳在世界的影响力和竞争力。

（1）剥离货物出口中的服务贸易，提升服务价值。德阳是国家科技兴贸创新基地（装备制造），近年来，基地发展规模和速度创历史最好水平，研发能力和

制造水平大大提高，企业自主创新能力不断增强。特别是龙头企业，在全国装备制造业中占有重要地位。二重、东电、东汽、宏华出口的发电机组、石油钻机、成套轧机等设备，出口金额大、附加值高、科技含量高，产品包含有自主知识产权、自主品牌、专有技术等服务贸易，这些服务贸易都是微笑曲线两端的价值；然而却通过货物形式体现出低端的价值。为此，应从货物贸易中剥离服务贸易，提升价值链的高度。在签订货物销售合同时，单独计算货物价值；对货物中的自主知识产权保护、自主品牌、专有技术使用、技术升级、设备维修、维护、人员培训等签订服务贸易合同。这有利于企业转变外贸增长方式，提升服务价值，获取高额利润，享受国家鼓励发展国际贸易的政策。

（2）依托成都，借力发展服务外包业务。成都市从2006年首批进入国家服务外包示范城市，经过5年发展，服务外包企业的数量、交付能力、产业规模、从业人员、产业环境配套、政策支持力度等，都居于中国西部地区首位。目前，成都市正构建"一个中心、多点聚集、梯度转移"的战略性空间格局。德阳近邻成都，是成渝经济区"双核五带"的重点发展城市之一，在重大装备制造、电子信息、新材料等方面具有得天独厚的优势，具备了发展服务外包的基本条件，应主动融入成都，依托成都，规划发展服务外包。一方面，积极发展境内服务外包，借助成都承接服务外包的优势，主动成为成都企业在境内外包的承接方，以此推动德阳服务外包业务的起步。另一方面，加快发展离岸外包，充分发挥自己的产业优势，与成都错位发展服务外包业务。瞄准重大装备制造、新材料、精细化工等优势产业，加强国际国内经济技术合作，不断拓展离岸外包业务。同时，按照服务外包的要求，在德阳、广汉经开区建立和完善服务外包的特殊经济园区，如科技研发园区、国际物流园区等；出台鼓励政策，培育产业集群和龙头企业；提升人力资源，利用当地教育资源，开展国际服务贸易的专业人才培训，吸引海外留学生回国工作；引进外国专业人才，促进人员流动；加强专业人士培养与资格认证工作。

（3）实施"走出去"战略，扩大服务贸易出口。2012年德阳市有对外承包工程经营权的企业5家，有11家外贸企业在境外设立营销中心，年均对外劳务合作3000人左右，但都处于发展初期，劳务合作项目属于低附加值、规模不大、效益不高。要鼓励和引导有条件的企业"走出去"：第一，鼓励和引导德阳的机械制造龙头企业赴境外直接投资和跨国并购，力争在装备制造、石油钻机和石油勘探及开发等方面取得突破性进展，建立自己的品牌和营销渠道，大力拓展国际贸易服务领域，重点发展技术咨询服务和信息技术服务，培育壮大工业设计研发实力，建立健全技术市场服务和教育实训基地。同时，建立境外研发机构，充分利用国外科技资源，跟踪学习世界先进技术，不断提高企业技术开发和创新能力。第二，推动商业存在模式服务贸易发展。以优势服务业和大型企业为依托，鼓励各类有实力的企业和机构到境外从事贸易分销、物流航运、银行、电子信息、旅游、教育、文化传媒和中介服务，增设境外经营网点和分支机构，获得国际知名品牌、先进技术以及营销网络，增强服务业国际竞争力。第三，有序促进自然人移动模式下的服务贸易出口。发挥德阳的比较优势，密切跟踪国际市场需求动态，不断扩大医护人员、律师、教师、厨师、农技、建筑、制造、农林牧渔等传统优势领域人员外派规模；顺应科技进步和全球产业结构调整趋势，稳步扩大信息产业、教育、生物、环保、计算机、法律、商业流通、旅游等领域自然人移动模式服务贸易出口；加强对外派人员技能、知识培训，提高外派人员素质，优化外派人员结构；完善体制机制，维护外派人员的合法权益。

（4）发展特色文化，提供特色旅游服务。服务贸易既要全面发展，又要突出特色和重点。积极开拓对外文化贸易，用好国家《关于鼓励和支持文化产品和服务出口的若干政策》，鼓励和支持文化企业参与国际竞争，推动德阳文化产品和服务更多地进入国际市场。扶持和推动德阳文化艺术、杂技、川剧、仓山大乐等文化艺术团体到境外演出，带动绵竹年画、什邡书法、广汉三星堆、德阳潮扇等文化艺术品和工艺品的出口；积极举办德阳民间艺术节、三星堆、绵竹年画国际艺术节等大型文化展会，发展建立民族文化。加强国内外人才培养和引进，建立策划、创作、生产、营销等各环节的人才链，对产品开发、生产和销售，以及衍生业务进行总体设计，使之具有前瞻性、系统性、综合性和持续性，通过一点突破，带动系列推进，以精品和规模效应，逐步培养和站稳国际市场，实现文化产业的跨越式发展。

同时，鼓励投资主体多元化，以拓展贸易渠道和建立营销网络为重点，适时以收购、参股和合作等各种方式，引进国际战略投资者，加快与国际先进企业的融合，推进文化服务贸易出口企业的市场化和国际化进程，形成一批具有竞争优势的品牌文化企业和企业集团。加快涉外旅游业的发展，发展实施旅游精品战略，构建德阳"一圈两轴八区两带"的旅游格局，优化"三星堆、德阳城、龙门山、蜀汉三国、地震遗址"五大品牌旅游产品体系，整合力量集中培育大型旅游节事活动，增强入境旅游吸引力；加强宣传促销，促进旅游与外宣、外交、外事、经贸、文化各部门联动，通过多种渠道，搭建多种平台，强化德阳整体形象宣传，建立完善配套服务，进一步推动公路、铁路等服务设施建设，推动完善适应入境旅游需求的信用卡支付、外币兑换等金融服务体系，推动建立健全旅游紧急救援体系，提升入境旅游便利化水平；加强旅游国际和地区合作，探索和深化有效合作机制，不断开拓国际市场；推动德阳旅游企业参与国际旅游竞争，鼓励和扶持一批大型旅游企业在境外建设服务网络；积极稳妥推进出境游业务的试点开放，进一步加大对外开放的力度，提高利用外资的水平。

5.2.3.2 积极有效利用外资，大力拓展服务进口

积极有效利用外资促进德阳服务贸易全面发展，充分发挥外资在推动自主创新、产业升级、区域协调发展等方面的积极作用。引导外资合理有序流向服务贸易领域，着眼于全面提升德阳服务业发展水平，分阶段、有重点地扩大服务贸易进口，构建充满活力、特色明显、优势互补的服务业发展格局；引进境外先进的经营方式、先进适用技术、管理理念和经验，充分利用境外教育、科技、智力资源，有步骤扩大研究与开发、技术检测与分析、管理咨询等领域服务进口，加大城市规划与环保服务、环境服务等进口，提升服务业相关领域的创新能力和技术水平，优化服务业产业结构。结合德阳的产业优势，加大引进重大装备的先进技术和提高产品设计、制造工艺等方面的专利或专有技术；把引进技术和开发创新结合起来，把发展高新技术产业和改造传统产业结合起来，把整体推进和重点扶持结合起来，把提高引进外资质量和德阳产业发展结合起来，重点引进具有市场潜力且在未来竞争中将取得优势的技术。鼓励外商投资高新技术企业发展配套产业，延伸产业链。鼓励跨国公司在德阳设立研发机构，并与德阳科研机构、学校、企业等展开技术研发合作，支持大型企业或企业集团，利用现有资源，开展关键和共性技术的引进消化、吸收和再创新，并实现技术向中小企业的扩散；依托德阳国家级经济技术开发区的智力、信息、资金和政策资源，引导区内企业引进高新技术，实现技术创新。研究建立完善创业风险投资机制，利用社会资金支持企业和科研机构引进前沿技术成果，并进行产业化，使企业掌握国外最新技术成果和核心技术，提高企业自主创新能力。培育、扶持一批高素质中介服务组织，为企业提供技术信息、市场调研、技术评估、专利检索、法律咨询等服务，促进企业间的沟通与协调。加强对外资地区投向的引导，按照服务贸易的全面发展与优势区域和企业的重点突破相结合，充分发挥外资服务企业的示范作用，积极建设服务贸易示范区和服务业外包基地，支持具有较强国际竞争力和增长潜力的企业出口。

5.2.3.3 强化服务，营造良好发展环境

服务贸易的发展离不开政府的推动，财税的支持，部门的合作，企业的积极参与。加快服务贸易发展必须多管齐下，合力推动。

第一，营造良好的发展氛围。加大发展服务贸易重要意义的宣传力度，把服务贸易的发展纳入当地经济发展的总体规划，加大地方财政资金支持力度和税收的优惠力度，与中央的财税支持政策配套，鼓励和支持服务贸易发展。

第二，加大金融保险支持力度。引导和鼓励金融机构改进对符合国家产业政策的服务贸易企业的金融服务，在控制风险的前提下，加快开发适应服务贸易企业需要的金融产品。加大技术引进和创新的扶持力度，引导银行业金融机构积极

创新技术引进和消化吸收再创新的金融产品，在业务范围内应积极开展涉及技术引进和消化吸收再创新的贷款业务。引导保险公司在国家出口信用保险政策范围内，积极创造条件，为服务贸易出口项目提供保险支持。简化服务贸易对外支付手续，鼓励服务贸易企业境外投资。

第三，积极培育服务贸易出口主体队伍。按照国家服务贸易管理制度，市、县商务局牵头，会同当地有关部门，积极动员组织各类企业进行服务贸易登记备案，在"国际服务贸易直报系统"和"服务外包政策及统计系统"中完成注册和企业基本情况填报，确定一批重点企业或企业集团，予以重点支持。同时，整合企业力量，树立统一形象，加强对外宣传，提高企业声誉，培育服务品牌。

第四，做好服务贸易统计工作。根据《国际服务贸易统计制度》和"国际服务贸易直报系统"信息采集方向，按时申报辖区内开展建筑及相关工程、教育服务、环境服务、医疗保健和社会服务、娱乐文化和体育服务、分销服务以及其他服务贸易进出口情况，研究企业申报信息。

第五，加强部门沟通与协调。加强服务业和服务贸易各行政管理部门间的交流与合作，协调解决服务贸易发展过程中的重大问题，督促检查有关政策措施的落实。结合国际服务贸易需求，统筹规划服务贸易出口格局，促进服务贸易规范有序出口，为服务贸易企业"走出去"创造良好环境，推动更多的企业进入国际市场。

5.3 绵 阳 市*

5.3.1 绵阳市服务贸易运行情况

按照四川省商务工作总体部署，绵阳市深入实施开放合作战略，克服各种困难，抢抓发展机遇，强化工作措施，服务贸易实现了较快发展。2012 年，实现服务贸易进出口 4598 万美元，在全省排名第三，其中出口 1011 万美元，进口 3587 万美元。2014 年，实现服务贸易进出口 8749 万美元，同比增长 90.3%，占全省服务贸易进出口总额的 0.9%，在全省排名第三，其中出口 2344 万美元，同比增长 131.9%，占全省服务贸易出口额的 0.4%，进口 6406 万美元，同比增长 78.6%，占全省服务贸易进口额的 2%。

由于服务贸易基础较弱，起步较晚的特点，绵阳市采取积极有效措施，加快

---

* 作者简介：张泽义，西南财经大学经济学博士（在读），西南民族大学经济学硕士。主要研究专业和方向：区域经济、国际服务贸易等。刘彤，经济学博士，西南民族大学经济学院副教授。主要研究专业和方向：国际服务贸易等。

服务贸易发展，主要着力推进服务外包工作，并且实现了重大发展。

5.3.1.1　不断完善服务外包工作体系

一是积极推动成立服务外包工作领导小组。2012 年以来，成立以市政府主要领导为组长，分管领导为副组长，相关部门负责人为成员的绵阳市推进服务外包产业发展工作领导小组，负责服务外包组织协调工作。二是加快编制推进服务外包产业发展工作方案。通过到服务外包示范城市学习，到园区、企业调研，积极与相关部门协调，为编制全市服务外包发展战略和产业规划做好前期准备工作，目前已形成初稿。三是协助出台服务外包相关支持政策，拟设立绵阳市服务外包产业发展专项资金及相关支持政策，加快服务外包产业发展。

5.3.1.2　积极推动成立服务外包发展集中区

按照专业化、集约化发展服务外包产业的思路，促进科创园区建成绵阳市服务外包产业发展集中区。

5.3.1.3　服务贸易企业迅速发展

目前，绵阳拥有四川虹信软件有限公司、四川科瑞软件有限责任公司、四川快益点电器服务连锁有限公司、四川长虹民生物流有限责任公司等 122 家服务贸易企业，在软件、计算机数据、电子商务平台、通信、制造业信息系统外包服务等方面都具有较强的竞争实力，积极开展海外业务。从表 5 - 7 可以看出，2012年绵阳服务贸易企业的进出口实现了高速增长。

表 5 - 7　　　　　2012 年绵阳服务贸易企业进出口额及其增长率

单位名称	出口		进口		进出口	
	金额（万美元）	同比（%）	金额（万美元）	同比（%）	金额（万美元）	同比（%）
四川绵阳好圣汽车零部件制造有限公司	0	- 100.00	72	782.0	72	4856.63
绵阳市正轩文化交流中心	1	4745.12	0	—	1	4745.12
艾默生网络能源（绵阳）有限公司	0	—	83	44050.0	83	4405.30
长智光电（四川）有限公司	0	—	144	3791.0	144	3791
四川西普化工股份有限公司	0	—	6	2796.9	6	2796.92

单位名称	出口		进口		进出口	
	金额（万美元）	同比（%）	金额（万美元）	同比（%）	金额（万美元）	同比（%）
绵阳市广鑫进出口贸易有限公司	0	1173.90	0	—	0	1173.90
四川九洲电器集团有限责任公司	86	123.00	179	367.7	264	579.24
绵阳高新区科光宏盛线缆有限责任公司	0	—	1	516.0	1	515.97
绵阳华瑞汽车有限公司	0	—	1	490.5	1	490.48
四川中物神光科技有限责任公司	1	428.29	0	—	1	428.29

专栏 5-3

四川虹信软件的专业化与合作共赢

四川虹信软件有限公司作为企业信息化一站式解决方案提供商，长期致力于企业信息化建设服务。虹信软件具备将现代管理理念与信息技术相结合、信息化总体规划与项目实施相结合、业界领先产品与自有软件相结合的核心能力，解决方案涵盖了 ERP、PDM、WMS、SRM、应用集成、系统集成、IT 外包等多个领域。

虹信软件大力推进服务能力建设与自主创新，取得了 10 余项软件著作权，通过了软件企业认定、ISO9000 认证，承担了国家科技部 863 计划、现代服务业示范工程等国家级重大项目，并于 2009 年入选国家发改委十二家信息化外包服务试点企业。

虹信软件在十余年信息化咨询实施过程中积累了大量经验与案例，通过与全球最大的企业管理和协同化商务解决方案供应商、全球第三大独立软件供应商——SAP 的深度合作，在助力企业全面数字化转型方面已逐渐走到业界前沿。在目前德国工业 4.0 如火如荼，美国提出工业互联网，中国推出"中国制造 2025"战略规划的背景下，虹信软件帮助制造企业理解智能制造技术与应用趋势，并提供信息化解决方案。

资料来源：四川虹信软件股份有限公司，http://www.rcsit.cn/。

5.3.1.4　积极争取国家优惠政策

积极争取国家服务外包人才培训资金和技术出口贴息资金支持。2013 年以来，为凯越软件有限公司申报技术出口 77 万美元的贴息资金，申报服务外包人才培训资金 5.4 万元。

5.3.1.5　大力开拓国际市场

积极组织凯越软件有限公司等企业参加深圳文博会、北京服务贸易交流大会、杭州服务外包创新工作经验交流会、成都首届创新服务外包大会、成都中法企业家交流大会等重点展会。通过这些活动的参加，企业开阔了眼界，对行业信息的了解更为准确，订单量进一步增加。

5.3.2　绵阳市发展服务贸易的特色优势分析

从目前来看，绵阳市发展服务贸易的优势主要体现在以下几个方面。

5.3.2.1　基础设施不断改善，发展服务贸易条件便利

绵阳位于成德绵区域合作带、成都经济区第三圈层以及成渝经济区内，是川西北地区重要的人流物流集散地，拥有便利的对外开放通道。"铁、公、机"三位一体的西部区域性综合交通枢纽初具雏形，境内有宝成铁路、成绵高速、绵广高速、绵遂高速、绵渝高速等高速公路以及绵江快速通道、绵安北快速通道等通往县（市）的高等级公路。绵阳火车站是国家一级站，可充分保证大宗货物的集装箱及时运转；绵阳南郊机场是除成都双流国际机场之外的四川省第二大机场，已开通直达全国主要城市的 13 条航线，四通八达的交通运输网络，可极大地缩短与国内外市场的联系。同时，绵阳还拥有海关、检验检疫、二类铁路口岸、公共保税仓库、集装箱货栈。

5.3.2.2　人才科技资源丰富，为服务贸易提供人才支撑

作为全国唯一的国家科技城，绵阳科技和人才资源丰富。绵阳拥有中国工程物理研究院、中国空气动力研究与发展中心等国家重点国防科研院所 18 家，国家重点实验室 8 个、国家级工程技术研究中心 4 个、国家级企业技术中心 6 家、省级工程技术中心 12 个、省级重点实验室 8 个、省级企业技术中心 27 户，企业在海外设立开发机构 16 个，各级生产力促进中心 10 家，各类专业孵化器 12 家。拥有西南科技大学、绵阳师范学院等高等院校 12 所，各类专业技术人才 18.2 万人，已形成专业门类齐全、先进设备与技术保障能力相配套的科研生产基地。

5.3.2.3　产业基础坚实，高新技术产业发展迅速

绵阳作为中国西部重要的工业城市，具有良好的高科技产业集群基础。有以长虹为代表的信息化数字家电开发中心，有以九洲为依托的宽带综合信息系统产品和网络技术开发中心，绵阳已经成为国家重要的电子信息科研生产基地，西部

重要的汽车及零部件产业集聚区，现有长虹、九洲、攀长钢、新华等大中型骨干企业50余家，长虹、九洲、利尔化学、富临运业等上市公司9家，形成了以电子信息产业、汽车及零部件产业为主导，以食品及生物医药、冶金机械、材料新能源、化工环保产业为支柱的门类多样、产品众多、较为完整的产业体系，正步入集群、集聚、集约化发展阶段。同时，军工及民用光电子产业、节能环保产业、新材料新能源产业、生物医药产业、激光及核技术应用等"五大战略性新兴产业"不断培育壮大。国家级高新技术产业开发区、绵阳市经济技术开发区、绵阳科技城科教创业园区配套功能完善，具有较强产业承载能力，承接产业转移空间广阔。

5.3.3 绵阳市服务贸易发展存在的主要困难和问题

绵阳市服务贸易虽然取得了一定发展，但在结构和质量等方面仍有待提升。

5.3.3.1 服务贸易业结构、质量有待提升

目前，除长虹、科瑞、中国电信绵阳分公司等少数公司从事服务贸易的高端业务外，绝大多数从事服务贸易的企业仍然局限于后勤、财务、售后服务等方面，服务贸易业的结构、质量有待提升。

5.3.3.2 企业规模较小

绵阳市服务贸易业务量和注册企业数还远远落后其他城市，特别是服务外包示范城市，整体产业规模和企业群体偏小，在全国的知名度和影响力有限。

5.3.3.3 人才结构性矛盾突出，高端人才缺乏

绵阳在人力资源上具有较强的竞争力，但技术水平高、外语水平强、有项目管理经验的复合型人才较少。缺少能够带领服务贸易团队的中级技术和管理人员，更缺少熟悉客户语言和文化背景、精通国际行业规则、具有国际市场开拓能力的高级人才。

5.3.3.4 缺少必要的优惠政策支持

由于绵阳不属于国务院批复确定的"中国服务外包示范城市"，无法享受相应的优惠政策，限制了服务贸易和服务外包业的发展。

5.3.4 绵阳市服务贸易发展思路

以绵阳科教创业园区为依托，设立服务外包产业集中发展区，以数据库开发、集成电路设计、网络增值服务、数字媒体内容服务、创意设计服务、电子商务、呼叫中心、物联网、金融中心后台等服务外包领域为重点，大力发展服务贸易，积极争取国家先行先试政策，争创中国服务外包示范城市。

5.3.4.1 优化和完善服务外包产业发展规划

借鉴成都等地经验，委托专业机构，在充分调研的基础上，尽快优化和完善

服务外包产业发展规划及方案，找准定位，突出重点，明确目标。

5.3.4.2 设立服务外包产业集中发展区

在科创园区建立服务外包产业集中发展区，加强基础设施和环境建设，加强与全国外包示范园区及相关外包协会的联系，大力引进和培育外包企业。

5.3.4.3 健全服务外包政策支撑体系

制定出台并完善相关的市级鼓励服务外包产业发展的政策意见，充分发挥财政资金的引导作用，对入驻服务外包企业，市财政每年从市本级预算内安排一部分资金"绵阳市服务外包产业发展专项资金"，并根据全市服务外包产业发展和增长情况，逐年增加，用于支持服务外包人才培训与引进、国际市场拓展、重点企业引进、培育扶持龙头企业、国际资质认证、国际网络通信资费补贴、公共信息平台和公共技术平台建设等方面。引导企业用足、用好国家、省、市各级出台的扶持政策，助推企业做大做强，再上新台阶。

5.3.4.4 构筑服务外包公共服务平台

有效整合和配置各类资源，打造功能共享的公共服务平台，提供涵盖公共信息交流、人力资源服务，知识产权保护，品牌建设与市场推广在内的各项公共服务，形成一套能够有力支撑服务外包产业发展的公共服务体系。

5.3.4.5 加大服务外包产业招引力度

将服务外包产业纳入产业招商的重点，充分利用国内和国外两个市场，大力引进知名服务外包承接商来绵设立企业。积极参加国际知名服务外包大会，以电子信息产业为基础，引进国外关联服务外包企业。针对欧美、日韩和印度服务外包产业的领军企业，敲门招商，吸引其来绵投资落户。

5.3.4.6 加大人才培训和引进力度

编制服务外包培训规划和实施计划，依托绵阳众多高校设立服务外包相关专业，采用短期培训、定向培养、委托培养等多种方式培训、培养产业和应用人才；制定优惠政策，大力引进服务外包人才，特别是专家级人才和专业技术人才。

5.4 自 贡 市[*]

近年来，随着四川的经济发展，四川省在提高对外开放水平的同时，服务贸易规模逐年提高，涉及领域日益拓展，贸易伙伴不断增多，结构不断优化，自贡

* 作者简介：韩琳玉，2015 年西南民族大学经济学硕士毕业。主要研究专业和方向：政治经济学、国际服务贸易等。刘彤，经济学博士，西南民族大学经济学院副教授。主要研究专业和方向：国际服务贸易等。

市的服务贸易也得到长足发展，2014 年更是逆势向上，取得重大突破，有力地推进了该市对外贸易的发展。

5.4.1 自贡市服务业及服务贸易发展状况

现代服务业的发展水平正成为体现经济竞争力高低的重要标志。通常衡量一个地区服务业的发展水平，主要是看服务业创造的产值在地区总值中所占的份额。近年来，随着自贡市现代服务业的快速崛起，服务贸易的整体规模稳步扩大。

5.4.1.1 服务业增加值增长较快，占 GDP 比重却逐渐减小

从服务业增加值规模来看，2008~2014 年，自贡市服务业增加值从 150.5 亿元增加到 351.4 亿元，6 年间增加了 1.33 倍，年均名义几何增长率为 15.18%，而同期四川省服务业增加值从 4268.4 亿元增加到 10834.32 亿元，名义年均几何增长率 16.79%。可见自贡市服务业的年均增速低于四川省服务业的年均增速。历年来服务业增加值同比增速在 11% 左右，但 2014 年呈现较低水平。从服务业增加值在地区生产总值中所占的比重来看，2008~2012 年自贡市从 31.3%，下降为 27.8%，2013~2014 年有所上升，参见表 5-8。

表 5-8　　　　　2008~2014 年自贡服务业增加值、增速及其比重

年份	服务业增加值（亿元）	服务业增加值增速（%）	服务业增加值占 GDP 比重（%）
2008	150.5	11.7	31.3
2009	169	11.6	31.2
2010	192.2	11	29.6
2011	222.7	10.9	28.5
2012	246.2	11.8	27.8
2013	283.5	11.5	28.3
2014	351.4	8.6	29.3

资料来源：《四川省统计年鉴》。

5.4.1.2 服务贸易整体规模稳步扩大

目前，自贡市根据服务贸易发展"十二五"规划纲要和市委、市政府实施"两化互动""五个自贡"的战略部署，紧紧围绕打造省级服务贸易特色基地、带动自贡服务贸易快速发展的工作思路，搭建平台，扶持龙头，打造基地，主体

队伍不断壮大，以彩灯制作、恐龙景观以及境外参展等为主的服务贸易取得了较好成效，一定程度上促进了全市外贸发展方式的转变。

近年来，自贡市努力打造自贡彩灯文化出口基地，促进了自贡服务贸易猛速发展。2014 年，自贡市商务局通过宣传引导、培育孵化、搭建平台、扶持龙头等系列措施，不断加快省级服务贸易特色基地——自贡彩灯文化出口基地建设步伐，基地发展初具规模，成绩喜人，带动全市对外文化贸易快速发展。据统计，全市 2014 年新增彩灯、仿真恐龙制作等文化类备案企业 9 户，全市对外文化贸易备案企业达 44 户；4 户企业获批 2013 ~ 2014 年度国家文化重点出口企业，占全省 36.4%。以彩灯、仿真恐龙产品及境外灯展为主的对外文化贸易出口企业达 15 户，其中当年新增 6 户，占全市实绩企业的 40%。累计实现对外文化贸易总额 1214 万美元，同比增长 70.7%。其中，以彩灯、仿真恐龙等为主的文化产品出口 863 万美元，同比增长 64.1%，产品出口覆盖全球 50 余个国家和地区；以境外灯会展演为主的文化服务贸易收入 351 万美元，同比增长 89.2%，成功举办境外灯会展演 12 场次。争取技改研发、拓展国际经营能力、文化服务出口奖励等项目扶持资金共计 420 万元，同比增长 20%，覆盖企业 32 户，占对外文化贸易企业总数的 73%。①

5.4.2　自贡市服务贸易发展的特点

5.4.2.1　发挥文化资源比较优势，对外文化贸易迅猛发展

自贡市积极探索文化、民俗与文艺相结合的有效机制，突出民族特色和地域差异，大力发展文化贸易。通过强化产业规划，自贡市打造了独具特色的产业品牌，做大做强了彩灯文化、恐龙景观行业。其中，自贡彩灯源于井盐文明，依托自贡灯会发展壮大，是国家级非物质文化遗产，作为传承传统民俗与现代彩灯艺术的典型代表，是自贡独特的文化符号，与盐文化和恐龙文化并称自贡"大三绝"。自贡以彩灯文化为主的产品出口占自贡文化产品出口的 80% 左右，彩灯对外服务贸易额占自贡市对外贸易额的 10% 以上，在全省乃至全国有绝对的优势。自贡不断发挥文化资源，树立灯会品牌形象。"自贡国际恐龙灯会"2014 再获殊荣，被评为"最具国际影响力节庆"，获中国节庆旅游奖。

2014 年，自贡市实有 45 家文化外贸企业中，文化会展企业占 26 家，文化部、商务部等认定的 2013 ~ 2014 年度国家文化出口重点企业，自贡彩灯企业占全省的 36.7%，与成都并列第一。

2015 年 1 ~ 6 月，自贡市对外文化贸易出口 781 万美元，较上年同期增长

---

① 参见自贡市商务局. 上半年自贡对外文化贸易增长四成 [J]. 四川服务贸易资讯，2015 (32).

42.8%。其中：一般贸易出口 441 万美元；服务贸易出口 370 万美元，较上年同期增长 2.7 倍。有对外文化贸易实绩的企业已达 26 户，较上年增长 6 户，主要分布在彩灯、仿真恐龙制作行业。

5.4.2.2 借助发展机遇，不断壮大服务贸易主体队伍

自贡市积极对上争取项目政策、资金，借助开展国家文化出口重点企业、重点项目申报机遇，在 2007～2012 年已有 11 户（次）企业、9 个项目被评为国家文化出口重点企业、重点项目基础上，再次推荐申报 4 户企业和 3 个项目。据统计，截至 2015 年 6 月，自贡市共有服贸企业 300 余家，其中，彩灯企业 257 家，从业及配套服务人员达 5 万多人；彩灯、恐龙景观类外贸备案企业 30 家，有出口实绩企业 5 家，当年新增出口实绩企业 2 家。自贡灯贸有限公司最为突出，自 2007～2014 年一直荣获"国家文化出口重点企业"称号，充分发挥了龙头企业带动、示范作用，带动了一大批以彩灯为主的服务贸易型企业加快了进军国际市场的步伐。

与此同时，自贡彩灯企业积极支持国、省对外文化交流活动，在 2015 年度对外及对我国港、澳、台地区外派文化活动项目申报中，省厅上报文化部 37 个项目，自贡占 13 个。自贡彩灯还应联合国教科文组织邀请，参加了"中国新年"文化交流讨论会，宣传新春灯会在中国新年活动中的重要位置，受到各国文化中心的强烈关注。

5.4.2.3 搭建平台，建立境外营销网络

近年来，自贡市积极搭建国际展会参展平台，通过组织企业参加"西博会""广交会"等展会，加大了自贡特色贸易产品和行业的宣传力度，引导企业积极"走出去"开拓新兴市场，有效克服自贡灯会境外展出长期以来局限于周边国家和地区的不足。

首先，自贡市组织彩灯龙头企业参加了在北京举办的首届中国（北京）国际服务贸易交易会，扩大了自贡灯会在国际国内的影响，加大自贡特色服务贸易产品和行业宣传和推介力度。2015 年，7 户文化类企业申报第 117、第 118 届"广交会"展位共计 13 个，举办境外展会 23 场次。其次，注重引导企业运用电商平台。加强与大型电商平台对接合作，鼓励企业利用阿里巴巴、商务部出口通等平台拓宽营销渠道，拓展 B2B 跨境电子商务，对运用电商平台拓展境外市场的企业予以资金扶持。目前全市仅阿里巴巴上线企业就达 40 余户，其中，彩灯、仿真恐龙等文化企业 27 户。最后，自贡积极深入拓展"万企出国门"平台。依托省级服务贸易特色基地建设，围绕"灯会搭台、经贸唱戏"思路，探索"服务＋产品"对外文化贸易新模式，引导企业境外办展并将 9 场活动纳入全省"万企出国门"活动，带动全省文化、旅游、餐饮和特色商品"走出去"。

5.4.3　自贡市服务贸易发展面临的挑战

自贡市服务贸易虽然近年来取得很大成就，但是面对竞争激烈的服务贸易市场，全市的服务贸易仍然面临一些问题和挑战。

5.4.3.1　服务业基础较弱

近年来，自贡市服务业增加值的增速及 GDP 的贡献率在逐年下降，服务业投资增速也在逐年减小，服务业作为服务贸易发展的基础较弱。

5.4.3.2　服务贸易经济总量较低

从贸易规模来看，虽然自贡市的文化贸易创造的经济价值较高，但其服务贸易总量位列全省第5，较成都、德阳、绵阳、内江的服务贸易水平低。

5.4.3.3　服务贸易结构比较单一

服务贸易包括运输、旅游、计算机和信息服务等12 大类，而自贡市的服务贸易以文化贸易出口为主，自贡市彩灯文化只属于"文化、娱乐及体育服务类"，导致服务贸易结构失衡。

5.4.3.4　企业规模小，融资难

由于企业对服务贸易重要性的认识不足，导致企业规模偏小，服务设施差，难以适应全国全面开放及国际形势，更难与国外服务贸易领域的跨国公司竞争和抗衡。由于金融部门对彩灯文化企业的前景期待值不高，导致以文化出口的企业融资难。

5.4.4　自贡市服务贸易发展规划

服务贸易具有低能耗、低污染、高就业、高附加值等特点，日益成为当前竞相发展的重点。针对近年来自贡市服务贸易发展取得的成就和面临的挑战，对于2011～2015 年的发展作如下规划：按照四川省商务厅要求，对照申报条件，积极申报，力争全年以彩灯为主的服务贸易出口突破1000 万美元，彩灯、恐龙等服务贸易出口企业达15 家以上，获批省级服务贸易特色基地，成为四川省首批文化服务贸易出口示范市。

2016 年，自贡市有彩灯、仿真恐龙制作企业 380 余户，从业人员 8 万余人，年产值 25 亿元，彩灯产业占据国内 80% 的市场份额。近年来，有 10 户彩灯企业被国家中宣部、商务部等 5 部委评为"国家文化出口重点企业"，自贡彩灯文化发展园区被文化部评选为"国家文化产业示范基地"，自贡彩灯文化出口基地2013 年已被四川省商务厅命名为"四川服务贸易特色基地（彩灯文化）"。①

---

① 王乐乐．自贡积极创建省级彩灯文化产品出口质量安全示范区，自贡网，2016－12－26.

5.4.4.1 着力打造"自贡彩灯文化出口基地"

把发展对外文化贸易、加强对外文化交流纳入《自贡市文化事业"十二五"规划》，制定文化"走出去"的战略目标、任务和路径。瞄准国际文化市场，以彩灯行业为龙头，以自贡灯贸有限公司为载体，规划论证中国彩灯文化发展园区。积极有序推进"中国彩灯大世界"园区建设，建设一个集彩灯展示、研发、交流、销售和综合休闲游乐于一体的大型文化产业、旅游项目暨自贡彩灯文化创业产业基地，聚集彩灯制作、恐龙景观企业，推进新产品研发。

着力营造有利于彩灯工艺、仿真恐龙产业"走出去"发展的综合政策和环境优势，推动全市彩灯工艺、仿真恐龙产业和产品结构的优化升级，把自贡建成一个在国内外有影响力的以现代彩灯工艺、仿真恐龙制作为主的文化服务贸易出口基地。

5.4.4.2 立足特色资源，打造对外文化品牌

充分发挥自贡市作为世界地质公园、全国历史文化名城、中国民间艺术之乡、千年盐都、恐龙之乡、南国灯城等特色文化资源优势，积极策划和推介文化品牌，组织政府代表团参加"国际彩灯节""国际恐龙节""友城艺术节"开幕式，组织文化代表团参加世界地质公园网络大会、国际盐业学术研讨会，宣传"盐、龙、灯"等特色文化品牌，提升国际社会对自贡文化品牌的认同感。展示自贡市近年来围绕"文化自贡"建设打造"自贡彩灯文化出口基地"，开展彩灯制作、灯会展出以及仿真恐龙等服务贸易出口的成果，扩大影响。坚持高标准、高质量、高品位办好每届自贡灯会，精心设计和推出自贡灯会标志形象，提升"天下第一灯"的品牌影响力和竞争力，逐步实现自贡灯会外展全球化。

5.4.4.3 实施重点企业带动战略

打造企业主体，展现自贡彩灯独特魅力。对外展企业实行行业管理制度，规范彩灯文化出口企业行业技术标准，推动行业整体发展。发挥自贡恐龙博物馆、自贡灯贸有限公司、中国彩灯博物馆、自贡灯会展出有限公司、自贡市杂技团等重点文化出口单位的主体和示范作用，形成文化"走出去"的产业支柱。不断壮大主体队伍，尽力为企业解决在生产经营中出现的问题和困难，鼓励更多的企业加入到彩灯文化产品出口行列中来。加大培育彩灯文化全产业链，努力将自贡建设成全球彩灯文化创意的汇聚、激活、转换地，建设全球彩灯产品采购中心和国际灯艺文化创意、研发、加工、流通、博览之都。

5.4.4.4 文化出口与招商引资并重，"走出去"与"引进来"良性互动

融合传播，打捆中国传统文化"走出去"。文化单位在开展对外文化贸易和交流中，积极向外商推介自贡市的投资环境，吸收外资项目落户自贡。招商系统在开展招商引资活动中，积极推介本土特色文化产品和服务，推动文化产品和服

务"走出去"。以举办自贡国际恐龙灯会为着力点，坚持"文化搭台，经贸唱戏"，全面开展经贸文化交易活动，推动自贡经济和社会事业发展。

一是打捆自贡优秀传统文化展演展销展示，如杂技、川剧、剪纸、扎染、糖人等。二是打捆其他城市的优秀文化，如复制重庆大足石刻模型在外巡展，携中国书法艺人现场展示，携大熊猫卡通形象活动展示等。三是推广其他城市的彩灯品牌，如新亚彩灯文化产业公司在美国休斯敦举办的冰雕灯展，将哈尔滨彩灯制作技艺与自贡彩灯文化创意设计结合；海天文化传播公司通过商业合作，指导秦淮花灯做大做强。

5.5　乐　山　市[*]

作为成都经济区的城市之一，乐山市的服务贸易在经济总量中的比重逐渐上升，成为衡量该市经济实力高低的重要标志。乐山市在提高对外开放水平的同时，服务贸易呈现出持续较快发展的良好态势，涉及领域日益拓展，贸易伙伴不断增多，结构不断优化，有力地推进了四川省的服务贸易发展。

5.5.1　乐山市服务贸易发展状况

近年来，乐山市的服务业发展的内生动力和活力不断增强，进入更好、更快的发展新阶段。服务业作为服务贸易的基础，在服务贸易发展过程中发挥着重要作用。从表5-9可以看出，2008~2014年乐山市的服务业增加值逐年上升，由153.4亿元增加到352.2亿元，年均名义几何增长率达14.85%，增加值增速基本保持稳定，但是2012~2014年出现下滑，服务业增加值占地区GDP比重出现波动上升趋势，到2014年达29.2%。

表 5-9　　　　　2008~2014 年乐山服务业增加值、增速及其比重

年份	服务业增加值（亿元）	服务业增加值增速（%）	服务业增加值占 GDP 比重（%）
2008	153.4	12.8	27.5
2009	173.8	12.4	28.1
2010	201.4	12.2	27
2011	236.1	12.6	25.7

* 作者简介：韩琳玉，2015 年西南民族大学经济学硕士毕业。主要研究专业和方向：政治经济学、国际服务贸易等。刘彤，经济学博士，西南民族大学经济学院副教授。主要研究专业和方向：国际服务贸易等。

年份	服务业增加值（亿元）	服务业增加值增速（%）	服务业增加值占GDP比重（%）
2012	270.1	11.9	26
2013	305.1	10.5	26.6
2014	352.2	10.4	29.2

资料来源：《四川省统计年鉴》。

与此同时，乐山市服务贸易发展迅速，2012年，乐山市服务贸易进出口总额882万美元，占比0.1%，其中，进口826万美元，占比0.3%，出口56万美元。2013年上半年服务贸易进出口额5046万美元，服务贸易出口额2345万美元，服务贸易进口额2611万美元，比上年成几何倍数增长。从有统计数据的企业来看，主要体现在工业企业非货贸易、技术进出口、佣金代理等方面，且企业进出口增长迅速（见表5-10）。

表5-10　　　　　2012年乐山服务贸易企业进出口额及其增长率

单位名称	出口		进口		进出口	
	金额（万美元）	同比（%）	金额（万美元）	同比（%）	金额（万美元）	同比（%）
乐山飞舸模具有限公司	7	25.54	425	7576.68	432	3823.68
乐山—菲尼克斯半导体有限公司	16	167.27	44	−83.28	60	−77.79
四川顺城化工股份有限公司	0	−100.00	28	—	28	12958.1
乐山绿德建筑节能技术有限公司	25	19.64	0	—	25144	19.64
乐山斯堪纳机械制造有限公司	0	—	8	−72.20	8	−72.20
乐山大家科技有限公司	33	—	11	164.99	44	947.35
四川乐山振静皮革制品有限公司	0	—	4	239.61	4	239.61

续表

单位名称	出口		进口		进出口	
	金额 （万美元）	同比 （%）	金额 （万美元）	同比 （%）	金额 （万美元）	同比 （%）
四川省乐山市福华通达农药科技有限公司	0	−100.00	0	−98.03	63	41.56
四川锡成天然食品有限公司	0	−100.00	0		0	−20.31
四川中物神光科技有限责任公司	0		0	−100.00	0	−98.03

5.5.2　乐山市服务贸易发展特点

5.5.2.1　文化贸易日益扩大

乐山市商务局、市文化局从机制建立、主体多元化、政策扶持等方面坚持不懈地推进乐山市国际文化贸易发展，建立和培育了一支国际文化贸易的队伍，嘉州歌曲唱响金色大厅、海棠香韵舞动北国日本、峨眉武术扬名东方之珠、夹江秧歌扭进韩国江陵，乐山文化国际影响力日益加大，对外贸易结构不断完善。

为了扩大乐山市民俗文化传扬和出口，乐山成立了青衣江文化艺术有限公司。乐山市歌舞剧团与澳大利亚墨尔本国际艺术节联合投资 100 万美元打造的大型现代舞剧《断层线》在澳大利亚演出获得成功，中美合作导演的现代舞《太极》在成都财富论坛上的演出获得巨大成功。为了更好地推动文化演出的市场化运作，乐山市川剧团和乐山市歌舞剧团经批复进行重组改制，成立了国有性质的乐山市文广演艺有限公司。乐山市嘉州书画院和根石文化传播有限公司开始尝试出口乐山市书画艺术产品。

乐山市歌舞剧团 1959 年成立，是国内知名的歌舞演艺团体，曾为党和国家领导人以及多位外国元首演出，近年来积极走出国门，先后赴日本、美国、欧洲、澳大利亚、新加坡、泰国、中国香港等国家和地区进行演出。乐山市歌舞剧团作为乐山文化服务贸易"走出去"的品牌和名片，通过政府部门或相关机构的牵线搭桥，带动了乐山其他文化服务和产品（杂技、歌舞、书画等）共同"走出去"。2013 年"乐山歌舞艺术研究院"现代舞剧《断层线》在澳大利亚巡演，展现了抗震救灾和灾后重建中的人性光辉。该剧由中澳双方共同投资创作，对推动我国演艺产品进入国际商演市场，进行了有益探索。

5.5.2.2 旅游贸易创造高经济价值

乐山是国家历史文化名城、中国优秀旅游城市、国家园林城市、世界双遗产城市，旅游资源十分丰富，全市有世界自然与文化遗产1处，国家重点风景名胜区1处，国家森林公园2处，全国重点文物保护单位10处，国家地质公园1处，国家自然保护区1处。乐山是全国最早对外开放的旅游城市之一，旅游经济收入在全省排名第二，仅次于成都市。

乐山市旅游资源丰富，建设国际旅游目的地被列为我市全面建成小康社会的重点产业。乐山市以精品化、休闲化、国际化为方向，实现观光旅游向休闲度假旅游跨越。2012年，乐山市接待入境游客27万人次，实现旅游外汇收入5751万美元。

5.5.3 乐山市服务贸易发展面临的制约

5.5.3.1 服务贸易经济总量偏低

2012年，乐山市服务贸易进出口总额882万美元，位列全省第9，占比0.1%，其中进口826万美元，占比0.3%，出口56万美元，占比几乎为零。由此可知，乐山市的服务贸易经济总量较低，且以贸易进口为主。

5.5.3.2 服务贸易结构不够合理

乐山市的服务贸易的发展主要以旅游贸易和文化贸易为支撑，其他服务贸易重点产业比较滞后，结构不够合理。

5.5.3.3 服务贸易发展机制有待完善

开展服务贸易工作涉及部门多，部门之间对服务贸易的认识也存在差距，工作中难以有效形成合力。个别部门没有把发展服务业作为现代经济的重要推动力，抓服务业发展的认识不到位、措施不到位、落实不到位。各部门管理分散，统计也不完善，对服务贸易的成果统计难以真实反映现状，不容易得到地方领导重视和支持，在机制、政策、统计、成果反映等方面还缺乏一个可操作性强的管理实施办法。

5.5.4 乐山市服务贸易发展规划

乐山市的文化贸易和旅游贸易发展势头强劲，前景看好。但也面临着不少问题，因此在机遇和挑战并存的情况下，对本市的服务贸易发展作如下规划。

5.5.4.1 引导加强文化服务贸易

引导和鼓励文化企业和团体敢于参与国际文化产业分工，积极探索市场化、商业化、外向化运作方式，全力打造具有本土特色的文化产业模式和文化国际品牌，创新文化"走出去"的渠道、途径和方法。建立与日本、我国台湾地区等外商合作的文化产业合作区，通过异国风情小镇的打造，努力建成具有国际竞争力的嘉州文化创意产业带，形成乐山文化"走出去"的大通道。进一步优化文化产业结构，在做好书画、手工艺品等传统文化产品的同时，大力发展影视媒介、音乐媒介、出版物等新兴文化产品；进一步提升文化创新能力，立足乐山丰富多彩的文化资源，围绕"根石文化""竹编文化""沫若文化"等，打造具有核心竞争力的文化产品。召开乐山国际服务贸易发展大会，在乐山市形成各类文化交易的国际平台，进一步丰富乐山服务贸易的内涵，推动全市对外贸易健康快速发展。

5.5.4.2　继续发展旅游服务贸易

充分发挥乐山市旅游资源丰富、旅游产业发展良好的优势，大力推动涉外旅游的发展，并联合旅游主管部门，推动旅游企业在商务部服务贸易统计直报系统中对涉外收入进行注册登记。

充分挖掘旅游资源，促进旅游与文化、会展、餐饮等行业的结合，重点推进入境旅游市场的发展，培育有竞争力的国际旅游服务品牌，在境外建设海外营销网点和接待体系。将重大旅游项目纳入全省招商引资计划，继续打造四川省的国内外旅游集散中心和旅游目的地。

5.5.4.3　逐步发展物流服务贸易

紧紧抓住四川省加快建设西部综合交通枢纽和西部物流中心的重大战略机遇，充分发挥乐山市水陆交通便利的优势，多渠道加快绵竹物流园区等综合物流基地、物流园区、配送中心的建设，在物流业迅速发展的良好基础上，逐步推进物流服务贸易的发展。

5.5.4.4　不断探索新兴服务贸易

2007 年乐山市签下《京都议定书》清洁发展机制（CDM）"碳交易"第一单。四川明达集团、四川华源电力开发有限公司、四川金光电力开发有限公司、四川林河实业集团、四川鑫河电力开发有限公司和四川峨眉山水泥有限公司六家水电、水泥余热发电项目与美国 MGM 碳资产投资组合签订了碳减排量购买协议，上述企业到 2012 年期间共可获得 3.7 亿元的额外收益。CDM 节能减排项目属于新兴服务贸易领域，乐山市可加大这方面的关注力度，推动更多企业承接境外节能减排购买服务，并积极做好服务贸易统计报送工作。

5.6　遂　宁　市[*]

近年来，四川省对外开放水平大幅度提高，服务贸易规模日益扩大，结构不

---

[*] 作者简介：韩琳玉，2015 年西南民族大学经济学硕士毕业。主要研究专业和方向：政治经济学、国际服务贸易等。刘彤，经济学博士，西南民族大学经济学院副教授。主要研究专业和方向：国际服务贸易等。

断优化，有力地促进了国际贸易的发展。遂宁市作为四川省川北经济区的重要城市，文化和 IT 企业等服务贸易创造了新的增长极。

5.6.1 遂宁市服务贸易发展状况

当前，遂宁市根据服务贸易发展"十二五"规划纲要，在市委市政府和省商务厅的大力支持、指导下，利用天府新区建设契机，依托遂宁软件与服务外包产业园，积极承接成都服务外包产业梯度转移，打造特色服务外包产业园区，促进了新兴服务贸易的快速发展。

服务贸易作为对外贸易的重要组成部分，为遂宁市的经济发展做出了重大贡献。主要表现为：文化服务出口稳定增长，文化演出和服务"走出去"势头良好，软件和服务外包产业园建设稳步推进。

2012 年，遂宁市服务贸易实绩企业达 78 家，主要以工程承包、劳务输出和技术进口为主，文化服务出口稳定增长，文化演出和服务"走出去"势头良好，新兴服务贸易开始起步。全年新增进出口获权企业 25 家，外贸企业队伍达 215 家，其中有进出口实绩的企业比去年增加 6 家。出口上千万美元企业共 9 家，出口上千万企业出口额占全市出口总额的 72%，新绿洲印染成为全市首家出口超过 4000 万美元的企业。表 5-11 统计了 2012 年部分服务贸易企业进出口情况。

表 5-11　　2012 年遂宁服务贸易企业进出口额及其增长率

单位名称	出口		进口		进出口	
	金额（万美元）	同比（%）	金额（万美元）	同比（%）	金额（万美元）	同比（%）
遂宁市新绿洲印染有限公司	0	—	4	-34.64	4	-34.64
四川柏狮光电技术有限公司	0	-84.16	4	264.39	4	68.01
华润锦华股份有限公司	0	—	3	-14.41	3	-14.41
四川美宁食品有限公司	0	—	0	-95.75	0	-95.75
四川省遂宁市寰宇对外劳务合作有限公司	8	-22.19	0	—	8	-22.19

续表

单位名称	出口		进口		进出口	
	金额（万美元）	同比（%）	金额（万美元）	同比（%）	金额（万美元）	同比（%）
四川天马玻璃有限公司	0	—	7	−21.18	7	−21.18
四川天齐锂业股份有限公司	0	−100.00	7	−9.45	7	−9.65
四川京石工程技术有限公司	5	—	1	−50.83	5	301.64
四川鼎吉光电科技有限公司	0	—	0	−77.35	0	77.35

专栏 5-6

新绿洲印染有限公司的国际化之路

新绿洲印染有限公司是一家有 70 余年生产历史的大型民营股份制企业。拥有固定资产 15000 万元，装备有五条先进轧染生产线，两条十六色圆网印花生产线及引进意大利巨型卷染机等一流设备，同时拥有 SCT 计算机配色系统和 CAD 计算机制网系统。

公司坚持"质量为本，信誉至上"的质量管理方针，遵循"努力创造，以诚示人"的经营理念，依靠一流的人才和技术，每年为国内外服装和家纺生产企业提供各类纯棉、涤棉、涤粘、锦棉、麻棉等系列印染面料 1000 万米，满足客户对面料的磨毛、起绒、轧光、涂层、抗皱防缩、防水防污、抗静电及阻燃等深加工需要。公司生产的"康康""达发"品牌系列服装面料，畅销世界各地，备受客户青睐，每年出口额达 1000 万美元以上，为加强国际市场开发，公司先后在中国香港、秘鲁、智利设立了分公司，以适应国际化的发展。

资料来源：新绿洲印染有限公司。

2015 年遂宁市外贸增速位居成都经济区第二，全年实现外贸进出口总值 39 亿元，较 2014 年增长 1.2%，增速为成都经济区八市第二位。其中出口 26.8 亿元，进口 12.2 亿元。而同期四川省和全国平均增速分别为 -25.9%、-7%。此外，新兴产业拉动外贸出口，全市加工贸易增势明显。2015 年，遂宁出口机电产品 13.3 亿元，大幅增长 23.4%，占同期全市出口总值的 49.7%。同时，电子信息产品出口也稳定增长。联恺环保、英创力等电子企业通过创新研发、科技成果转化，提高产品核心竞争力，实现境外市场的稳步拓展。

5.6.2　遂宁市服务贸易发展的特点

5.6.2.1　软件服务外包贸易基础牢固

在资源紧张、传统产业缺乏核心竞争力的前提下，作为新兴服务贸易的组成部分，服务外包产业对于转变经济增长方式，提高城市竞争力，推动产业结构的战略升级具有重要的意义。

2011 年，位于河东新区的遂宁软件服务外包产业园，由遂宁华晟科技有限公司建设，总投资 8 亿元，作为遂宁市产业结构调整和招商引资的重大项目，遂宁软件服务外包产业园以软件服务外包、通信技术、大型软件研发、IT 职业教育为主流业务，建设目标直指构筑遂宁地区软件及服务外包研发基地。

2012 年 12 月，新世界项目的奠基，标志着遂宁软件服务外包产业园进入实质性的建设阶段。遂宁软件服务外包产业园 2014 年建成投入使用，园区建成后可吸引超过 40 家软件企业入驻，将更准确、有效地对接国际软件、服务外包市场的需求，加快遂宁软件服务外包产业向国际化融合的速度，发挥集聚效应和产业集群优势，整体提升遂宁软件产业的国际化水平和产业规模。同时，遂宁河东新区引入上海外包龙头企业为服务外包园区招商、营运，培育服务外包产业。

5.6.2.2　文化服务贸易稳定发展

随着国家对外文化贸易环境不断优化，对外文化贸易额大幅提高，在出口结构得到改善的大环境下，遂宁文化企业"走出去"步伐进一步加大，成长于遂宁的文化产品在国际上的竞争力和影响力明显增强。

遂宁市通过共享资源，全面掌握全市文化企业情况，把文化艺术服务作为商务部门推动服务贸易发展的重点领域，同时抓住遂宁市春苗杂技艺术团、遂宁市杂技团等重点文化企业，积极鼓励和推动文化演出和服务"走出去"，文化服务出口稳定增长。春苗杂技艺术团从 1988 年开始至今，长年驻国外进行商业演出。从最初的经中介机构组团商演，发展到如今的直接与外商签约商演。演出市场从周边的日本、韩国等亚洲国家，扩大到美国、法国、西班牙等欧美国家。派驻国外的演员逐渐增多，商业演出收入逐年增长，2011 年商演收入 58.5 万美元，增幅约 30%。2012 年 1~9 月商演收入 66 万美元，比同期增长 30%。

2012 年遂宁市根据《四川省商务厅关于请组织申报 2011~2012 年度国家文

化出口重点企业和重点项目的通知》，推荐遂宁市春苗杂技艺术团和遂宁市川剧团申报 2011～2012 年度国家文化出口重点企业，春苗杂技艺术团被授予重点企业称号。

5.6.2.3　抓住机遇，在政策引导下快速发展

为支持和鼓励新兴服务贸易发展，特别是为引进和鼓励企业进入遂宁市软件服务外包产业园，遂宁市拟定了《软件和服务外包企业发展的支持政策》；为支持文化贸易加快发展，市政府出台了《关于支持文化改革发展的若干政策措施》，这些政策措施从税费减免、金融支持、资金支持、优化服务贸易环境等方面对服务贸易企业予以全面扶持。

近年来，遂宁市积极争取支持服务贸易的相关政策，强化项目扶持，组织遂宁市春苗杂技艺术团、遂宁市川剧团申报赴国外商业演出补助资金，连续四年累计争取补助资金 105 万元，增强了文化企业"走出去"的信心和活力。2012 年 9 月出台了《遂宁市人民政府关于加快推进外经贸发展的实施意见》，加大了对服务贸易的支持力度，对服务外包企业开拓国际市场、取得国际通行的资质认证、承接国际服务外包人才的培训机构、境外演出等给予资金支持。

5.6.2.4　搭建服务贸易合作平台，优化服务贸易发展环境

在软件与服务外包产业和文化贸易发展的同时，为夯实基础，遂宁市不断完善服务贸易促进体系。组织企业参加境内外展会，进一步优化服务贸易发展环境。引导企业进一步明确发展定位，找准发展方向，积极开拓国际市场。

遂宁市外贸转型升级优势不断呈现，机电、电子信息产品等高技术含量的新兴产业，成为拉动遂宁外贸出口的强力引擎。民营企业逐渐成为外贸主体，进口从"大进"到"优进"，2015 年全市民营企业实现进出口 26.9 亿元，增长 1.1%，占全市外贸总值的 68.9%。同期，遂宁与东盟双边贸易额 6 亿元，东盟成为遂宁最大的贸易伙伴；与韩国双边贸易额为 5.1 亿元；与中国香港双边贸易额为 4.1 亿元，激增 1.8 倍；与美国双边贸易额为 1.6 亿元，激增 1.6 倍。

近年来，遂宁市积极组织园区、企业参加中国（香港）国际服务贸易洽谈会、中国（大连）国际软件和信息服务交易会、第一届中国（北京）国际服务贸易交易会，为园区和企业提供和搭建服务贸易的合作交流平台。

5.6.3　遂宁市服务贸易发展面临的挑战

遂宁市软件与服务外包产业和文化贸易的快速发展，为遂宁市产业结构调整注入了新的活力，为四川省川北经济区创造了经济价值。但与此同时，服务贸易发展面临着问题与挑战。

5.6.3.1　服务贸易方式单一

目前，新兴服务贸易刚刚起步，文化贸易亦仅靠文化企业出国商演支撑，服

务贸易与货物贸易相比，总量规模极小、企业数量极少。

5.6.3.2　资金支持力度不够

软件与服务外包产业园的打造资金缺口较大，遂宁市财政实力较弱，无法给予该产业强大的财政支持，影响了软件和服务外包产业的招商工作，产业园建设也因股东变更、征地问题等种种原因推进缓慢。所以，遂宁市要发展软件和服务外包产业，需要较强的财力作为支撑。

5.6.3.3　"政策性"贸易公司和本地企业出口比重不协调

遂宁市外贸出口任务主要由本地外贸企业和引进"政策性"贸易公司完成，"政策性"贸易出口公司比重大，且逐年增长，不具备保障性，同时，外资企业的外形度不高，外资和内资的联动效应差，这些将成为制约出口持续稳步增长的重大因素。

5.6.4　遂宁市服务贸易发展规划

遂宁市的新兴服务贸易开始起步，文化贸易出口稳定增长，说明服务贸易发展势头强劲，前景看好。但也面临着不少问题，因此在机遇和挑战并存的情况下，对该市的服务贸易发展作如下规划。

5.6.4.1　提高对服务贸易的认识

积极组织区县园区商务部门、企业参加商务部、四川省商务厅等组织的服务贸易工作培训会，学习服务贸易知识及统计、政策等，在全市商务系统形成学习服务贸易、重视服务贸易和促进服务贸易发展的共识。

补足遂宁外贸主体队伍薄弱、两大传统密集型产业发展进入瓶颈两大"短板"，打造"升级版"遂宁外贸。2015年遂宁有进出口实绩的企业数量为87家，较2014同期增加22家，但遂宁外贸企业数量仅占四川省外贸易企业数量的1.8%，外贸主体队伍规模较小。遂宁进出口前十强企业合计占进出口总值的83.6%，过度依赖大企业，影响遂宁外贸健康可持续发展。因此，要不断挖掘本地出口企业，培育扶持企业"走出去"，努力将间接出口企业转化为直接出口企业，有助于提高"遂宁造"在外贸数据中的占比，拉动本地产业的发展。在加快外贸企业升级方面，政府鼓励支持企业加快产品高端化、高附加值化，促进产业升级，通过降低产品成本、提升产品质量提高核心竞争力，将让更多的"遂宁造"走向世界。

5.6.4.2　打造特色服务外包产业园区，不断壮大服务贸易主体

服务外包产业具有信息技术承载度高、资源消耗低、吸纳就业能力强等特点。因此，大力发展服务外包产业已成为经济发展的重要战略。

努力推动软件服务外包产业园建设，通过项目业主引进服务外包企业。继续加强与科技、经信、文化、投促等部门的联系，对全市相关企业进行摸底调查，深入挖掘和引进有出口潜力的文化企业和 IT 企业，壮大服务贸易企业队伍。鼓励和指导该类企业开展对外文化贸易、服务外包业务，逐渐扩大遂宁市对外服务贸易类型，改变对外服务贸易仅由文化企业出国商演构成的单一局面，促进服务贸易发展。

利用天府新区建设契机，依托遂宁软件与服务外包产业园，积极承接成都服务外包产业梯度转移，打造特色服务外包产业园区，重点发展信息技术、数据开发、财务会计、产品设计、应用软件等领域的外包业务，主动承接成渝及海内外研发流程、业务流程等服务外包业务。开辟人才绿色通道，加快引进软件及服务外包急需的各类高级人才。

5.6.4.3　以文化贸易为重要突破点，推动文化产业"走出去"

在当前积极布局文化产品"走出去"，促进对外文化贸易加快发展的关键时期，如何在形式、内容以及规模上，进一步采取措施，引导文化企业加强国际市场开拓与合作，努力推动文化产业"走出去"，这是遂宁市推动对外文化贸易发展的重要突破点。

引导文化出口企业不断创新艺术形式，丰富节目内容，积极开拓国际市场，争取各种鼓励文化产品出口的政策，落实各项财税、金融扶持措施，促进企业做大做强。出台市级外经贸扶持政策，支持文化企业出国商演，调动文化企业"走出去"的积极性。

在创新营销方式方面，加强对文化企业开拓国际市场的业务指导，逐步组织现有及潜力文化出口企业参加境内外专业性展览会、博览会。引导文化企业整合资源、抱团发展，提高文化企业在国际市场的综合竞争力。

在扩大贸易类型方面，结合全市文化发展实际，引导大型新闻出版企业、印刷企业、工艺品企业等开展对外文化贸易业务，逐渐扩大遂宁市对外文化贸易类型，改变对外文化贸易仅由文化企业出国商演构成的单一局面，促进对外文化贸易加快发展。

5.6.4.4　健全工作机制

加强部门协作，借助遂宁市服务业工作联席会议制度，强化服务贸易协调工作机制，加强部门之间信息沟通和协作配合，协调解决服务贸易发展过程中出现的困难和问题，促进服务贸易加快发展。尤其要加强与文化部门和旅游部门的沟通衔接，积极推动地方文化和旅游产品出口，充分挖掘服务贸易出口潜力，打造外贸出口新亮点。

参 考 文 献

［1］于立新．中国服务贸易发展报告 No.1［M］．北京：经济管理出版社，2011．

［2］邹忠全，周影，等．东南亚经济与贸易［M］．北京：中国财政经济出版社，2006：119．

［3］钱逍．我国服务贸易现状分析与对策研究［D］．南京：南京航空航天大学，2007．

［4］周瑞华．我国运输服务贸易存在的问题及对策［J］．对外经贸实务，2011（2）．

［5］丁勇，朱彤．中国服务贸易竞争力的国际比较研究［J］．财经问题研究，2007（3）．

［6］杨韬．中国服务贸易发展现状与提升国际竞争力分析［J］．中国外贸，2011（2）．

［7］于滨．国际服务贸易的发展对我国服务业竞争力的影响［D］．哈尔滨：黑龙江大学，2006．

［8］吴丽琳．成都软件业：新起点再出发［EB/OL］．2016 - 03 - 18．

［9］梁界波．遂宁外贸增速位居成都经济区第二位［EB/OL］．2016 - 01 - 21．

［10］方圆，曾小清．航空运输已成四川外贸进出口的主通道［EB/OL］．http://economy. scdaily. cn/cjxw/content/2013 - 03/12/content_4837529. htm? node = 3616.

［11］祖明远．2014 年绵阳对外贸易稳增长出口总额达 20 多亿美元［EB/OL］．2015 - 02 - 12，http://sc. cri. cn/549/2015/02/12/162s23116. htm.

［12］自贡市人民政府．自贡四项措施做大彩灯文化对外贸易［EB/OL］．2015 - 01 - 16，http://www. sc. gov. cn/10462/10464/10465/10595/2015/1/16/10323936. shtml.

［13］自贡市人民政府．自贡拓展"三平台"打造对外文化贸易品牌［EB/OL］．2015 - 12 - 04，http://www. sc. gov. cn/10462/10464/10465/10595/2015/12/4/10361159. shtml.

［14］ 2011 年湖南服务贸易发展现状及对策分析 ［EB/OL］. http：//
www. hntj. gov. cn/fxbg/2012fxbg/2012jczx/201207/t20120730_94737. htm.

［15］ 四川省商务厅. 四川自贡市对外文化贸易增长 7 成 ［EB/OL］. 2015 -
02 - 10，http：//www. mofcom. gov. cn/article/resume/n/201502/20150200893558.
shtml.

［16］ 成都市政府. 2015 年成都市服务贸易首破百亿美元 ［EB/OL］. 2016 -
02 - 24，http：//www. sc. gov. cn/10462/10464/10465/10595/2016/2/24/10370608.
shtml.

［17］ 成都市商务委员会. 突出 "四个创新" 全力抓好服务贸易创新发展试
点城市建设 ［EB/OL］. 2016 - 06 - 19，http：//www. qstheory. cn/llqikan/2016 -
06/19/c_1119069821. htm.

［18］ 德阳市商务局. 用精品名牌扩市场份额 ［EB/OL］. 2014 - 02 - 16，ht-
tp：//finance. ifeng. com/a/20140216/11667260_0. shtml.

［19］ 四川省商务厅. "2016 驻蓉领事及经贸促进机构代表自贡行" 活动成
功举办 ［EB/OL］. 2016 - 02 - 01，http：//sichuan. mofcom. gov. cn/article/sjshang-
wudt/201602/20160201249419. shtml.

［20］ 遂宁市统计局. 二三产业双发力　经济运行超预期——2015 年遂宁市
经济形势 ［EB/OL］. 2016 - 03 - 28，http：//www. sc. stats. gov. cn/tjxx/tjfx/sz/
201603/t20160328_204182. html.

［21］ 新浪四川，成都市博览局关于成都会展业发展情况的报告. http：//
sc. sina. com. cn/.

［22］ 中国服务贸易指南网，http：//tradeinservices. mofcom. gov. cn/in-
dex. sht.

［23］ 中华人民共和国统计局网站，http·//www. stats. gov. cn/.

［24］ 四川省统计局，http：//www. sc. stats. gov. cn/.

［25］ 互动百科 ［EB/OL］. http：//www. baike. com/wiki/% E9% AB% 98%
E6% 8A% 80% E6% 9C% AF% E6% 9C% 8D% E5% 8A% A1% E4% B8% 9A.

后　　记

　　本书利用相关数据，就服务贸易与经济发展的关系，结合四川省的具体发展情况进行了初步探索。本书是在本课题组承担的四川省商务厅课题"四川省服务贸易发展规划纲要（2013～2014）"基础上深入研究扩充而成。特别感谢四川省商务厅服务贸易处领导和同志们提供的诸多帮助。感谢西南民族大学经济学院郑长德教授、涂裕春教授长期以来对我们服务贸易课题组的支持和关心！感谢我供职单位西南民族大学科技处、研究生院的支持！

　　本书各章节作者分别是：第 1 章总论，张小兰；第 2 章服务贸易发展概述，作者黄毅；第 3 章四川省服务贸易发展研究，作者黄毅、付强、刘彤；第 4 章四川省服务贸易行业发展专题研究，作者杨帆、张小兰、陈亚盼、黄毅、刘婷、涂裕春、罗龙、陈涛波、唐立云、王莉芳、高寒冰；第 5 章四川省服务贸易城市发展专题研究，由张泽义、韩琳玉、刘彤完成。感谢课题组全体成员，尤其是张小兰教授、刘彤博士两位同人为本课题完成所作出的巨大贡献。

　　本书的出版得到国家社科基金项目（项目编号：13BMZ013）、教育部人文社会科学研究项目西部项目（项目编号：15XJAZH001）、西南少数民族研究中心项目（项目编号：2014005）、国家民委人文社会科学重点研究基地中国彝学研究中心项目（项目编号：YXJDY1410）、西南民族大学中央高校基本科研业务费专项基金项目（项目编号：2014SYB13、2015SYB16、2015SZYQN161）、2016 年西南民族大学中国西部民族经济研究中心项目"民族地区互联网战略促进旅游资源创新研究"（项目编号：CWEER201606）、西南民族大学教育教学研究与改革项目（项目编号：2014YB05）成都市科技项目"成都市高科技企业孵化器运营模式创新研究"（项目编号：2015－RK00－00177－ZF）资助，在此表示感谢！

黄　毅
2017 年 3 月 11 日于成都